Gabriele D'Annunzio

San Pantaleone

Gabriele D'Annunzio

San Pantaleone

ISBN/EAN: 9783337079352

Printed in Europe, USA, Canada, Australia, Japan

Cover: Foto ©ninafisch / pixelio.de

More available books at **www.hansebooks.com**

GABRIELE D'ANNUNZIO.

SAN PANTALEONE.

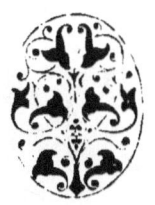

FIRENZE,
G. BARBÈRA, EDITORE.
1886.

Compiute le formalità prescritte dalla Legge, i diritti di riproduzione e traduzione sono riservati.

SAN PANTALEONE.

I.

La gran piazza sabbiosa scintillava come sparsa di pomice in polvere. Tutte le case a torno imbiancate di calce avevano una singolare luminosità metallica, parevano come muraglie d'una immensa fornace presso ad estinguersi. In fondo, i pilastri di pietra della chiesa riverberavano l'irradiamento delle nuvole e si facevano rossi come di granito; le vetrate balenavano quasi contenessero lo scoppio d'un incendio interno; le figurazioni sacre prendevano un'aria viva di colori e di attitudini; tutta la mole ora, sotto lo splendore del nuovo fenomeno crepuscolare, assumeva una più alta potenza di dominio su le case dei Radusani.

Volgevano dalle strade alla piazza gruppi d'uomini e di femmine vociferando e gesticolando. In tutti li animi il terrore superstizioso ingigantiva rapidamente; da tutte quelle fantasie incolte mille imagini terribili di castigo divino si levavano; i commenti, le contestazioni ardenti, le scongiurazioni lamentevoli, i racconti sconnessi, le preghiere, le grida si mescevano in un romorío cupo d'uragano presso ad irrompere. Già da più giorni quei rossori sanguigni indugiavano nel cielo dopo il tramonto, invadevano le tranquillità della notte, illuminavano tragicamente i sonni delle campagne, suscitavano li urli dei cani.

" Giacobbe! Giacobbe! " gridavano, agitando le braccia, alcuni che fin allora avevano parlato a voce bassa, innanzi alla chiesa, stretti in torno a un pilastro del vestibolo. " Giacobbe! ".

Usciva dalla porta madre e si accostava alli appellanti un uomo lungo e macilento che pareva infermo di febbre etica, calvo su la sommità del cranio e coronato alle tempie e alla nuca di certi lunghi capelli rossicci. I suoi piccoli occhi cavi erano animati come dall'ardore di una passione profonda, un po' convergenti verso la radice del naso, d'un colore incerto. La mancanza dei due denti d'avanti nella mascella superiore dava all'atto della sua bocca nel profferire le parole e al moto del mento aguzzo sparso di peli una singolare apparenza di senilità faunesca. Tutto il resto del corpo era una miserabile architettura di ossa mal celata nei panni; e su le mani, su i polsi, su 'l riverso delle braccia, su 'l petto la cute era piena di segni turchini, di incisioni fatte a punta di spillo e a polvere d'indaco, in memoria de' santuari visitati, delle grazie ricevute, dei voti sciolti.

Come il fanatico giunse presso al gruppo del pilastro, una confusione di domande si levò da quelli uomini ansiosi. — Dunque? Che aveva detto Don Cònsolo? Facevano uscire soltanto il braccio d'argento? E tutto il busto non era meglio? Quando tornava Pallura con le candele? Erano cento libbre di cera? Soltanto cento libbre? E quando cominciavano le campane a sonare? Dunque? Dunque? —

I clamori aumentarono in torno a Giacobbe; i più lontani si strinsero verso la chiesa; da tutte le strade la gente si riversò su la piazza e la riempì. E Giacobbe rispondeva alli interroganti, parlava a voce bassa, come se rivelasse dei segreti terribili, come se apportasse delle profezie da lontano. Egli aveva veduto nell'alto, in mezzo al sangue, una mano minacciosa, e poi un velo nero, e poi una spada e una tromba....

" Racconta! racconta! " incitavano li altri, guardandosi in faccia, presi da una strana avidità di ascoltare cose meravigliose; mentre la favola di bocca in bocca si spandeva rapidamente per la moltitudine assembrata.

II.

La gran plaga vermiglia dall'orizzonte saliva lentamente verso lo zenit, tendeva ad occupare tutta la cupola del cielo. Un vapore di metallo in fusione pareva ondeggiare su i tetti delle case; e nel chiarore discendente dal crepuscolo raggi gialli e violetti si mescolavano con un tremolío d'iridescenza. Una lunga striscia più luminosa fuggiva verso una strada sboccante su l'argine del fiume; e s'intravedeva al fondo il fiammeggiamento delle acque tra i fusti lunghi e smilzi dei pioppetti; poi un lembo di campagna asiatica, dove le vecchie torri saracene si levavano confusamente come isolotti di pietra fra le caligini. Le emanazioni affocanti del fieno mietuto si spandevano nell'aria; era a tratti come un odore di bachi putrefatti tra la frasca. Stuoli di rondini attraversavano lo spazio con molto schiamazzo di stridi, trafficando dai greti del fiume alle gronde.

Nella moltitudine il mormorio era interrotto da silenzi di aspettazione. Il nome di Pallura circolava per le bocche; impazienze irose scoppiavano qua e là. Lungo la strada del fiume non si vedeva ancora apparire il traino; le candele mancavano; Don Cònsolo indugiava per questo ad esporre le reliquie, a fare li esorcismi; e il pericolo soprastava. Il pànico invadeva tutta quella gente ammassata come una mandra di bestie, non osante più di sollevare li occhi al cielo. Dai petti delle femmine cominciarono a rompere i singhiozzi; e una costernazione suprema oppresse e istupidì le coscienze al suono di quel pianto.

Allora le campane finalmente squillarono. Come i bronzi stavano a poca altezza, il fremito cupo del rintocco sfiorò tutte le teste; e una specie di ululato continuo si propagava nell'aria, tra un colpo e l'altro.

" San Pantaleone! San Pantaleone! "

Fu un immenso grido unanime di disperati che chiedevano aiuto. Tutti, in ginocchio, con le mani tese, con la faccia bianca, imploravano.

" San Pantaleone! "

Apparve sulla porta della chiesa, in mezzo al fumo di due turiboli, Don Cònsolo scintillante in una pianeta violetta a ricami d'oro. Egli teneva

in alto il sacro braccio d'argento, e scongiurava
l'aria gridando le parole latine:

"*Ut fidelibus tuis aeris serenitatem concedere
digneris. Te rogamus, audi nos.*"

L'apparizione della reliquia mise un delirio di
tenerezza nella moltitudine. Scorrevano lagrime da
tutti li occhi; e a traverso il velo lucido delle lagrime
li occhi vedevano un miracoloso fulgore celeste
emanare dalle tre dita in alto atteggiate a
benedire. La figura del braccio pareva ora più
grande nell'aria accesa; i raggi crepuscolari suscitavano
barbagli variissimi nelle pietre preziose;
il balsamo dell'incenso si spargeva rapidamente
per le nari devote.

"*Te rogamus, audi nos!*"

Ma, quando il braccio rientrò e le campane si
arrestarono, nel momentaneo silenzio un tintinnío
prossimo di sonagli si udì, che veniva dalla strada
del fiume. E avvenne allora un repentino movimento
di concorso verso quel lato; e molti dicevano:

"È Pallura con le candele! È Pallura che
arriva! Ecco Pallura!"

Il traino si avanzava scricchiolando su la ghiaia,
al passo di una pesante cavalla grigia a cui il
gran corno d'ottone lucido brillava, simile a una

bella mezzaluna, su la groppa. Come Giacobbe e
li altri si fecero in contro, la pacifica bestia si
fermò soffiando forte dalle narici. E Giacobbe, che
s'accostò primo, subito vide disteso in fondo al
traino il corpo di Pallura tutto sanguinante, e si
mise a urlare agitando le braccia verso la folla:

" È morto! È morto! "

III.

La trista novella si propagò in un baleno. La
gente si accalcava in torno al traino, tendeva il
collo per vedere qualche cosa, non pensava più
alle minacce dell'alto, colpita dal nuovo caso
inaspettato, invasa da quella natural curiosità feroce che li uomini hanno in conspetto del sangue.

" È morto? Come è morto? "

Pallura giaceva supino sulle tavole, con una
larga ferita in mezzo alla fronte, con un orecchio
lacerato, con delli strappi per le braccia, nei fianchi, in una coscia. Un rivo tiepido gli colava per
il cavo delli occhi giù giù sino al mento ed al
collo, gli chiazzava la camicia, gli formava dei
grumi nerastri e lucenti su 'l petto, sulla cintola
di cuoio, fin sulle brache. Giacobbe stava chino
sopra quel corpo; tutti li altri a torno attende-

vano; una luce d'aurora illuminava i volti perplessi; e, in quel momento di silenzio, dalla riva del fiume si levava il cantico delle rane, e i pipistrelli passavano e ripassavano rasente le teste.

D'improvviso Giacobbe drizzandosi, con una gota macchiata di sangue, gridò:

" Non è morto. Respira ancora."

Un mormorío sordo corse per la folla, e i più vicini si protesero per guardare; e l'inquietudine dei lontani cominciò a rompere in clamori. Due donne portarono un boccale d'acqua, un'altra portò de' brandelli di tela; un giovinetto offerse una zucca piena di vino. Fu lavata la faccia al ferito, fu fermato il flusso del sangue alla fronte, fu rialzato il capo. Sorsero quindi alte le voci, chiedendo le cause del fatto. — Le cento libbre di cera mancavano; appena pochi frantumi di candela rimanevano tra li interstizi delle tavole nel fondo del traino.

I giudizi, in mezzo al sommovimento, di più in più si accendevano e s'inasprivano e cozzavano. E come un antico odio ereditario ferveva contro il paese di Mascálico, posto di contro su l'altra riva del fiume, Giacobbe disse con la voce rauca, velenosamente:

" Che i ceri sieno serviti a San Gonselvo?"

Allora fu come una scintilla d'incendio. Lo spirito di chiesa si risvegliò d'un tratto in quella gente abbrutita per tanti anni nel culto cieco e feroce del suo unico idolo. Le parole del fanatico di bocca in bocca si propagarono. E sotto il rossore tragico del crepuscolo, la moltitudine tumultuante aveva apparenza d'una tribù di zingari ammutinati.

Il nome del santo rompeva da tutte le gole, come un grido di guerra. I più ardenti gittavano imprecazioni contro la parte del fiume, agitando le braccia, tendendo i pugni. Poi, tutti quei volti accesi dalla collera e dalla luce, larghi e possenti, a cui i cerchi d'oro delli orecchi e il gran ciuffo della fronte davano uno strano aspetto di barbarie, tutti quei volti si tesero verso il giacente, si addolcirono di misericordia. Ci fu in torno al traino una sollecitudine pietosa di femmine che volevano rianimare l'agonizzante: tante mani amorevoli gli cambiarono le strisce di tela su le ferite, gli spruzzarono d'acqua la faccia, gli accostarono alle labbra bianche la zucca del vino, gli composero una specie di guanciale più molle sotto la testa.

" Pallura, povero Pallura, non rispondi? "

Egli stava supino, con gli occhi chiusi, con la bocca semiaperta, con una lanugine bruna sulle gote e su 'l mento, con una mite beltà di giovinezza ancora trasparente dai tratti tesi nella convulsione del dolore. Di sotto alla fasciatura della fronte gli colava un fil di sangue giù per la tempia; alli angoli della bocca apparivano piccole bolle di schiuma rossigna; e dalla gola gli usciva una specie di sibilo fioco, interrotto, come il suono del gargarismo d'un malato. In torno a lui le cure, le domande, li sguardi febbrili crescevano. La cavalla ogni tanto scoteva la testa e nitriva verso le case. Un'atmosfera come d'uragano imminente pesava su tutto il paese.

S'intesero allora grida femminili verso la piazza, grida di madre, che parvero più alte in mezzo al subitaneo ammutolimento di tutte le altre voci. E una donna enorme, tutta soffocata di adipe, attraversò la folla, giunse gridando presso il traino. Come ella era grave e non poteva salirvi, s'abbattè su i piedi del figlio, con parole d'amore tra i singhiozzi, con laceramenti così acuti di voce rotta e con una espressione di dolore così terribilmente comica che per tutti li astanti corse un brivido e tutti rivolsero altrove la faccia.

"Zaccheo! Zaccheo! cuore mio! gioia mia!..." gridava la vedova, senza finire, baciando i piedi del ferito, attraendolo a sè verso terra.

Il ferito si rimosse, torse la bocca per lo spasimo, aprì li occhi verso l'alto; ma certo non potè vedere, perchè una specie di pellicola umida gli copriva lo sguardo. Grosse lacrime cominciarono a sgorgargli dalli angoli delle palpebre e a scorrere giù per le guance e pe 'l collo; la bocca gli rimase torta; nel sibilo fioco della gola si sentì un vano sforzo di favella. E in torno incalzavano:

" Parla, Pallura! Chi t'ha ferito? Chi t'ha ferito? Parla! Parla!"

E sotto la domanda fremevano le ire, si addensavano i furori, un sordo tumulto di vendicazione si riscoteva, e l'odio creditario ribolliva nell'animo di tutti.

"Parla! Chi t'ha ferito? Dillo a noi! Dillo a noi!"

Il moribondo aprì li occhi un'altra volta; e come gli tenevano serrate ambo le mani, forse per quel vivo contatto di calore li spiriti un istante gli si ridestarono, lo sguardo si illuminò, egli ebbe su le labbra un balbettamento vago, tra la schiuma che sopravveniva più copiosa e più sanguigna. Non si capivano ancora le parole. Si udì nel silenzio la respirazione della moltitudine anelante, e li occhi ebbero in fondo una fiamma, poichè tutti li animi attendevano una parola sola.

" .... Ma.... Ma.... Ma.... scálico...."

" Mascálico! Mascálico! " urlò Giacobbe che stava chino, con l'orecchio teso, ad afferrare le sillabe fievoli da quella bocca di morente.

Un fragore immenso accolse il grido. Nella moltitudine fu da prima un mareggiamento confuso di tempesta. Poi, quando una voce soverchiante il tumulto gittò l'allarme, la moltitudine a furia si sbandò. Un pensiero solo incalzava quelli uomini, un pensiero che parea fosse balenato a tutte le menti in un attimo: armarsi di qualche cosa per colpire. Su tutte le coscienze instava una specie di fatalità sanguinaria, sotto il gran chiaror torvo del crepuscolo, in mezzo all'odore elettrico emanante dalla campagna ansiosa.

IV.

E la falange, armata di falci, di ronche, di scuri, di zappe, di schioppi, si riunì su la piazza, dinanzi alla chiesa. E tutti gridavano:

" San Pantaleone! "

Don Cònsolo, atterrito dallo schiamazzo, s'era rifugiato in fondo a uno stallo, dietro l'altare. Un manipolo di fanatici, condotto da Giacobbe, penetrò nella cappella maggiore, forzò le grate di bronzo, giunse nel sotterraneo, dove il busto del santo si custodiva. Tre lampade, alimentate d'olio d'oliva, ardevano dolcemente nell'aria umida del sacrario; dietro un cristallo, l'idolo cristiano scintillava con la testa bianca in mezzo a un gran disco solare; e le pareti sparivano sotto la ricchezza dei doni.

Quando l'idolo, portato su le spalle da quattro ercoli, si mostrò alfine tra i pilastri del vestibolo, e s'irraggiò alla luce aurorale, un lungo anelito di passione corse il popolo aspettante, un fremito come d'un vento di gioia volò sopra tutte le fronti. E la colonna si mosse; e la testa enorme del santo oscillava in alto, guardando innanzi a sè dalle due orbite vuote.

Nel cielo ora, in mezzo all'accensione eguale e cupa, a tratti passavano de' solchi di meteore più vive; gruppi di nuvole sottili si distaccavano dall'orlo della zona, e galleggiavano lentamente dissolvendosi. Tutto il paese di Radusa appariva dietro come un monte di cenere che covasse il fuoco; e, dinanzi, le masse della campagna si perdevano con un luccichío indistinto. Un gran cantico di rane empiva la sonorità della solitudine.

Sulla strada del fiume il traino di Pallura fece ostacolo all'incedere. Era vuoto, ma conservava tracce di sangue in più parti. Imprecazioni irose scoppiarono d'improvviso nel silenzio. Giacobbe gridò:

" Mettiamoci il santo ! "

E il busto fu posato su le tavole e tirato a forza di braccia nel guado. La processione di battaglia così attraversava il confine. Lungo le file correvano lampi metallici; le acque invase rompevano in sprazzi luminosi, e tutta una corrente rossa fiammeggiava fra i pioppetti, nel lontano, verso le torri quadrangolari. Mascálico si scorgeva su una piccola altura, in mezzo alli olivi, dormente. I cani abbaiavano qua e là, con una furiosa persistenza di risposte. La colonna, uscita dal guado, abbandonando la via comune, avanzava a passi rapidi per una linea diretta che tagliava i campi. Il busto d'argento era portato di nuovo sulle spalle, dominava le teste delli uomini tra il grano altissimo, odorante e tutto stellante di lucciole vive.

D'improvviso, un pastore, che stava dentro un covile di paglia a guardare il grano, invaso da un pazzo sbigottimento in cospetto di tanta gente armata, si diede a fuggire su per la costa, strillando a squarciagola:

" Aiuto ! aiuto ! "

E li strilli echeggiavano nell'oliveto.

Allora fu che i Radusani fecero impeto. Fra i tronchi delli alberi, fra le canne secche, il santo di argento traballava, dava tintinni sonori alli urti dei rami, s'illuminava di lampi vivissimi ad ogni accenno di precipizio. Dieci, dodici, venti schioppettate grandinarono in un balenío vibrante, una dopo l'altra su la massa delle case. Si udirono dei crepiti, poi delle grida; poi si udì un gran sommovimento clamoroso: alcune porte si aprirono, altre si chiusero; caddero dei vetri in frantumi, caddero dei vasi di basilico, spezzati su la via. Un fumo bianco si levava nell'aria placidamente, dietro la corsa delli assalitori, su per l'incandescenza celeste. Tutti, accecati, in una furia bestiale, gridavano:

"A morte! A morte!"

Un gruppo di fanatici si manteneva in torno a san Pantaleone. Vituperii atroci contro san Gonselvo irrompevano tra l'agitazione delle falci e delle ronche brandite.

"Ladro! Ladro! Pezzente! Le candele! Le candele!"

Altri gruppi prendevano d'assalto le porte delle case, a colpi d'accetta. E come le porte sgangherate e scheggiate cadevano, i Pantaleonidi saltavano nell'interno urlando, per uccidere. Femmine seminude si rifugiavano nelli angoli, implorando pietà; si difendevano dai colpi, afferrando le armi e tagliandosi le dita; rotolavano distese su 'l pavimento, in mezzo a mucchi di coperte e di lenzuoli da cui uscivano le loro flosce carni nutrite di rape.

Giacobbe alto, agile e rossastro come un canguro, duce della persecuzione, si arrestava ad ogni tratto per fare dei larghi gesti imperatorii sopra tutte le teste con una gran falce fienaia. Andava innanzi, impavido, senza più cappello, nel nome di san Pantaleone. Più di trenta uomini lo seguivano. E tutti avevano la sensazione confusa e ottusa di camminare in mezzo a un incendio, sopra un terreno oscillante, sotto una vòlta ardente che fosse per crollare.

Ma da ogni parte cominciarono ad accorrere i difensori, i Mascalicesi forti e neri come mulatti, sanguinari, che si battevano con lunghi coltelli a scatto, e tiravano al ventre e alla gola, accompagnando di voci gutturali il colpo. La mischia si ritraeva a poco a poco verso la chiesa; dai tetti di due o tre case già scoppiavano le fiamme; un'orda di femmine e di fanciulli fuggiva a precipizio tra li olivi, presa dal pánico, senza più lume nelli occhi.

Allora tra i maschi, senza impedimento di lagrime e di lamenti, la lotta a corpo a corpo si strinse più feroce. Sotto il cielo color di ruggine, il terreno si copriva di cadaveri. Stridevano vituperii mozzi tra i denti dei colpiti; e continuo tra i clamori persisteva il grido dei Radusani:

" Le candele! Le candele! "

Ma la porta della chiesa restava sbarrata, enorme, tutta di quercia, stellante di chiodi. I Mascalicesi la difendevano contro li urti e contro le scuri. Il santo d'argento, impassibile e bianco, oscillava nel folto della mischia, ancora sostenuto su le spalle dei quattro ercoli che sanguinavano tutti dalla testa ai piedi, non volendo cadere. Ed era nel supremo voto delli assalitori mettere l'idolo su l'altare del nemico.

Ora mentre i Mascalicesi si battevano da leoni, prodigiosamente, su 'l gradino di pietra, Giacobbe disparve all'improvviso, girò il fianco dell'edifizio, cercando un varco non difeso per penetrare nel sacrario. E come vide un'apertura a poca altezza da terra, vi si arrampicò, vi rimase tenuto ai fianchi dall'angustia, vi si contorse, fin che non giunse a far passare il suo lungo corpo giù per lo spiraglio. Il cordiale aroma dell'incenso vaniva nella solitudine della casa di Dio. A tentoni nel buio, guidato dal fragore della pugna esterna, quell'uomo camminò verso la porta, inciampando nelle sedie, ferendosi alla faccia, alle mani. Rimbombava già il lavorío furioso delle accette radusane su la durezza della quercia, quando egli cominciò con un ferro a forzare le serrature, anelante, soffocato da una violenta palpitazione di ambascia che gli diminuiva la forza, con de' bagliori fatui nella vista, con le ferite che gli dolevano e gli mettevano un' onda tiepida giù per la cute.

" San Pantaleone! San Pantaleone! " gridarono di fuori le voci rauche de' suoi che sentivano cedere lentamente la porta, raddoppiando li urti e i colpi di scure. A traverso il legno giungeva lo schianto grave dei corpi che stramazzavano, il colpo secco del coltello che inchiodava là qualcuno per le reni. E un gran sentimento, simile alla divina sollevazione d'animo d'un eroe che salvi la patria, ferveva allora in quel pitocco bestiale.

V.

Dopo un ultimo sforzo, la porta si aprì. I Radusani si precipitarono con un immenso urlo di vittoria, passando su i corpi delli uccisi, traendo il santo d'argento all'altare. E una viva oscillazione di riverberi invase d'un tratto l'oscurità della navata, fece brillare l'oro dei candelabri, le canne dell'organo, in alto. E in quel chiaror fulvo che or sì or no dall'incendio delle prossime case vibrava dentro, una seconda lotta si strinse. I corpi avviluppati rotolavano su i mattoni, non si distaccavano più, balzavano insieme qua e là nei divincolamenti della rabbia, urtavano e finivano sotto le panche, su i gradini delle cappelle, contro li spigoli dei confessionali. Nella concavità raccolta della casa di Dio, il suono agghiacciante del ferro che penetra nelle carni o che scivola su le ossa, quell'unico gemito rotto dell'uomo che è colpito in una parte vitale, quello scricchiolio che dà la cassa del cranio nell'infrangersi al colpo, il ruggito di chi non vuol morire, l'ilarità atroce di chi è giunto ad uccidere, tutto distintamente si ripercoteva. E un mite odore svanito d'incenso vagava su 'l conflitto.

L'idolo d'argento non anche aveva attinto la gloria dell'altare, poichè un cerchio ostile ne precludeva l'accesso. Giacobbe si batteva con la falce, ferito in più parti, senza cedere un palmo del gradino che primo aveva conquistato. Non rimanevano che due a sorreggere il santo: l'enorme testa bianca barcollava in un ondeggiamento grottesco di maschera ubriaca. I Mascalicesi imperversavano.

Allora san Pantaleone cadde su 'l pavimento, dando un tintinno vivo e vibrante. Come Giacobbe si slanciò per rialzarlo, un gran diavolo d'uomo con un colpo di ronca stese il nemico su la schiena. Due volte questi si rialzò, e altri due colpi lo rigettarono. Il sangue gl'inondava tutta la faccia e il petto e le mani; ma pure egli si ostinava a riavventarsi. Inviperiti da quella feroce tenacità di vita, tre, quattro, cinque bifolchi insieme gli diedero a furia nel ventre d'onde le viscere sgorgarono. Il fanatico cadde riverso, battè la nuca su 'l busto d'argento, si rivoltò d'un tratto bocconi con la faccia contro il metallo, con le braccia distese innanzi, con le gambe contratte. E san Pantaleone fu perduto.

ANNALI D'ANNA.

I.

Luca Minella, nato nel 1789 a Ortona in una delle case di Porta-Caldara, fu marinaio. Nella prima giovinezza navigò per qualche tempo su 'l trabaccolo *Santa Liberata*, dalla rada di Ortona ai porti della Dalmazia, caricando legnami, frumento e frutta secche. Poi, per vaghezza di cambiar padrone, si mise al servizio di Don Rocco Panzavacante, e su una tanecca nuova fece molti viaggi in commercio d'agrumi al promontorio di Roto, che è una grande e dilettosa altura su la costa italica, tutta coperta da una selva di aranci e di limoni.

Su i ventisette anni egli si accese d'amore per Francesca Nobile; e dopo alcuni mesi strinse le nozze.

Luca, uomo di statura bassa e fortissimo,

aveva una dolce barba bionda intorno al viso colorito; e, come le femmine, alli orecchi portava due cerchietti d'oro. Amava il vino e il tabacco; professava una devozione ardente per il santo apostolo Tommaso; e, poichè era di natura superstizioso e inchinevole allo stupore, raccontava singolari avventure e meraviglie dei paesi d'oltremare e novellava delle genti dàlmate e delle isole adriatiche come di tribù e di terre prossime al polo.

Francesca, donna di gioventù già schiusa, aveva della razza ortonese la floridissima carne e i lineamenti molli. Ella amava la chiesa, le funzioni religiose, le pompe sacre, le musiche dei tridui; viveva in gran semplicità di costumi; e, poichè la sua intelligenza era fievole, credeva le più incredibili cose e lodava in ogni suo atto il Signore.

Dal congiungimento nacque Anna; e fu nel mese di giugno del 1817. Siccome il parto veniva difficile e si temeva di qualche sventura, il sacramento del battesimo fu amministrato su 'l ventre della madre, prima che uscisse alla luce l'infante. Dopo molto travaglio il parto si compì. La creatura bevve il latte dalle mammelle materne, e crebbe in salute e in letizia. Francesca scendeva verso sera alla marina, con la poppante su le brac-

cia, quando la tanecca doveva tornare carica da
Roto; e Luca sbarcando aveva la camicia tutta
odorosa dei frutti meridionali. Risalendo insieme
verso le case alte, si fermavano allora un momento
alla chiesa e s'inginocchiavano. Nelle cappelle già
ardevano le lampade votive; e in fondo, a traverso
i sette cancelli di bronzo, il busto dell'Apostolo
luccicava come un tesoro. Le preghiere invocavano
la benedizione celeste su 'l capo della figliuola.
Nell'uscire, quando la madre bagnava la fronte
di Anna con l'acqua della pila, li strilli infantili
echeggiavano a lungo per quelle navate sonanti
come grandi conche di metallo puro.

L'infanzia di Anna passava pianamente, senza
alcuno avvenimento notevole. Nel maggio del 1823
ella fu vestita da cherubino, con una corona di
rose e un velo bianco; e confusa in mezzo allo
stuolo angelico, seguì la processione tenendo in
mano un cero sottile. La madre nella chiesa volle
sollevarla su le braccia per farle baciare il santo
protettore. Ma, come le altre madri sorreggenti li
altri cherubini spingevano in folla, uno dei ceri
appiccò il fuoco al velo di Anna e d'improvviso
la fiamma avvolse il corpo tenerello. Un moto di
paura si propagò allora nella moltitudine, e ciascuno tentava essere primo ad uscire. Francesca,

se bene aveva le mani quasi impedite dal terrore, riuscì a strappare la veste ardente; si strinse contro il petto la figliuola nuda e tramortita, e gittandosi dietro ai fuggenti invocava Gesù con alte grida.

Per le ustioni Anna stette inferma lungo tempo in pericolo. Ella giaceva nel letto, con l'esile faccia esangue, senza parlare, come fosse diventata muta; e aveva nelli occhi aperti e fissi un'espressione di stupore immemore più tosto che di dolore. Dopo quel tempo, ogni commovimento troppo vivo le produceva nei nervi una convulsione.

Quando la temperie era dolce, la famiglia scendeva nella barca pe 'l pasto della sera. Sotto la tenda, Francesca accendeva il fuoco e su 'l fuoco metteva i pesci: l'odor cordiale delli alimenti si spandeva lungo il Molo mescendosi al profumo derivante dai verzieri della Villa Onofrii. Il mare dinanzi era così tranquillo che si udiva a pena tra li scogli il risucchio, e l'aria così limpida che la punta di San Vito si vedeva in lontananza emergere con tutto il cumulo delle case. Luca si metteva a cantare, insieme con li altri uomini; Anna faceva atto di aiutare la madre. Dopo il pasto, come la luna saliva il cielo, i marinai apprestavano la tanecca per salpare. Intanto Luca, nel calore del vino e del cibo, preso da quella sua naturale avidità di narrazioni mirabili, cominciava a parlare dei litorali lontani. — C'era, più in là di Roto, una montagna tutta abitata dalle scimmie e da *uomini dell' India*, altissima, con piante che producevano le pietre preziose.... — La moglie e la figlia ascoltavano, in silenzio, attonite. Poi le vele si spiegavano lungo li alberi lentamente, tutte segnate di figure nere e di simboli cattolici, come vecchi gonfaloni della patria. E Luca partiva.

Nel febbraio del 1826 Francesca si sgravò d'un bimbo morto. Nella primavera del 1830 Luca volle condurre Anna al promontorio. Anna era allora su l'adolescenza. Il viaggio fu felice. Nell'alto mare incontrarono una nave di mercanti, una gran nave che faceva cammino per forza di immense vele bianche. I delfini nuotavano nella scìa; l'acqua si moveva dolcemente in torno, scintillando, come se sopra vi galleggiassero tappeti di penne di paone. Anna seguì a lungo con li occhi pieni di stupore la nave in lontananza. Poi una specie di nuvola azzurra sorse su la linea dell'orizzonte; ed era la montagna fruttifera. Le coste della Puglia si designavano a poco a poco sotto il sole. Il profumo delli agrumi veniva spandendosi nell'aria gioviale. Quando Anna discese su la riva, fu presa da un senso di letizia; e stette curiosa a guardare le piantagioni e li uomini nativi del luogo. Il padre la condusse nella casa di una donna non giovane che parlava con una lieve balbuzie. Restarono là due giorni. Anna vide una volta il padre baciare la donna ospite su la bocca; ma non comprese. Al ritorno la tanecca era carica di aranci; e il mare era ancora mite.

Anna conservò di quel viaggio un ricordo come di sogno; e, poichè per natura era taciturna, raccontò non molte cose alle coetanee che la incalzavano d'interrogazioni.

II.

Nel maggio seguente, alle feste dell'Apostolo intervenne l'arcivescovo di Orsogna. La chiesa era tutta parata di drappi rossi e di fogliami d'oro; dinanzi ai cancelli di bronzo ardevano undici lampade d'argento lavorate dalli orefici per religione; e tutte le sere l'orchestra sonava un oratorio solenne con un bel coro di voci bianche. Il sabato si doveva esporre il busto dell'Apostolo. I devoti peregrinavano da tutti i paesi marittimi e interni;

salivano la costa cantando e portando in mano i voti, nel conspetto del mare.

Anna il venerdì fece la prima comunione. L'arcivescovo era un vecchio venerando e mite: quando sollevava la mano per benedire, la gemma dell'anello risplendeva simile a un occhio divino. Anna, a pena sentì su la lingua l'ostia eucaristica, smarrì la vista per un'improvvisa onda di gaudio che le irrigò i capelli con la dolcezza d'un bagno tiepido e odoroso. Dietro di lei un sussurro correva nella moltitudine; allato, altre verginelle prendevano il sacramento e chinavano la faccia su 'l gradino, in gran compunzione.

La sera Francesca volle dormire, com'è costume dei fedeli, su 'l pavimento della basilica, aspettando l'ostensione matutina del santo. Ella era incinta da sette mesi, e molto l'affaticava il peso del ventre. Su 'l pavimento i pellegrini giacevano accumulati; dai loro corpi esalava il calore e montava nell'aria. Alcune voci confuse uscivano a tratti da qualche bocca inconscia nel sonno; le fiammelle tremolavano e si riflettevano su l'olio nei bicchieri sospesi tra li archi; e nei vani delle larghe porte aperte scintillavano le stelle alla notte primaverile.

Francesca vegliò per due ore in travaglio, poichè l'esalazione dei dormienti le dava la nausea. Ma, determinata a resistere e a soffrire pe 'l bene dell'anima, vinta dalla stanchezza, piegò alfine il capo. Su l'alba si destò. L'aspettazione cresceva nelli animi delli astanti e altra gente sopraggiungeva: in ciascuno ardeva il desiderio d'essere primo a vedere l'Apostolo. Fu aperto il cancello esterno; e il romore dei cardini risonò nitidamente nel silenzio, si ripercosse in tutti i cuori. Fu aperto il secondo cancello, poi il terzo, poi il quarto, il quinto, il sesto, l'ultimo. Parve allora come una tromba d'uragano investisse la moltitudine. La massa delli uomini si precipitò verso il tabernacolo: grida acute squillarono nell'aria mossa da quell'impeto; dieci, quindici persone rimasero schiacciate e soffocate; una preghiera tumultuaria si levò.

I morti furono tratti fuori all'aperto. Il corpo di Francesca, tutto contuso e livido, fu portato alla famiglia. Molti curiosi in torno si accalcarono; e i parenti gemevano compassionevolmente.

Anna, quando vide la madre distesa su 'l letto tutta violacea nella faccia e macchiata di sangue, cadde a terra senza conoscenza. Poi, per molti mesi fu tormentata dall'epilessia.

III.

Nell'estate del 1835 Luca partiva per un porto della Grecia su 'l trabaccolo *Trinità* di Don Giovanni Camaccione. Siccome egli aveva nell'animo un segreto pensiero, prima di navigare vendè le masserizie e pregò i parenti d'accogliere Anna nella casa fin che egli non tornasse. Di là a qualche tempo il trabaccolo tornò carico di fichi secchi e d'uva di Corinto, dopo aver toccata la spiaggia di Roto. Luca non era tra la ciurma; e si vociferò poi ch'egli fosse rimasto nel *paese dei portogalli* con una femmina amorosa.

Anna si ricordava dell'antica ospite balbuziente. Una gran tristezza allora discese nella sua vita. La casa dei parenti era sotto la strada orientale, in vicinanza del Molo. I marinai venivano a bere il vino in una stanza bassa, ove quasi tutto il giorno le canzoni sonavano tra il fumo delle pipe. Anna passava in mezzo ai bevitori portando i boccali colmi; e il primo istinto de' suoi pudori si risvegliava a quel contatto assiduo, a quell'assidua comunione di vita con uomini bestiali. Ad ogni momento ella doveva soffrire i motti inverecondi, le risa crudeli, i gesti ambigui, la malvagità delle ciurme inasprite dalle fatiche della navigazione. Ella non osava lamentarsi, poichè mangiava il pane nella casa delli altri. Ma quel supplizio di tutte le ore la rendeva ebete: una imbecillità grave le opprimeva a poco a poco l'intelligenza indebolita.

Per una naturale inclinazione affettiva dell'animo, ella poneva amore alli animali. Un asino di molta età era ricoverato sotto una tettoia di paglia e di argilla, dietro la casa. Il quadrupede mansueto portava cotidianamente some di vino da Sant'Apollinare alla tavernella; e se bene i suoi denti cominciavano a ingiallire e le sue unghie a sfaldarsi, e se bene il suo cuoio era già secco e non aveva quasi più pelo, talvolta nel conspetto d'una fiorita di cardi ridirizzava le orecchie e si metteva a ragliar vivacemente in un'attitudine giovenile.

Anna empiva di profenda la greppia e d'acqua l'abbeveratoio. Quando il calore era grande, ella veniva sotto la tettoia a meriggiare. L'asino triturava i fili di paglia tra le mandibole laboriose, ed ella con un ramo fronzuto faceva opera di pietà liberandogli la schiena dalla molestia delli insetti. Di tanto in tanto l'asino volgeva la testa orecchiuta, per un rincrespamento delle labbra flosce mostrando le gencive quasi in un rossastro riso animalesco di gratitudine e mostrando per un moto obliquo dell'occhio nell'orbita il globo giallognolo e venato di paonazzo come una vescica di fiele. Li insetti turbinavano con un ronzío pesante su 'l timo; non dalla terra nè dal mare venivano romori o voci; e un senso vago di pace occupava allora l'animo della donna.

Nell'aprile del 1842 Pantaleo, l'uomo che guidava il somiere al viaggio cotidiano, morì di coltello. Da quel tempo ad Anna fu commesso l'uficio. Ed ella partiva su l'alba e tornava su 'l mezzogiorno, o partiva su 'l mezzogiorno e tornava su la sera. La strada volgeva per una collina solatía piantata d'olivi, discendeva per una terra irrigua messa a pasture, e risalendo tra i vigneti giungeva alle fattorie di Sant'Apollinare. L'asino camminava innanzi, con le orecchie basse, a fatica: una frangia verde tutta logora e stinta gli batteva le coste e i lombi; nel basto luccicavano alcuni frammenti di lámine d'ottone.

Quando l'animale si soffermava per riprender fiato, Anna gli dava qualche piccolo urto carezzevole su 'l collo e l'eccitava con la voce; poichè ella aveva misericordia di quella decrepitezza. Ogni tanto strappando dalle siepi un pugno di foglie, le porgeva in ristoro; e s'inteneriva sentendo su la palma il movimento molle delle labbra che ricevevano l'offerta. Le siepi erano fiorite; e i fiori del bianco spino avevano un sapore di mandorle amare.

Su 'l confine dell'oliveto stava una gran cisterna, e accanto alla cisterna un lungo canale di pietra dove le vacche venivano ad abbeverarsi. Tutti i giorni Anna faceva sosta in quel luogo; ed ella e l'asino si dissetavano prima di seguire il cammino. Una volta ella s'incontrò co 'l custode dell'armento, che era nativo di Tollo e aveva la guardatura un poco losca e il labbro leporino. L'uomo le volse il saluto; e ambedue cominciarono a ragionare dei pascoli e dell'acqua, e poi dei santuari e dei miracoli religiosi. Anna ascoltava con benignità e con frequenza di sorriso. Ella era macilente e bianca; aveva li occhi chiarissimi e la bocca stragrande, e i capelli castanei pieganti in dietro tutti senza spartizione. Nel collo le si vedevano le cicatrici rossicce delle bruciature e le si vedevano le arterie battere d'un palpito incessante.

Da allora i colloqui si reiterarono. Per l'erba le vacche stavano sparse; e giacevano ruminando o pascolavano in piedi. Quelle moventi forme pacifiche aumentavano la tranquillità della solitudine pastorale. Anna, seduta su l'orlo della cisterna, ragionava semplicemente; e l'uomo dal labbro fesso pareva preso d'amore. Un giorno ella, per un improvviso spontaneo rifiorir del ricordo, narrò la navigazione alla montagna di Roto. E, poichè la lontananza del tempo le ingannava la memoria, ella diceva con suono di verità cose meravigliose. L'uomo stupefatto ascoltava senza batter le palpebre. Quando Anna tacque, ad ambedue il silenzio e la solitudine d'in torno parvero più grandi; ed ambedue restarono in pensiero. Venivano le vacche, tratte dalla consuetudine, all'abbeveratoio; e a tutte penzolava fra le gambe il gruppo delle mammelle rifornite di latte dalla pastura. Come esse avanzavano il muso nel canale, l'acqua diminuiva ai loro sorsi lenti e regolari.

IV.

Su li ultimi giorni di giugno l'asino infermò. Non prendeva cibo nè bevanda da quasi una settimana. I viaggi s'interruppero. Una mattina che Anna discese alla tettoia, scorse la bestia tutta ripiegata su lo strame in un avvilimento miserevole. Una specie di tosse roca e tenace scoteva di tratto in tratto la gran carcassa malcoperta di cuoio; su li occhi s'erano formate due cavità profonde, come due orbite vacue; e li occhi parevano due grosse bolle gonfie di siero. Quando l'asino udì le voci di Anna, tentò levarsi: il corpo gli traballava su le zampe e il collo gli si abbatteva giù dalle spalle acute e le orecchie gli penzolavano con i movimenti involontari e incomposti di un enorme giocattolo che avesse guaste le commessure. Un liquido mucoso gli colava dalle nari, talvolta allungandosi in filamenti sino ai ginocchi. Le chiazze nude nel pelame avevano il colore azzurrognolo e quasi cangiante della lavagna. I guidaleschi qua e là sanguinavano.

Anna, allo spettacolo, si sentì stringere da una angoscia pietosa; e, poichè ella per natura e per uso non provava alcuna repugnanza fisica in contatto della materia immonda, si accostò a toccare l'animale. Con una mano gli sorreggeva la mascella inferiore, con l'altra una spalla; e così tentava fargli muovere i passi, sperando in una qualche virtù dell'esercizio. L'animale prima esitava, squassato da nuovi sussulti di tosse; poi finalmente prese a camminare per la china dolce che scendeva al lido. Le acque, dinanzi, nella natività del giorno biancheggiavano; e i calafati verso la penna spalmavano una carena. Come Anna levò il sostegno delle mani e trasse la corda della cavezza, l'asino per un fallo de'piedi anteriori stramazzò d'improvviso. La gran macchina delle ossa ebbe uno scricchiolío interno di rotture, e la pelle del ventre e dei fianchi risonò sordamente e palpitò. Le gambe fecero l'atto di correre; per l'urto, dalla genciva uscì un poco di sangue e tra i denti si diffuse.

Allora la donna si mise a gridare andando verso la casa. Ma i calafati, sopraggiunti, in conspetto dell'asino giacente ridevano e motteggiavano. Uno di loro percosse co 'l piede il ventre del moribondo. Un altro gli afferrò le orecchie e gli sollevò il capo che ricadde pesantemente a terra. Li occhi si chiusero; qualche brivido corse fra il pelame bianco del ventre aprendone le spighe, come un soffio; una delle gambe di dietro battè due o tre volte nell'aria. Poi tutto fu immobile; se non che nella spalla ov'era un'ulcera, si produsse un lieve tremito, simile a quello che per la molestia d'un insetto avveniva dianzi volontario nella carne vivente. Quando Anna tornò su 'l luogo, trovò i calafati che tiravano per la coda la carogna, e cantavano un *Requiem* con false voci asinine.

Così Anna rimase in solitudine; e per lungo

tempo ancora visse nella casa dei parenti ed ivi
appassì, adempiendo umili uffici, e sopportando con
molta pazienza cristiana le vessazioni. Nel 1845 li
accessi epilettici riapparvero con violenza; sparvero dopo alcuni mesi. La fede religiosa in quell'epoca divenne in lei più profonda e più calda.
Ella saliva alla basilica tutte le mattine e tutte
le sere; e s'inginocchiava abitualmente in un angolo oscuro protetto da una gran pila di marmo
dov'era figurata con rozza opera di bassorilievo la
fuga della Sacra Famiglia in Egitto. Da prima
scelse ella forse quell'angolo attratta dal docile
asinello trasportante il pargolo Gesù e la Madre
alla terra dell'idolatria? Una quietudine d'amore
le discendeva su lo spirito, quando aveva piegate
le ginocchia nell'ombra; e la preghiera le sgorgava puramente dal petto come da una fonte natale, poichè ella pregava soltanto per la voluttà
cieca dell'adorazione, non per la speranza d'ottener grazia di beni nella vita terrena. In lei il
desiderio del miglioramento, questo universal desiderio umano, s'era andato spegnendo via via che
l'intelligenza svaniva. e che per le condizioni consuetudinarie si semplificavano nell'organismo i bisogni. Ella pregava, con la testa china sulla sedia;
e come i cristiani nell'accedere e nell'uscire at-

tingevano con le dita l'acqua della pila, e si segnavano, ella a quando a quando trasaliva, sentendo su' capelli qualche stilla benedetta cadere.

V.

Quando nel 1851 Anna venne la prima volta al paese di Pescara, era prossima la festa del Rosario, che si celebra nella prima domenica di ottobre. La donna si mosse da Ortona a piedi, per sciogliere un voto; e portando chiuso in un fazzoletto di seta un piccolo cuore d'argento, camminò religiosamente lungo la riva del mare; poichè la strada provinciale non ancora in quel tempo era praticata, e un bosco di pini occupava molta estensione di terreno vergine. La giornata pareva dolce, se non che nel mare le onde andavano crescendo, ed all'estremo limite andavano crescendo in forma di trombe i vapori. Anna avanzava tutta assorta in pensieri di santità. Nel far della sera, come ella fu su 'l luogo delle Saline, cadde d'improvviso la pioggia, da prima pianamente e dopo in grande abbondanza; così che, non essendovi in torno riparo alcuno, ella n'ebbe le vesti tutte molli. Più in qua, la foce dell'Alento portava acqua; ed ella si scalzò per guadare. In vicinanza di Vallelonga la pioggia restò: ed il bosco dei pini rinasceva serenante nell' aria con odor quasi d'incenso. Anna, rendendo grazie nell'animo al Signore, seguì il cammino del litorale ma con più rapidi passi, poichè sentiva penetrarsi nelle ossa l'umidità malsana, e cominciava a battere i denti pe 'l ribrezzo.

A Pescara, ella fu subito presa dalla febbre palustre, e ricoverata per misericordia nella casa di Donna Cristina Basile. Dal letto, udendo i cantici della pompa sacra, e vedendo le cime delli stendardi ondeggiare all' altezza della finestra, ella si mise a dire le preghiere e a invocare la guarigione. Quando passò la Vergine, ella scorse soltanto la corona gemmata, e fece atto di mettersi in ginocchio su i guanciali per adorare.

Dopo tre settimane guarì; e, avendole Donna Cristina offerto di rimanere, ella rimase in qualità di domestica. Ebbe allora una piccola stanza guardante su 'l cortile. Le pareti erano imbiancate di calce; un vecchio paravento coperto di figure profane chiudeva un angolo; e fra i travicelli del soffitto molti ragni tendevano in pace le tele laboriose. Sotto la finestra sporgeva un tetto breve, e più giù s'apriva il cortile pieno di volatili mansueti. Su 'l tetto vegetava, da un mucchio di terra chiuso fra cinque tegole, una pianta di tabacco.

Il sole vi s'indugiava dalle prime ore antimeridiane alle prime ore del pomeriggio. Ogni estate la pianta dava fiori.

Anna, nella nuova vita, nella nuova casa, a poco a poco si sentì sollevare e rivivere. La sua naturale inclinazione all'ordine si dispiegò. Ella attendeva a tutti i suoi uffici tranquillamente, senza far parole. Anche, in lei la credenza nelle cose sopranaturali ingigantì. Due o tre leggende s'erano per antico formate su due o tre luoghi della casa Basile e di generazione in generazione si tramandavano. Nella *camera gialla* del secondo piano abbandonato viveva l'anima di Donna Isabella. In un ricettacolo ingombro, dove una scala discendeva a gomito sino a una porta che non s'apriva da tempo, viveva l'anima di Don Samuele. Quei due nomi esercitavano un singolar fascino su i nuovi abitatori, e diffondevano per tutto il vecchio edificio una specie di solennità conventuale. Come poi il cortile interno era circondato di molti tetti, i gatti su la loggia si riunivano in conciliaboli e miagolavano con una dolcezza inquietante, chiedendo ad Anna li avanzi del pasto familiare.

Nel marzo del 1853 il marito di Donna Cristina morì d'una malattia urinaria, dopo lunghe settimane di spasimi. Egli era un uomo timorato di

Dio, casalingo e caritatevole; era capo d'una congrega di possidenti religiosi; leggeva le opere dei teologi, e sapeva sonare su 'l gravicembalo alcune semplici arie di antichi maestri napolitani. Quando venne il viatico, magnifico per numero di ministri e per ricchezza d'arnesi, Anna s'inginocchiò su la porta, e si mise a pregare ad alta voce. La stanza si empì d'un vapor d'incenso, in mezzo a cui il ciborio raggiava e raggiavano i turiboli, oscillando come lampade accese. Si udirono singhiozzi; poi le voci dei ministri, raccomandando l'anima all'Altissimo, si sollevarono. Anna, rapita dalla solennità di quel sacramento, perdè ogni orrore della morte, e da allora pensò che la morte dei cristiani fosse un trapasso dolce e gaudioso.

Donna Cristina tenne chiuse tutte le finestre della casa, durante un mese intero. Continuava a piangere il marito nell'ora del pranzo e nell'ora della cena; faceva in nome di lui le elemosine ai mendicanti; e, più volte nel giorno, con una coda di volpe levava la polvere dal gravicembalo come da una reliquia, emettendo sospiri. Ella era una donna di quarant'anni, tendente alla pinguedine, ancora fresca nelle sue forme che la sterilità aveva conservate. E poichè ereditava dal defunto una dovizia considerevole, i cinque più maturi celibi

del paese cominciarono a tenderle insidie e ad
allettarla alle nuove nozze con arti lusingatrici. I
campioni furono: Don Ignazio Cespa, persona dol-
cigna, di sesso ambiguo, con una faccia di vecchia pettegòla butterata dal vainolo e una capellatura impregnata di olii cosmetici, con le dita
cariche di anelli e li orecchi forati da due minu-
scoli cerchi d'oro ; Don Paolo Nervegna, dottor
di legge, uomo parlatore e accorto, che aveva le
labbra sempre increspate come se masticasse l'erba
sardonica e su la fronte una specie di crescimento
rossastro innascondibile ; Don Fileno d'Amelio,
nuovo capo della congrega, uomo pieno d'unzione
e di compunzione, un po' calvo, con la fronte sfuggente indietro e l'occhio pecorinamente opaco ;
Don Pompeo Pepe, uomo giocondo, amante del
vino e delle donne e dell'ozio, ubertoso in tutta
la corporatura e più nella faccia, sonoro nelle
risa e nelle parole ; Don Fiore Ussorio, uomo di
spiriti pugnaci, gran leggitore di opere politiche
e citator trionfante di esempi storici in ogni disputa, pallido d'un pallor terrigno, con una sottil
corona di barba intorno alli zigomi e una bocca
singolarmente atteggiata in linea obliqua. A costoro si aggiungeva, ausiliare della resistenza di
Donna Cristina, l'abate Egidio Cennamele che vo-

lendo trarre l'erede ai benefizi della chiesa, osteggiava con ben coperta astuzia d'impedimenti le lusinghe.

La gran contesa, che sarà un giorno narrata dal cronista per diffuso, durò molto tempo ed ebbe molta varietà di vicende. E principal teatro della prima azione fu il cenacolo, sala rettangolare dove su la carta francese delle pareti erano francescamente rappresentati i fatti di Ulisse naufragante all'isola di Calipso. Quasi tutte le sere i campioni si riunivano in torno all'inclita vedova; e facevano il giuoco della briscola e il giuoco dell'amore alternativamente.

VI.

Anna fu candida testimone. Introduceva i visitatori, tendeva il tappeto su la tavola, e a mezzo della veglia portava i bicchierini pieni d'un rosolio verdognolo composto dalle monache con droghe speciali. Una volta ella sentì su per le scale Don Fiore Ussorio gridare nel calor della disputa un'ingiuria contro l'abate Cennamele che parlava sommesso; e, poichè l'irreverenza le parve mostruosa, ella da allora in poi tenne Don Fiore per un uomo diabolico e al comparir di lui si faceva rapidamente il segno della croce e mormorava un *Pater*.

Nella primavera del 1856, un giorno, mentre su 'l greto della Pescara ella sbatteva i panni lavati, vide una flotta di barche passare la foce e navigar lentamente contro la forza dell'acqua. Il sole era sereno; le due rive si rispecchiavano in fondo abbracciandosi; alcuni ramoscelli verdi e alcune ceste di giunchi natavano nel mezzo della corrente, come simboli pacifici, verso il mare; e le barche, aventi quasi tutte la mitria di san Tommaso dipinta per insegna in un angolo della vela, avanzavano così nel bel fiume santificato dalla leggenda di san Cetteo Liberatore. I ricordi del paese natale si svegliarono nell'animo della donna con un tumulto improvviso, a quello spettacolo; ed ella, pensando al padre, fu invasa da un gran tenerezza.

Le barche erano tanecche ortonesi e venivano dal promontorio di Roto con un carico di agrumi. Anna, come le ancore furono gettate, si avvicinò ai marinai; e li guardava con una curiosità benevola e trepidante, senza far parole. Uno di loro, colpito dalla insistenza, la ravvisò e la interrogò familiarmente. — Chi cercava? Che voleva? — Allora Anna, tratto in disparte l'uomo, gli chiese se non per caso egli avesse veduto al *paese dei portogalli* Luca Minella, il padre. — Non l'aveva veduto? Non stava ancora con *quella femmina?* — L'uomo rispose che Luca era morto da qualche tempo. — Era vecchio. Poteva campar di più? — Allora Anna contenne le lacrime; volle sapere molte cose. L'uomo le disse molte cose. — Luca aveva strette le nozze con *quella femmina;* ne aveva avuti due figliuoli. Il maggiore dei due navigava sopra un trabaccolo e veniva qualche volta a Pescara per negozi. — Anna trasalì. Un turbamento indeterminato, una specie di smarrimento confuso le occupava l'animo. Ella non giungeva a ritrovar l'equilibrio e la lucidità del giudizio dinanzi a quel fatto troppo complesso. Ella aveva ora due fratelli dunque? Doveva amarli? Doveva cercare di vederli? Ora che doveva dunque fare?

Così, titubante, tornò a casa. E dopo, per molte sere, quando entravano nel fiume le barche, ella andava lungo lo scalo a guardare i marinai. Qualche trabaccolo portava dalla Dalmazia un carico di asinelli e di cavalli nani: le bestie prendendo terra scalpitavano; l'aria sonava di ragli e di nitriti. Anna, nel passare, batteva con la mano le grosse teste delli asinelli.

VII.

Verso quel tempo ebbe in dono dal fattore di campagna una testuggine. Il nuovo ospite tardo e taciturno fu diletto e cura della donna nelle ore d'ozio. Camminava da un punto all'altro della stanza sollevando a stento dal suolo il grave peso del corpo su le zampe simili a moncherini olivastri, e, come era giovine, le piastre del suo scudo dorsale, gialle maculate di nero, traluccvano talvolta al sole con un nitor d'ambra. La testa coperta di scaglie, compressa nel muso, giallognola, sporgeva tentennando con una mansuetudine timorosa; e pareva talvolta la testa di un vecchio serpe estenuato che uscisse dal guscio di un crostaceo. Anna prediligeva nell'animale i costumi: il silenzio, la frugalità, la modestia, l'amor della casa. Gli dava per cibo foglie di verdura, radici e vermi, restando estatica a osservare il moto delle piccole mandibole cornee dentellate nel lor duplice margine. Ella, in quell'atto, provava quasi un sentimento di maternità: eccitava pianamente l'animale con le voci e sceglieva per lui le erbe più tenere e più dolci.

Fu la testuggine allora auspice d'un idillio.

Il fattore, venendo più volte al giorno nella casa, s'intratteneva su la loggia a ragionare con Anna. Ed essendo egli uomo d'umili spiriti, divoto, prudente e giusto, godeva veder riflesse le sue pie virtù nell'animo della donna. Per la consuetudine sorse quindi tra i due a poco a poco una familiarità amorevole. Ella aveva già qualche capello bianco su le tempie, ed in tutta la faccia diffuso un placido candore. Egli, Zacchiele, superava di alcuni anni l'età di lei; aveva una gran testa dalla fronte sporgente e due miti e rotondi occhi di coniglio. Tutt'e due, nei colloqui, sedevano per lo più su la loggia. Sopra di loro, fra i tetti, il cielo pareva una cupola luminosa; e ad intervalli i voli dei colombi domestici, bianchi come il Paraclito, traversavano la quiete celestiale. I colloqui volgevano su le raccolte, su la bontà dei terreni, su le semplici norme della coltivazione; ed erano pieni di esperienza e di rettitudine.

Poichè Zacchiele amava talvolta, per una ingenua vanità naturale, di far pompa del suo sapere in conspetto della donna ignorante e credula, questa concepì per lui una stima ed un'ammirazione senza limiti. Ella imparò che la terra è divisa in cinque parti e che cinque sono le razze delli uomini: la bianca, la gialla, la rossa, la nera e la bruna. Imparò che la terra è di forma rotonda, che Romolo e Remo furono nutricati da una lupa, e che le rondini su l'autunno vanno oltremare nell'Egitto dove anticamente regnavano i Faraoni. — Ma li uomini non avevano tutti un colore, a imagine e somiglianza di Dio? Potevamo noi camminare sopra una palla? Chi erano i re Faraoni? — Ella non riusciva a comprendere, e rimaneva così tutta smarrita. Però da allora ella considerò le rondini con reverenza e le tenne per uccelli dotati di saggezza umana.

Un giorno Zacchiele le mostrò una Storia sacra dell'Antico Testamento, illustrata di figure. Anna guardava con lentezza, ascoltando le spiegazioni. Ed ella vide Adamo ed Eva tra le lepri ed i cervi. Noè seminudo inginocchiato innanzi ad un altare, i tre angeli di Abramo, Mosè salvato dalle acque; vide con gioia finalmente un Faraone nel conspetto della verga di Mosè cangiata in serpe, e la regina di Saba, la festa dei Tabernacoli, il martirio dei Maccabei. Il fatto dell'asina di Balaam la empì di meraviglia e di tenerezza. Il fatto della coppa di Giuseppe nel sacco di Beniamino la fece rompere in lacrime. Ed ella imaginava li Israeliti camminanti per un deserto tutto coperto di quaglie, sotto una rugiada che si chiamava la manna ed era bianca come la neve e più dolce del pane.

Dopo la Storia sacra, preso da una singolare ambizione Zacchiele cominciò a leggerle le imprese dei Reali di Francia da Costantino imperatore sino ad Orlando conte d'Anglante. Un gran tumulto sconvolse allora la mente della donna: le battaglie dei Filistei e dei Siriaci si confusero con le battaglie dei Saraceni, Oloferne si confuse con Rizieri, il re Saul col re Mambrino, Eleazaro con Balante, Noemi con Galeana. Ed ella, affaticata, non seguiva più il filo delle narrazioni, ma si riscoteva soltanto ad intervalli quando udiva passare nella voce di Zacchiele i suoni di qualche nome prediletto. E predilesse Dusolina e il duca Bovetto che prese tutta l'Inghilterra innamorandosi della figliuola del re di Frisia.

Erano le calende di settembre. Nell'aria temperata dalla pioggia recente, si andava diffondendo una placida chiarità autunnale. La stanza di Anna divenne il luogo delle letture. Un giorno Zacchiele, seduto, leggeva *come Galeana, figliuola del re Galafro, s'innamorò di Mainetto e volle da lui la ghirlanda dell'erba*. Anna, poichè la favola pareva semplice e campestre e poichè la voce del lettore pareva addolcirsi di accenti novelli, ascoltava con

visibile assiduità. La testuggine si traeva in mezzo
ad alcune foglie di lattuga, pianamente; il sole su
la finestra illuminava una gran tela di ragno, e
li ultimi fiori rosei del tabacco si vedevano a traverso la sottile opera di filo d'oro.

Quando il capitolo fu finito, Zacchiele depose
il libro; e, guardando la donna, sorrise d'uno di
quei sorrisi fatui che solevano incrispargli le tempie e li angoli della bocca. Poi cominciò a parlarle vagamente, con la peritanza di colui che non
sa in qual modo giungere al punto desiderato.
Finalmente ardì. — Ella non aveva pensato mai
al matrimonio? — Anna alla domanda non rispose.
Stettero ambedue in silenzio ed ambedue sentivano nell'animo una dolcezza confusa, quasi un
risveglio incosciente della giovinezza sepolta e
un umano richiamo dell'amore. E n'erano turbati
come dal fumo d'un vino troppo forte che montasse al loro cervello indebolito.

VIII.

Ma una tacita promessa di nozze fu data molti
giorni dopo, in ottobre, nella prima natività dell'olio d'oliva e nell'ultima migrazione delle rondini. Con licenza di Donna Cristina, un lunedì

Zacchiele condusse Anna alla fattoria dei Colli, dov'era il frantoio. Uscirono da Portasale, a piedi, e presero la via Salaria, volgendo le spalle al fiume. Dal giorno della favola di Galeana e di Mainetto, essi provavano l'un verso l'altra una specie di trepidazione, un misto di temenza, vergogna e rispetto. Avevano perduta quella bella familiarità d'una volta; parlavano poco insieme e sempre con un tal riserbo esitante, senza mai guardarsi nel volto, con incerti sorrisi, confondendosi talora per una subitanea espansion di rossore, indugiando così in questi timidi bamboleggiamenti d'innocenza.

Camminarono in silenzio, da prima, ciascuno seguendo lo stretto sentiero asciutto che i passi dei viandanti avevano praticato su i due margini della via; e li divideva il mezzo della via fangoso e segnato di solchi profondi dalle ruote dei veicoli. Una libera gioia vendemmiale occupava le campagne: i canti del mosto per la pianura si avvicendavano. Zacchiele si teneva un poco in dietro, rompendo a tratti a tratti il silenzio con qualche parola su la temperie, su le vigne, su la raccolta delle olive. Anna guardava curiosa tutti i cespugli rosseggianti di bacche, i campi lavorati, le acque dei fossi: e a' poco a poco le nasceva nell'animo una letizia vaga, quale di chi dopo lungo tempo sia dilettato da sensazioni già innanzi conosciute. Come il cammino prese a volgere su pe 'l declivio tra i ricchi oliveti di Cardirusso, chiaramente le sorse nell'animo il ricordo di Sant'Apollinare e dell'asino e del custode delli armenti. Ed ella sentì quasi rifluirsi al cuore tutto il sangue, d'improvviso. Avvenne allora in lei un fenomeno. Quell'episodio obliato della sua giovinezza le si coordinò nella memoria con una perspicuità meravigliosa; l'imagine dei luoghi le si formò dinanzi; e nella scena illusoria ella rivide l'uomo dal labbro leporino, ne riudì la voce, provando un turbamento nuovo senza sapere perchè.

La fattoria si avvicinava; fra li alberi soffiava il vento facendo cadere le ulive mature; una zona di mare sereno si scopriva dall'altitudine. Zacchiele s'era messo a fianco della donna e la guardava di tratto in tratto con una pia supplicazione di tenerezza. — A che pensava ella dunque? — Anna si volse, con un'aria quasi di sbigottimento, come fosse stata colta in fallo. — A niente pensava. —

Giunsero al frantoio, dove i coloni macinavano la prima raccolta delle olive cadute precocemente dall'albero. La stanza delle macine era bassa e oscura; dalla vôlta luccicante di salnitro pendevano lucerne di ottone e fumigavano; un giumento bendato girava una mola gigantesca, con passo regolare; e i coloni, vestiti di certe lunghe tuniche simili a sacchi, nudi le gambe e le braccia, muscolosi, oleosi, versavano il liquido nelle giare, nelle conche, nelli orci.

Anna si mise a considerare l'opera, attentamente; e, come Zacchiele impartiva ordini ai faticatori, e girava tra le macine, osservando la qualità delle olive con una grave sicurezza di giudice, ella sentì per lui in quel momento crescere l'ammirazione. Poi, come Zacchiele dinanzi a lei prese un gran boccale colmo e versando nell'orcio quell'olio purissimo e luminoso nominò la grazia di Dio, ella si fece il segno della croce, tutta compresa di venerazione per l'opulenza della terra.

Venivano intanto su la porta le due femmine della fattoria; e ciascuna teneva contro il seno un poppante, e si traeva un bel grappolo di figliuoli dietro le gonne. Si misero a conversare placidamente; e, poichè Anna tentava accarezzare i fanciulli, ciascuna si compiaceva della propria fecondità, e con una ridente onestà di parole ragionava dei parti. La prima aveva avuti sette figliuoli; la seconda undici. — Era la volontà di Gesù Cristo; e per la campagna poi ci volevano braccia.

Allora la conversazione volse in materie familiari. Albarosa, una delle madri, fece molte domande ad Anna. — Ella non aveva avuto mai figliuoli? — Anna, nel rispondere che non s'era maritata, provò per la prima volta una specie di umiliazione e di rammarico, dinanzi a quella possente e casta maternità. Poi, cambiando il discorso, ella tese la mano sul più vicino dei bimbi. Li altri guardavano con li occhi ampi che pareva avessero assunto un limpido color vegetale dallo spettacolo continuo delle cose verdi. L'odore delle olive infrante si spandeva nell'aria, ed entrava nelle fauci ad eccitare il palato. I gruppi dei faticatori apparivano e sparivano sotto il rossore delle lucerne.

Zacchiele, che fino a quel momento aveva invigilato su la misura dell'olio, si accostò alle donne. Albarosa lo accolse con un volto festevole. — Quanto voleva aspettare Don Zacchiele a prender moglie? — Zacchiele sorrise con un po' di confusione, a quella domanda; e diede un'occhiata sfuggente ad Anna che accarezzava ancora il bimbo selvatico e fingeva di non avere inteso. Albarosa, per una benevola arguzia contadinesca, riuscendo visibilmente con l'ammiccar delli occhi bovini il capo di Anna e quello di Zacchiele, seguitò le incitazioni. — Erano una coppia benedetta da Dio. Che aspettavano? — I coloni, avendo sospesa l'opera per attendere al pasto, facevano in torno cerchia. E la coppia, anche più confusa per quella testimonianza, restava muta in un'attitudine tra di sorriso tremulo e di pudica modestia. Qualcuno dei giovini fra i testimoni, esilarato dalla faccia amorosamente compunta di Don Zacchiele, sospingeva con urti di gomito i compagni. Il giumento nitrì, per fame.

Fu apprestato il pasto. Un'attività diligente invase la gran famiglia rustica. Su lo spiazzo, all'aperto, tra li olivi pacifici e in conspetto del sottostante mare, li uomini sedevano alla mensa. I piatti dei legumi conditi d'olio novello fumavano; il vino scintillava nelle semplici forme liturgiche dei vasi; e il cibo frugale dispariva rapidamente entro li stomachi dei faticatori.

Anna ora si sentiva come assalire da un tumulto di giubilo, e si sentiva d'un tratto quasi legata da una specie di dimestichezza amichevole con le due donne. Queste la condussero nell'interno della casa, dove le stanze erano larghe e luminose benchè antichissime: su le pareti le imagini sacre si alternavano con le palme pasquali; provvigioni di carni suine pendevano dai soffitti, i talami dal pavimento si elevavano ampi ed altissimi con a canto le culle ; da tutto emanava la serenità della concordia familiare. Anna, considerando quell'ordine, sorrideva timidamente a una dolcezza interiore; e in un punto fu presa da una strana commozione, quasi che tutte le sue latenti virtù di madre casalinga e i suoi istinti di allevatrice fremessero e insorgessero d'improvviso.

Quando le donne ridiscesero su lo spiazzo, li uomini stavano ancora in torno alla tavola; Zacchiele parlava con loro. Albarosa prese un piccolo pane di frumento, lo divise nel mezzo, lo consperse d'olio e di sale, e l'offerì ad Anna. L'olio novello, allora allora gemuto dal frutto, spandeva nella bocca un saporoso aroma asprino; ed Anna allettata mangiò tutto il pane. Bevve anche vino. Poi, come il vespro cadeva, ella e Zacchiele ripresero il cammino del declivio.

Dietro di loro i coloni cantarono. Molti altri canti sorsero dalla campagna, e si dispiegarono nella sera con la piana larghezza di un salmo gregoriano. Il vento soffiava fra li oliveti più umido; un chiarore moriente tra rosco e violaceo indugiava effuso pe 'l cielo.

Anna camminò innanzi, con passo celere, rasente i tronchi. Zacchiele la seguì, pensando alle parole ch'egli voleva dire. Ambedue, da poi che si sentivano soli, provavano una trepidazione infantile, quasi un timore. A un punto Zacchiele chiamò la donna per nome; ed ella si volse umile e palpitante. — Che voleva? — Zacchiele non disse più altro; fece due passi, giunse al fianco di lei. E così continuarono il cammino, in silenzio, finchè la via Salaria non li divise. Come nell'andare, essi presero ciascuno il sentiero del margine, a destra e a manca. E rientrarono a Portasale.

IX.

Per una nativa irresolutezza, Anna differiva continuamente il matrimonio. Dubbi religiosi la tormentavano. Ella aveva sentito dire che soltanto le vergini sarebbero ammesse a far corona in torno alla Madre di Dio, nel paradiso. Dunque? Doveva ella rinunziare a quella dolcezza celeste per un bene terreno? Un più vivo ardore di devozione allora la invase. In tutte le ore libere ella andava alla chiesa del Rosario; s'inginocchiava innanzi al gran confessionale di quercia, e rimaneva immobile in quell'attitudine di preghiera. La chiesa era semplice e povera; il pavimento era coperto di lapidi mortuarie; una sola lampada di metallo vile ardeva innanzi all'altare. E la donna rimpiangeva nell'animo il fasto della sua basilica, la solennità delle cerimonie, le undici lampade d'argento, i tre altari di marmo prezioso.

Ma nella Settimana Santa del 1857, sorse un grande avvenimento. Tra la Confraternita capitanata da Don Fileno d'Amelio e l'abate Cennamele, coadiuvato dai satelliti parrocchiali, scoppiò la guerra; e ne fu causa un contrasto per la processione di Gesù morto. Don Fileno voleva che la pompa, fornita dai congregati, uscisse dalla chiesa della Confraternita; l'abate voleva che la pompa uscisse dalla chiesa parrocchiale. La guerra attrasse e avviluppò tutti i cittadini e le milizie del Re di Napoli, residenti nel forte. Nacquero tumulti popolari; le vie furono occupate da assembramenti di gente fanatica; pattuglie armigere andarono in volta per impedire i disordini; il conte arcivescovo di Chieti fu assediato da innumerevoli messi d'ambo le parti; corse molta pecunia per corruzioni; un mormorío di congiure misteriose si sparse nella città. Focolare delli odii la casa di Donna Cristina Basile. Don Fiore Ussorio sfolgorò per mirabili stratagemmi e per audacie novissime, in quei giorni di lotta. Don Paolo Nervegna ebbe un grave spargimento di bile. Don Ignazio Cespa adoperò in vano tutte le sue blande arti conciliative e i suoi sorrisi melliflui. La vittoria fu contrastata con un accanimento implacabile, fino all'ora rituale della pompa funeraria. Il popolo fremeva nell'aspettazione; il comandante delle milizie, partigiano dell'abbadia, minacciava castighi ai facinorosi della Confraternita. La rivolta stava per irrompere. Quand'ecco giungere su la piazza un soldato a cavallo latore di un messaggio episcopale che dava la vittoria ai congregati.

L'ordine della pompa si dispiegò allora con insolita magnificenza per le vie sparse di fiori. Un coro di cinquanta voci bianche cantò gl'inni liturgici della Passione; e dieci turiferari incensarono tutta la città. I baldacchini, li stendardi, i ceri per la nuova ricchezza empirono li astanti di meraviglia. L'abate sconfitto non intervenne; ed in sua vece Don Pasquale Carabba, il Gran Coadiutore, vestito dei paramenti badiali, seguì con molta solennità d'incesso il feretro di Gesù.

Anna, nel frangente, aveva fatto voti per la vittoria dell'abate. Ma la suntuosità della cerimonia la abbagliò; una specie di stupore la invase, allo spettacolo; ed ella sentì gratitudine anche per Don Fiore Ussorio che passava reggendo nel pugno un cero immane. Poi, come l'ultima schiera dei celebranti le giunse dinanzi, ella si mescolò alla turba fanatica delli uomini, delle donne e de' fanciulli; e andò così, quasi senza toccar terra, tenendo sempre li occhi fissi al serto culminante della *Mater dolorosa*. In alto, dall' uno all' altro balcone, stavano tesi i drappi signorili consecutivamente; dalle case dei panettieri pendevano rustiche forme d'agnelli materiate di fromento; ad intervalli, nei trivi, nei quadrivi, un braciere acceso spandeva fumo di aròmati.

La processione non passò sotto le finestre dell'abate. Di tratto in tratto una specie di movimento irregolare correva lungo le file, come se la schiera antesignana incontrasse un ostacolo. E n'era causa il contrasto tra il crocifero della Confraternita e il luogotenente delle milizie, i quali ambedue avevano ricevuto il comando di seguire un itinerario diverso. Poichè il luogotenente non poteva usar violenza senza commetter sacrilegio, vinse il crocifero. I congregati esultavano; il comandante generale ardeva d'ira; il popolo s'empiva di curiosità.

Quando la pompa, in vicinanza dell' arsenale, si rivolse per rientrare nella chiesa di San Giacomo, Anna prese un vicolo obliquo e in pochi passi fu su la porta madre. S'inginocchiò. Giungeva primo verso di lei l'uomo portante il crocifisso gigantesco; seguivano li stendardi che tenevano l'altissima asta in equilibrio su la fronte o su 'l mento, atteggiandosi con dotto giuoco di muscoli. Poi, quasi in mezzo a una nuvola d'incenso, venivano le altre schiere, i cori angelici, li incappati, le vergini, i signori, il clero, le milizie. Lo spettacolo era grande. Una specie di terrore mistico teneva l'animo della donna.

Si avanzò su 'l vestibolo, secondo la consuetudine, un accolito munito d'un largo piatto d'argento per ricevere i ceri. Anna guardava. Allora fu che il comandante, spezzando tra i denti aspre parole contro la Confraternita, gittò violentemente il suo cero nel piatto e voltò le spalle con piglio minaccioso. Tutti rimasero allibiti. E nel momentaneo silenzio si udì tintinnare la spada di colui che si allontanava. Solo Don Fiore Ussorio ebbe la temerità di sorridere.

X.

I fatti per moltissimo tempo occuparono l'attività vocale dei cittadini e furono causa di turbolenze. Come Anna era stata testimone dell'ultima scena, alcuni vennero a lei per ragguagli. Ella raccontava sempre con le stesse parole, pazien-

temente. La sua vita da allora fu tutta spesa tra
le pratiche religiose, li uffici domestici e l'amore
della testuggine. Ai primi tepori d'aprile la testuggine uscì dal letargo. Un giorno, d'improvviso,
sbucò di sotto allo scudo la testa serpentina e
tentennò debolmente mentre i piedi erano ancora
immersi nel torpore. I piccoli occhi rimasero coperti a mezzo dalla palpebra. E l'animale, forse
non più consapevole d'essere captivo, si mosse
finalmente con un moto pigro e incerto, tastando
co' i piedi il suolo, spinto dal bisogno di trovarsi
il cibo come nella sabbia del suo bosco natale.

Anna, innanzi a quel risveglio fu invasa da
una tenerezza ineffabile e stette a guardare con
li occhi umidi di lacrime. Poi prese la testuggine,
la mise sul letto, le offerì alcune foglie verdi. La
testuggine esitava a toccare le foglie, e nell'aprire
le mandibole mostrava la lingua carnosa come
quella dei pappagalli. Li indumenti del collo e
delle zampe parevano membrane flosce e giallognole di un corpo estinto. La donna a quella vista
si sentiva stringere da una gran misericordia; ed
eccitava al ristoro il bene amato, con le blandizie di
una madre pe 'l figliuolo convalescente. Unse d'olio
dolce lo scudo osseo; e, come il sole vi percoteva
sopra, le piastre pulite risplendevano più belle.

In queste cure passarono i mesi della primavera. Ma Zacchiele, consigliato dalla stagione novella a maggiori impeti di amore, incalzò la donna con così tenere supplicazioni che n'ebbe alfine una promessa solenne. Le nozze si sarebbero celebrate il giorno precedente la Natività di Gesù Cristo.

Allora l'idillio rifiorì. Mentre Anna attendeva alle opere dell'ago pe 'l corredo nuziale, Zacchiele leggeva ad alta voce la storia del Nuovo Testamento. Le nozze di Cana, i prodigi del Redentore in Cafarnao, il morto di Naim, la moltiplicazione dei pani e dei pesci, la liberazione della figliuola della Cananea, i dieci lebbrosi, il cieco nato, la resurrezione di Lazzaro, tutte quelle narrazioni miracolose rapirono l'animo della donna. Ed ella pensò lungamente a Gesù che entrava in Gerusalemme cavalcando un'asina, mentre i popoli stendevano su la sua via le vesti e spargevano fronde.

Nella stanza l'erbe di timo odoravano su da un vaso di terra. La testuggine veniva talvolta alla cucitrice e le tentava con la bocca il lembo delle tele o le morsicchiava il cuoio sporgente delle scarpe. Un giorno Zacchiele, nel leggere la parabola del Figliuol Prodigo, sentendosi d'improvviso qualche cosa di mobile tra i piedi, per un involontario moto di ribrezzo diede co' i piedi un urto; e la testuggine urtata andò a battere contro la parete e rimase capovolta. Il guscio dorsale si scheggiò in più parti; un po' di sangue apparve in una delle zampe che l'animale agitava inutilmente per riprendere la posizione primitiva.

Se bene l'infelice amante si mostrò atterrito del fatto e inconsolabile, Anna dopo quel giorno si chiuse in una specie di severità diffidente, non parlò più, non volle più ascoltare la lettura. E così il figliuol prodigo rimase per sempre sotto li alberi delle ghiande a guardare i porci del suo signore.

XI.

Nella grande alluvione dell'ottobre (1857) Zacchiele morì. La cascina dov'egli abitava, nei dintorni dei Cappuccini, fuori di Porta-Giulia, fu invasa dalle acque. Le acque inondarono tutta la campagna, dal colle d'Orlando fino al colle di Castellammare; e poichè avevano attraversato vastissimi sedimenti d'argilla, erano sanguigne come nella favola antica. Le cime delli alberi emergevano qua e là su quel sangue melmoso ed estuoso.

Per intervalli, dinanzi al forte passavano in precipizio tronchi enormi con tutte le radici, masserizie, materie di forme irriconoscibili, gruppi di bestiami non ancora morti che urlavano e sparivano e riapparivano e si perdevano in lontananza. I branchi dei bovi, in ispecie, davano uno spettacolo mirabile: i grossi corpi biancastri s'incalzavano l'un l'altro, le teste si ergevano disperatamente fuori dell'acqua, furiosi intrecciamenti di corna avvenivano nell'impeto del terrore. Come il mare era di levante, le onde alla foce rigurgitavano. Il lago salso della Palata e li estuari si riunirono co 'l fiume. Il forte divenne un'isola perduta.

Nell'interno le vie si sommersero; la casa di Donna Cristina ebbe la linea delle acque sino a metà della scala. Il fragore cresceva di continuo, mentre le campane sonavano a distesa. I forzati, dentro le carceri, urlavano.

Anna, credendo in qualche supremo castigo dell'Altissimo, ricorse alla salvezza delle preghiere. Il secondo giorno, come salì su la sommità della colombaia, non vide che acque e acque in torno sotto le nuvole, e scorse poi de' cavalli sbigottiti che galoppavano in furia su le troniere di San Vitale. Discese, stupida, con la mente sconvolta; e la persistenza del fragore e l'oscurità dell'aria le fecero smarrire ogni nozione del luogo e del tempo.

Quando l'alluvione cominciò a decrescere, la gente del contado entrò nella città per mezzo di scialuppe. Uomini, donne e fanciulli avevano su la faccia e nelli occhi una stupefazione dolorosa. Tutti narravano fatti tristi. E un bifolco dei Cappuccini venne alla casa Basile per annunziare che Don Zacchiele se n'era andato *a marina*. Il bifolco parlava semplicemente, narrando la morte. Disse che in vicinanza dei Cappuccini certe femmine avevano legato i figliuoli lattanti su la cima di un grande albero per salvarli dall'acqua e che i vortici avevano sradicato l'albero trascinandosi le cinque creature. Don Zacchiele stava su 'l tetto con altri cristiani in un mucchio compatto, urlando; e il tetto stava già per sommergersi; e cadaveri d'animali e rami rotti venivano già a urtare contro i disperati. Quando finalmente l'albero dei lattanti passò di là sopra, la violenza fu così terribile che dopo il passaggio non si vide più traccia di tetto nè di cristiani.

Anna ascoltò, senza piangere; e nella sua mente percossa, il racconto di quella morte, con quell'albero dei cinque bambini e con quelli uomini ammucchiati tutti sopra un tetto e con quei cadaveri di bestie che andavano a urtar contro, suscitò una specie di meraviglia superstiziosa simile a quella suscitatale un tempo da certe narrazioni del Vecchio Testamento. Ella salì con lentezza alla sua stanza, e cercò di raccogliersi. Il sole modesto splendeva su 'l davanzale; la testuggine in un angolo dormiva ricoverata sotto il suo scudo; un cinguettío di passeri veniva dalli émbrici. Tutte queste cose naturali, questa usuale tranquillità della vita circonstante, a poco a poco la rasserenarono. Dal fondo di quella momentanea calma della conscienza alfine sorse chiaro il dolore; ed ella chinò la testa su 'l petto, in un grande sconforto.

Allora quasi un rimorso le punse l'animo, il rimorso d'aver serbato contro Zacchiele quella specie di muto rancore per tanto tempo; e i ricordi a uno a uno vennero ad assalirla; e le virtù del defunto le rifulgevano ora nella memoria più religiosamente. Poichè l'onda del dolore cresceva, ella si alzò, andò verso il letto, vi si distese bocconi. E i suoi singhiozzi risonavano tra il cinguettío delli uccelli.

Dopo, quando le lacrime si arrestarono, la quiete della rassegnazione cominciò a discenderle nell'animo; ed ella pensò che tutte le cose della terra sono caduche, e che noi dobbiamo conformarci alla

volontà del Signore. L'unzione di questo semplice
atto d'abbandono le sparse su 'l cuore un' abbondanza di dolcezza. Ella si sentì libera da ogni inquietudine, e trovò il riposo in quell'umile e ferma
confidenza. Da allora nella sua regola non fu che
questa clausula: — La soprana volontà di Dio, sempre giusta, sempre adorabile, sia fatta in tutte le
cose, sia lodata ed esaltata per tutta l'eternità. —

XII.

Così alla figlia di Luca fu aperta la vera strada
del paradiso. E il giro del tempo per lei non fu
determinato che dalle ricorrenze ecclesiastiche.
Quando il fiume rientrò nell'alveo, uscirono per
ordine consecutivo di giorni molte processioni nella
città e nelle campagne. Ella le seguì tutte, insieme
con il popolo, cantando il *Te Deum*. Le vigne in
torno erano devastate; il terreno era molle e l'aria
pregna di vapori biondi, singolarmente luminosa,
come nelle primavere palustri.

Poi venne la festa d'Ognissanti; poi, la solennità
dei Morti. Grandi messe furono celebrate in suffragio delle vittime dell'alluvione. Nel Natale Anna
volle fare il presepe; comprò un bambino di cera,
Maria, san Giuseppe, il bove, l'asino, i re Magi e

i pastori. Accompagnata dalla figlia del sagrestano, ella andò per i fossati della via Salaria a cercare il musco. Sotto la vitrea serenità iemale i latifondi riposavano pingui di limo; la fattoria d'Albarosa si vedeva su 'l colle tra li olivi; nessuna voce turbava il silenzio. Anna, come scorgeva il musco, si chinava e con un coltello tagliava la zolla. Al contatto delle fredde erbe le sue mani divenivano lievemente violacee. Di tratto in tratto, alla vista di una zolla più verde, le sfuggiva una esclamazione di contentezza. Quando il canestro fu pieno, ella sedette su 'l ciglio del fossato, con la fanciulla. I suoi occhi salirono pe 'l sentiero dell'oliveto, lentamente, e si fermarono alle mura bianche della fattoria che pareva un edifizio claustrale. Allora ella chinò la fronte, assalita da un pensiero. Poi d'un tratto si volse alla compagna. — Non aveva mai veduto macinare le olive? — E cominciò a figurar l'opera delle macine con molta prolissità di parole; e, come parlava, a poco a poco le salivano dall'animo altri ricordi, le venivano su la bocca spontaneamente a uno a uno, e le passavano nella voce con un piccolo tremito.

Quella fu l'ultima debolezza. Nell'aprile del 1858, poco dopo la Pasqua maggiore, ella infermò. Stette nel letto quasi durante un mese, tormentata dall'infiammazione pulmonare. Donna Cristina veniva la mattina e la sera nella stanza a visitarla. Una vecchia fantesca, che faceva pubblica professione d'assistere i malati, le somministrava i medicamenti. Poi la testuggine le rallegrò i giorni della convalescenza. E come l'animale era estenuato dal digiuno, ed era tutto aridamente pelloso, Anna vedendosi macilente, e sentendosi anch'essa affievolita, provava quella specie di appagamento interiore che noi proviamo, quando una stessa sofferenza ci accomuna alla persona diletta. Un tepore molle saliva dalli émbrici coperti di licheni, verso i convalescenti; dal cortile i galli cantavano; e una mattina due rondini entrarono d'improvviso, batterono l'ali in torno alla stanza e fuggirono.

Quando Anna tornò la prima volta nella chiesa, dopo la guarigione, era la Pasqua delle rose. Ella, nell'entrare, aspirò il profumo dell'incenso cupidamente. Camminò piano lungo la navata per ritrovare il posto dove soleva prima inginocchiarsi; e si sentì prendere da una súbita gioia, quando scorse finalmente tra le lapidi mortuarie quella che portava nel mezzo un bassorilievo tutto consunto. Vi piegò i ginocchi sopra, e si mise a pregare. La gente aumentava. A un certo punto della cerimonia due accoliti scesero dal coro con due bacini d'argento colmi di rose, e cominciarono a spargere i fiori su le teste dei prostrati, mentre l'organo sonava un inno giocondo. Anna era rimasta china, in una specie di estasi che la beatitudine del misterio celebrato e il senso vagamente voluttuoso della guarigione le davano. Come alcune rose vennero a caderle su la persona, ella n'ebbe un fremito. E la povera donna nulla aveva provato nella sua vita di più dolce che quel fremito di sensualità mistica e il susseguito sfinimento di languore.

La Pasqua rosata rimase perciò la festività prediletta di Anna, e ritornò periodicamente senza alcun episodio notevole. Nel 1860 la città fu turbata da gravi agitazioni. Si udivano spesso nella notte i rulli dei tamburi, li allarmi delle sentinelle, i colpi della moschetteria. Nella casa di Donna Cristina si manifestò un più vivo fervore di azione tra i cinque proci. Anna non si sbigottì; ma visse in un raccoglimento profondo, non prendendo conoscenza delli avvenimenti pubblici nè di quelli domestici, adempiendo ai suoi uffici con un'esattezza macchinale.

Nel mese di settembre la fortezza di Pescara fu evacuata; le milizie borboniche si sbandarono, gittando armi e bagagli nelle acque del fiume; stuoli di cittadini corsero le vie con liberali acclamazioni di gioia. Anna, come seppe che l'abate Cennamele era fuggito precipitosamente, pensò che i nemici della Chiesa di Dio avessero ottenuto il trionfo; e n'ebbe molto dolore.

Dopo, la sua vita si svolse in pace, lungo tempo. Lo scudo della testuggine crebbe in latitudine e divenne più opaco; la pianta del tabacco annualmente sorse, fiorì e cadde; le sagge rondini in ogni autunno partirono per la terra dei Faraoni. Nel 1865 alfine la gran contesa dei proci terminò con la vittoria di Don Fileno d'Amelio. Le nozze si celebrarono nel mese di marzo, con solenne giocondità di conviti. E vennero allora ad ammannire vivande preziose due padri cappuccini, Fra Vittorio, e Fra Mansueto.

Erano costoro i due che di tutta la compagnia rimanevano, dopo la soppressione, a custodire il cenobio. Fra Vittorio era un sessagenario invermigliato, fortificato e letificato dal succo dell'uva. Una piccola benda verde gli copriva l'infermità dell'occhio destro, e il sinistro gli scintillava pieno di vivezza penetrante. Egli esercitava fin dalla gioventù l'arte farmaceutica; e, come aveva pratica molta di cucina, i signori solevano chiamarlo in occasione di festeggiamenti. Nell'opere aveva gesti rudi che gli scoprivano fuor delle ampie maniche le braccia villose; la sua barba si moveva tutta ad ogni moto della bocca; la sua voce si frangeva in stridori. Fra Mansueto in vece era un vecchio macilente, con una testa caprina da cui pendeva una barbicola candida, con due occhi giallognoli pieni di sommissione. Egli coltivava l'orto, e questuando portava l'erbe mangerecce per le case. Nell'aiutare il compagno prendeva attitudini modeste, zoppicava da un piede; parlava nel molle idioma patrio di Ortona, e, forse in memoria della leggenda di san Tommaso, esclamava: — *Pe' li Turchi!* — ad ogni momento, lisciandosi con una mano il cranio polito.

Anna attendeva a porgere i piatti, li arnesi, i vasellami di rame. Le pareva ora che la cucina assumesse una sorta di solennità sacra per la presenza dei due frati. Ella restava intenta a guardare tutti li atti di Fra Vittorio, presa da quella trepidazione che le persone semplici provano in conspetto delli uomini dotati di qualche virtù superiore. Ammirava ella in ispecie il gesto infallibile con cui il gran cappuccino spargeva su li intingoli certe sue droghe segrete, certi suoi aromi particolari. Ma l'umiltà, la mitezza, la modesta arguzia di Fra Mansueto a poco a poco la conquistarono. E i legami della comune patria e quelli più sensibili del comune idioma strinsero l'una e l'altro d'amicizia.

Come essi conversavano, i ricordi del passato pullulavano nelle loro parole. Fra Mansueto aveva conosciuto Luca Minella e si trovava nella basilica quando accadde la morte di Francesca Nobile tra i pellegrini. — *Pe' li Turchi!...* — Egli aveva anzi dato aiuto a trasportare il cadavere fino alle case di Porta-Caldara; e si ricordava che la morta aveva addosso una veste di seta gialla e tante collane d'oro....

Anna divenne triste. Nella sua memoria il fatto fino a quel momento era rimasto confuso, vago, quasi incerto, poichè forse la prima impressione reale le era stata attenuata nel cervello dal lunghissimo stupore inerte che aveva susseguito i primi accessi epilettici. Ma quando Fra Mansueto disse che la morta stava in paradiso perchè chi muore per causa di religione va fra i santi, Anna provò una dolcezza indicibile e si sentì d'un tratto crescere nell'animo una immensa adorazione per la santità della madre.

Allora, per un bisogno di rammentare i luoghi del paese nativo, ella si mise a discorrere su la basilica dell'Apostolo, minutamente, determinando le forme delli altari, la positura delle cappelle, il numero delli arredi, le figurazioni della cupola, le attitudini delle imagini, le divisioni del pavimento, i colori delle vetrate. Fra Mansueto la secondava con benignità; e, poichè egli era stato ad Ortona alcuni mesi innanzi, raccontò le nuove cose vedute. — L'arcivescovo di Orsogna aveva donato alla basilica un ciborio d'oro con incrostature di pietre preziose. La Confraternita del SS. Sacramento aveva rinnovato tutti i legnami e i corami delli stalli. Donna Blandina Onofrii aveva fornito una intera muta di parati consistente in pianete, dalmatiche, stole, piviali, cotte.

Anna ascoltava avidamente; e il desiderio di vedere le nuove cose e di rivedere le antiche cominciò a tormentarla. Ella, quando il cappuccino tacque, si rivolse a lui con un'aria tra di letizia e di timidezza. — La festa di maggio si avvicinava. Se andassero? —

XIII.

Alle calende di maggio la donna, avuta licenza da Donna Cristina, fece li apparecchi. Una inquietudine le nacque nell'animo per la testuggine. — Doveva lasciarla? o portarla seco? — Stette lungamente in forse; e alfine decise di portarla, per sicurezza. La pose dentro un canestro, tra i panni suoi e le scatole di confetture che Donna Cristina inviava a Donna Veronica Monteferrante, abadessa del monastero di Santa Caterina.

Su l'alba Anna e Fra Mansueto si misero in cammino. Anna aveva su 'l principio il passo spedito, l'aspetto gaio: i capelli, già quasi tutti canuti, le si piegavano lucidi sotto il fazzoletto. Il frate zoppicava reggendosi a una mazza, e le bisacce vuote gli penzolavano dalle spalle. Come essi giunsero al bosco dei pini, fecero la prima sosta.

Il bosco, al mattino di maggio, ondeggiava immerso nel suo profumo natale, voluttuosamente, tra il sereno del cielo e il sereno del mare. I tronchi gemevano la ragia. I merli fischiavano. Tutte le fonti della vita parevano aperte su la transfigurazione della terra.

Anna sedette sopra l'erba; offerse al cappuccino pane e frutta; e si mise a discorrere della festività, ad intervalli, mangiando. La testuggine tentava con le zampe anteriori l'orlo del canestro, e la sua timida testa serpigna sporgeva e si ritraeva nelli sforzi. Poi che Anna l'aiutò a discendere, la bestia prese ad avanzare su 'l musco verso un cespuglio di mirto, con minor lentezza, forse sentendo in sè levarsi confusamente la gioia della primitiva libertà. E il suo scudo tra il verde pareva più bello.

Allora Fra Mansueto fece alcune riflessioni morali e lodò la Provvidenza che dà alla testuggine una casa e le dà il sonno durante la stagione dell'inverno. Anna raccontò alcuni fatti che dimostravano nella testuggine un gran candore e una gran rettitudine. Poi soggiunse: " Che penserà? " E dopo un poco: " Li animali che penseranno? "

Il frate non rispose. Ambedue rimasero perplessi. Scendeva giù per la corteccia di un pino una fila di formiche e si dilungava su 'l terreno: ciascuna formica trascinava un frammento di cibo e tutta l'innumerevole famiglia compiva il lavoro con ordine diligente. Anna guardava, e le si svegliavano nella mente le credenze ingenue dell'infanzia. Ella parlò di abitazioni meravigliose che le formiche scavano sotto la terra. Il frate disse, con un accento di fede intensa: " Dio sia lodato! " E ambedue rimasero cogitabondi, sotto i verdi alberi, adorando nel loro cuore Iddio.

Nella prima ora del pomeriggio arrivarono al paese di Ortona. Anna battè alla porta del monastero e chiese di vedere l'abadessa. All'entrare si presentava un piccolo cortile con nel mezzo una cisterna di pietra bianca, e nera. Il parlatorio era una stanza bassa, con poche sedie in torno: due pareti erano occupate dalle grate, le altre due da un crocifisso e da imagini. Anna fu subito presa da un senso di venerazione per la pace solenne che regnava in quel luogo. Quando la madre Veronica apparve d'improvviso dietro le grate, alta e severa nell'abito monastico, ella provò un turbamento indicibile come dinanzi all'apparizione di una forma soprannaturale. Poi, rianimata dal buon sorriso dell'abadessa, ella compì il messaggio in brevi parole; depose nel cavo della ruota le scatole, ed attese. La madre Veronica le si rivolse con benignità, guardandola dalli occhi ampi e castanei; le donò un'effigie della Vergine; nel licenziarla le tese la man signorile pe 'l bacio, a traverso la grata, e disparve.

Anna uscì trepidante. Mentre passava il vestibolo, le giunse un coro di litanie, un canto che veniva forse da una cappella sotterranea, ugualissimo e dolce. Mentre passava il cortile vide a sinistra in cima al muro sporgere un ramo carico di aranci. E, come pose il piede su la via, le parve di aver lasciato dietro di sè un giardino di beatitudine.

Allora si diresse verso la strada Orientale per

cercare i parenti. Su la porta della vecchia casa una donna sconosciuta stava appoggiata allo stipite. Anna le si avvicinò timidamente e le chiese novelle della famiglia di Francesca Nobile. La donna la interruppe: — Perchè? Perchè? Che voleva? — con una voce dura e uno sguardo investigante. Poi, quando Anna si palesò, ella le permise di entrare.

I parenti erano quasi tutti o morti o emigrati. Restava nella casa un vecchio infermo, zi' Mingo, che aveva sposato in seconde nozze *la figlia di Sblendore* e viveva con lei quasi in miseria. Il vecchio da prima non riconobbe Anna. Egli stava seduto su un'alta sedia ecclesiastica di cui la stoffa rossastra pendeva a brandelli: le sue mani posavano su i braccioli, contorte ed enormi per la mostruosità della chiragra; i suoi piedi con un moto ritmico percotevano il terreno; un continuo tremore paralitico gli agitava i muscoli del collo, i gomiti, le ginocchia. Ed egli guardò Anna, tenendo a fatica dischiuse le palpebre infiammate. Finalmente si risovvenne.

Come Anna andava esponendo il proprio stato, la figlia di Sblendore odorando il denaro cominciava a concepire nell'animo speranze di usurpazione e per virtù delle speranze diveniva in volto più benigna. Subito che Anna terminò, ella le offerse l'ospitalità per la notte; le prese il canestro dei panni e lo ripose; promise di aver cura della testuggine; poi fece alcune querele compassionevoli su la infermità del vecchio e su la miseria della casa, non senza lacrime. Ed Anna uscì, con l'animo pieno di riconoscenza e di misericordia; risalì per la costa, verso lo scampanío della basilica, provando un'ansia crescente nell'appressarsi.

In torno al palazzo Farnese il popolo rigurgitava tumultuario; e quella gran reliquia di pietra sovrastava ornata di paramenti, magnificata dal sole. Anna passò in mezzo alla folla, lungo i banchi delli argentari artefici di arredi sacri e di oggetti votivi. A tutto quel candido scintillare di forme liturgiche il cuore le si dilatava per allegrezza; ed ella si faceva il segno della croce dinanzi a ogni banco come dinanzi a un altare. Quando giunse alla porta della basilica e intravide la luminaria e traudì il cantico del rito, ella non più contenne la veemenza della gioia; si avanzò fin presso il pulpito, con passi quasi vacillanti. Le ginocchia le si piegarono; le lacrime le sgorgarono dalli occhi allucinati. Ella rimase là, in contemplazione dei candelabri, dell'ostensorio, di tutte le cose che erano su l'altare, con la testa vacua, poichè dalla mattina non aveva più mangiato. E le prendeva le vene una debolezza immensa; la conscienza le veniva meno in una specie di annientamento.

Sopra di lei, lungo la nave centrale le lampade di vetro componevano una triplice corona di fuochi. In fondo, quattro massicci tronchi di cera fiammeggiavano ai lati del tabernacolo.

XIV.

I cinque giorni della festa Anna visse così, dentro la chiesa, dall'ora mattutina fino all'ora in cui le porte si chiudevano, fedelissima, respirando quell'aria calda che le metteva nei sensi un torpore beatifico, nell'anima una felicità piena di umiltà. Le orazioni, le genuflessioni, le salutazioni, tutte quelle formule, tutti quei gesti rituali ripetuti incessantemente, le avevano dato una specie di ottusità contro ogni altra sensazione che non fosse religiosa.

Rosaria, la figlia di Splendore, intanto ne traeva profitto, movendo la pietà di lei con false querimonie e con lo spettacolo miserevole del vecchio paralitico. Ella era una femmina malvagia, esperta nelle frodi, dedita alla crapula; aveva tutta la faccia sparsa di umori vermigli e serpiginosi, i capelli canuti, il ventre obeso. Legata al paralitico dai comuni vizi e dalle nozze, ella insieme con lui aveva disperse in breve tempo le già scarse sostanze, bevendo e gozzovigliando. Ambedue nella miseria, inveleniti dalla privazione, arsi da sete di vino e di liquori ignei, affranti da infermità senili, ora espiavano il loro lungo peccato.

Anna, con uno spontaneo moto caritatevole, diede a Rosaria tutto il denaro tenuto per le elemosine, tutti i panni superflui; si tolse li orecchini, due anelli d'oro, la collana di corallo; promise altri soccorsi. E riprese quindi il cammino di Pescara, in compagnia di Fra Mansueto, portando nel canestro la testuggine.

In cammino, come le case di Ortona si allontanavano, una gran tristezza scendeva su l'animo della donna. Stuoli di pellegrini volgevano per altre vie, cantando: e i loro canti rimanevano a lungo nell'aria, monotoni e lenti. Anna li ascoltava; e un desiderio senza fine la traeva a raggiungerli, a seguirli, a vivere così pellegrinando di santuario in santuario, di terra in terra, per esaltare i miracoli d'ogni santo, le virtù d'ogni reliquia, le bontà d'ogni Maria.

"Vanno a Cocullo," le disse Fra Mansueto, accennando co 'l braccio a un paese lontano. E ambedue si misero a parlare di san Domenico che protegge dal morso dei serpenti li uomini e le semenze dai bruchi; poi d'altri patroni. — A Bugnara, su 'l Ponte del Rivo, più di cento giumenti, tra cavalli, asini e muli, carichi di frumento vanno in processione alla Madonna della Neve: i devoti cavalcano su le some, con serti di spighe in capo, con tracolle di pasta; e depongono ai piedi dell'imagine i doni cereali. A Bisenti, molte giovinette, con in capo canestre di grano, conducono per le vie un asino che porta su la groppa una maggiore canestra; ed entrano nella chiesa della Madonna delli Angeli, per l'offerta, cantando. A Torricella Peligna, uomini e fanciulli, coronati di rose e di bacche rosee, salgono in pellegrinaggio alla Madonna delle Rose, sopra una rupe dov'è l'orma di Sansone. A Loreto Aprutino un bue candido, impinguato durante l'anno con abbondanza di pastura, va in pompa dietro la statua di san Zopito. Una gualdrappa vermiglia lo copre, e lo cavalca un fanciullo. Come il santo rientra nella chiesa, il bue s'inginocchia su 'l limitare; poi si rialza lentamente, e segue il santo tra il plauso del popolo. Giunto nel mezzo della chiesa, manda fuora li escrementi del cibo; e i devoti da quella materia fumante traggono li auspicii per l'agricultura.

Di queste usanze religiose Anna e Fra Mansueto parlavano, quando giunsero alla foce dell'Alento. L'alveo portava le acque di primavera tra le vitalbe non anche fiorenti. E il cappuccino disse della Madonna dell'Incoronata, dove per la festa di san Giovanni i devoti si cingono il capo di vitalbe, e nella notte vanno su 'l fiume Gizio a *passar l'acqua* con grandi allegrezze.

Anna si scalzò per guadare. Ella sentiva ora nell'animo un'immensa venerazione d'amore per tutte le cose, per li alberi, per le erbe, per li animali, per tutte le cose che quelle usanze cattoliche avevano santificato. E dal fondo della sua ignoranza e della sua semplicità l'instinto dell'idolatria insorgeva ora, per un fenomeno naturale, pienamente.

Alcuni mesi dopo il ritorno, scoppiò nel paese un'epidemia colerica; e la mortalità fu grande. Anna prestò le sue cure alli infermi poveri. Fra Mansueto morì. Anna n'ebbe molto dolore; e nel 1866, per la ricorrenza della festa, volle prendere congedo e rimpatriare per sempre, poichè vedeva in sogno tutte le notti san Tommaso che le comandava di partire. Ella prese la testuggine, le sue robe e i suoi risparmi; baciò le mani di Donna Cristina, piangendo; e partì questa volta sopra un carretto, insieme con due monache questuanti.

A Ortona ella abitò nella casa dello zio paralitico; dormì su un pagliericcio; non si cibò che di pane e di legumi. Dedicava tutte le ore del giorno alle pratiche della chiesa, con un fervore meraviglioso; e la sua mente vie più perdeva ogni altra facoltà che non fosse quella di contemplare i misteri cristiani, di adorare i simboli, d'imaginare il paradiso. Ella era tutta rapita nella carità divina, era tutta compresa di quella divina passione che i sacerdoti manifestano sempre con li stessi segni e con le stesse parole. Ella non comprendeva che quell'unico linguaggio; non aveva che quell'unico ricovero, tiepido e solenne, dove tutto il cuore le si dilatava in una pia securtà di pace, e li occhi le s'inumidivano in un'ineffabile soavità di lacrime.

Soffrì, per amor di Gesù, le miserie domestiche; fu dolce e sommessa; non mai profferì un lamento, o un rimprovero, o una minaccia. Rosaria le sottrasse a poco a poco tutti i risparmi; e cominciò quindi a farle patire la fame, ad angariarla, a chiamarla con nomi disonesti, a perseguitarle la testuggine con insistenza feroce. Il vecchio paralitico omai non faceva che emettere una specie di mugolío rauco, aprendo la bocca entro cui la lingua tremava, e da cui colava in abbondanza la saliva continuamente. Un giorno, poichè la moglie avida beveva innanzi a lui un liquore e gli negava il bicchiere sfuggendo, egli si levò dalla sedia con uno sforzo, e si mise a camminare verso di lei: le gambe gli oscillavano, i piedi si posavano su 'l terreno con un'involontaria percussione ritmica. D'un tratto egli si accelerò, co 'l tronco inclinato in avanti, saltellando a piccoli passi incalzanti, come spinto da un impulso progressivo irresistibile, finchè cadde bocconi su l'orlo delle scale, fulminato....

XV.

Allora Anna, afflitta, prese la testuggine, e andò a chieder soccorso a Donna Veronica Monteferrante. Come la povera donna già nelli ultimi tempi faceva alcuni servizi pe 'l monastero, l'abadessa misericordiosa le diede l'ufficio di conversa.

Anna, se bene non aveva li ordini, vestì l'abito monacale: la tunica nera, il soggòlo, la cuffia dalle ampie tese candide. Le parve, in quell'abito, di essere santificata. E, da prima, quando all'aria le tese le sbattevano in torno al capo con un fremito d'ali, ella trasaliva per un turbamento improvviso di tutto il suo sangue. E, da prima, quando le tese percosse dal sole le riflettevano nella faccia un vivo chiaror di neve, ella d'improvviso credevasi illuminata da un baleno mistico.

Con l'andar del tempo, queste allucinazioni, queste sensazioni illusorie a poco a poco aumentavano di frequenza, diventavano più gravi; palesavano nella divota la crescente decadenza dell'attività cerebrale, in specie della volontà e della ragione, e il predominio dell'attività spinale, di un'attività inordinata e involontaria che produceva fenomeni singolarissimi. Pareva che l'antica epilessia risorgesse ora in quel corpo esaurito, unendosi a un nuovo morbo e manifestandosi con forme più mirabilmente complesse, dopo il lungo intervallo. I disturbi di sensibilità avvenivano di preferenza nella vista, nell'udito e nell'olfatto. L'inferma era colpita a quando a quando da suoni angelici, da echi lontani d'organo, da romori e voci non percettibili alli orecchi altrui. Figure luminose le si presentavano dinanzi, nel buio. Odori la rapivano.

Così pe 'l monastero una specie di stupore e insieme d'inquietudine cominciò a diffondersi, come per la presenza di una qualche deità occulta, come per l'imminenza di un qualche avvenimento sopranaturale. Per cautela, la nuova conversa fu dispensata da ogni obbligo d'opere servili. Tutte le attitudini di lei, tutte le parole, tutti li sguardi furono osservati, comentati con superstizione. E alcuni eccezionali fatti morbosi in ultimo concorsero a formare la leggenda della santità.

Su le calende di febbraio 1873, per un'alterazione dei muscoli della laringe la voce di Anna divenne singolarmente rauca e profonda. Come l'alterazione crebbe fino a una totale paralisi dell'organo vocale, Anna perdè la virtù della parola, d'un tratto.

Questo fenomeno inaspettato sbigottì li animi delle religiose. E tutte, stando in torno alla conversa, ne consideravano con una trepidazione di terrore li atteggiamenti estatici, i movimenti vaghi della bocca àfona, la immobilità delli occhi, d'onde a tratti, per una pura causa meccanica, sgorgavano profluvi di lacrime. I lineamenti dell'inferma, estenuati dai lunghi digiuni, avevano ora assunto una purità quasi eburnea; e tutte le trame delle vene e delle arterie, tutte quelle glauche reticole sottocutanee, ora trasparivano così visibili, e sporgevano con così forti rilievi, e così incessantemente palpitavano che dinanzi a quella palesata vibrazione della vitalità interiore una sofferenza strana prendeva le monache, una specie di raccapriccio simile forse in parte a quello che si prova al conspetto di un corpo umano, in cui le escoriazioni abbiano messo a nudo i tessuti.

Quando fu prossimo il *mese mariano*, un'amorosa diligenza sollecitò le Benedettine al paramento dell'oratorio. Si spargevano esse nel verziere claustrale tutto fiorente di rose e fruttificante di aranci, raccogliendo la messe del maggio novello per deporla ai piedi dell'altare. Anna, tornata nella calma, discendeva anch'ella ad aiutare la pia opera; e significava talvolta con i gesti il pensiero che la perdurante afonía le toglieva di esprimere. Una mollezza tepidissima insidiava tutte quelle spose del Signore, incedenti tra le fonti letifiche del profumo. Fuggiva lungo un lato del verziere un portico; e come nell'animo delle vergini i profumi risvegliavano imagini sopite, così il sole penetrando sotto li archi bassi ravvivava nell'intonico i residui dell'oro bizantino.

L'oratorio fu pronto per il giorno del primo ufficio. La cerimonia ebbe principio dopo il vespro. Una suora salì su l'organo. Subitamente dalle canne armoniche il fremito della passione si propagò in tutte le cose; tutte le fronti s'inclinarono; i turiboli diedero fumi di belgiuino; le fiammelle dei ceri palpitarono tra corone di fiori. Poi sorsero i cantici, le litanie piene di appellazioni simboliche e di supplichevole tenerezza. Come le voci salivano con forza crescente, Anna nell'immenso impeto del fervore gridò. Colpita dal prodigio, cadde supina; agitò le braccia, volle rialzarsi. Le litanie s'interruppero. Delle suore, alcune, quasi atterrite, erano rimaste un istante nell'immobilità; altre davano soccorso all'inferma. Il miracolo appariva inopinato, fulgidissimo, supremo.

Allora a poco a poco allo stupore, al murmure incerto, alle titubanze successe un giubilo senza limiti, un coro di esaltazioni clamorose, un fanatismo d'adorazione. Anna, in ginocchio, ancora assorta nel rapimento del miracolo, non aveva forse conscienza di quel che in torno avveniva. Ma quando i cantici con una maggior veemenza furono ripresi, ella cantò. La sua nota su dalla cadente onda del coro ad intervalli emerse; poichè le divote diminuivano la forza delle loro voci per ascoltare quella unica che dalla grazia divina era stata riconcessa. E la Vergine nei cantici a volta a volta fu l'incensiere d'oro, d'onde esalavano i balsami più dolci, la lampada che dì e notte rischiarava il santuario, l'urna che racchiudeva la manna del cielo, il roveto che ardeva senza consumarsi, lo stelo di Jesse che portava il più bello di tutti i fiori.

Dopo, la fama del miracolo si sparse dal monastero in tutto il paese di Ortona, e dal paese in tutte le terre finitime, aumentando nel viaggio. E il monastero sorse in grande onore. Donna Blandina Onofrii, la magnifica, offerse alla Madonna dell'oratorio una veste di broccato d'argento e una rara collana di turchesie venuta dall'isola di Smirne. Le altre gentildonne ortonesi offersero altri minori doni. L'arcivescovo d'Orsogna fece con pompa una visita gratulatoria, in cui rivolse parole di edificante eloquenza ad Anna che « con la purità della vita si era resa degna dei doni celesti. »

Da quel tempo la degradazione intellettuale nell'inferma andò sempre crescendo, fino ad assumere per lunghi intervalli una forma completa d'imbecillità inerte. E pareva che dalla sua persona una profonda influenza s'irraggiasse su le conviventi; poichè in alcune fra queste si manifestarono disordini psichici non lievi, e in tutte la divozione raggiunse l'apice del fervore.

Nell'agosto del 1876 sopravvennero nuovi fenomeni che avevano anche una più grave apparenza di cause divine. L'inferma, quando si avvicinava il vespro, senza alcun sintomo iniziale di attacco convulsivo cadeva in uno stato di estasi con catalessia che si prolungava per una mezz'ora o poco più. Da quell'estasi ella sorgeva quasi con impeto; e in piedi, conservando sempre la medesima attitudine, cominciava a parlare, da prima lentamente, e quindi gradatamente accelerando, come sotto l'urgenza di un'ispirazione mistica. Il suo eloquio non era che un miscuglio tumultuario di parole, di frasi, di interi periodi già innanzi appresi, che ora per un inconsciente meccanismo si riproducevano, frammentandosi o combinandosi senza legge. Le native forme dialettali s'innestavano alle forme auliche, s'insinuavano nelle iperboli del linguaggio biblico; e mostruosi congiungimenti di sillabe, inauditi accordi di suoni avvenivano nel disordine. Ma il profondo tremito della voce, ma i cangiamenti repentini dell'inflessione, l'alterno ascendere e discendere del tono, la spiritualità della figura estatica, il mistero dell'ora, tutto concorreva a soggiogare li animi delle astanti.

Li effetti si ripeterono cotidianamente, con una regolarità periodica. Su 'l vespro, nell'oratorio si accendevano le lampade; le monache facevano cerchia inginocchiandosi; e la rappresentazione sacra incominciava. Come l'inferma entrava nell'estasi catalettica, i preludi vaghi dell'organo rapivano li animi delle religiose in una sfera superiore. Il lume delle lampade si diffondeva fievole dall'alto, dando un'incertitudine aerea e quasi una morente dolcezza all'apparenza delle cose. A un punto l'organo taceva. La respirazione nell'inferma diveniva più profonda; le braccia le si distendevano così che nei polsi scarnificati i tendini vibravano simili alle corde di uno stromento. Poi, d'un tratto, l'inferma balzava in piedi, incrociava le braccia su 'l petto, restando nell'atteggiamento mistico delle cariatidi d'un battistero. E la sua voce risonava nel silenzio, ora dolce, ora lugubre, ora quasi canora, il più delle volte incomprensibile.

Su i principii del 1877 questi accessi diminuirono di frequenza; si presentarono due o tre volte la settimana; poi disparvero totalmente, lasciando il corpo della donna in uno stato miserevole di debolezza. E allora alcuni anni passarono, in cui la povera idiota visse tra sofferenze atroci, con le membra rese inerti dalli spasimi articolari. Ella non aveva più alcuna cura della nettezza; non si cibava che di pane molle e di pochi erbaggi; teneva in torno al collo, su 'l petto, una gran quantità di piccole croci, di reliquie, d'imagini, di corone; parlava balbettando per la mancanza dei denti; e i suoi capelli cadevano, i suoi occhi erano già torbidi come quelli dei vecchi giumenti che stanno per morire.

Una volta, di maggio, mentre ella soffriva deposta sotto il portico e le suore in torno coglievano per Maria le rose, le passò dinanzi la testuggine che ancora traeva la sua vita pacifica e innocente nel verziere claustrale. La vecchia vide quella forma muoversi e a poco a poco allontanarsi. Nessun ricordo le si destò nella conscienza. La testuggine si perse tra i cespi dei timi.

Ma le suore consideravano la imbecillità e la infermità della donna come una di quelle supreme prove di martirio a cui il Signore chiama li eletti per santificarli e glorificarli poi nel paradiso; e circondavano di venerazione e di cure l'idiota.

Nell'estate del 1881 alcune sincopi precedettero la morte. Consunto dal marasmo, quel miserabile corpo omai nulla più conservava di umano. Lente deformazioni avevano viziata la positura delle membra; tumori grossi come pomi sporgevano sotto un fianco, su una spalla, dietro la nuca.

La mattina del 10 settembre, verso l'ottava ora, un sussulto della terra scosse dalle fondamenta Ortona. Molti edifici precipitarono, altri furono offesi nei tetti e nelle pareti, altri s'inclinarono e s'abbassarono. E tutta la buona gente di Ortona, con pianti, con grida, con invocazioni, con gran chiamare di santi e di madonne, uscì fuori delle porte, e si raunò su 'l piano di San Rocco, temendo maggiori pericoli. Le monache, prese dal pànico, infransero la clausura; irruppero sulla via, scarmigliate, cercando la salvezza. Quattro di loro portavano Anna sopra una tavola. E tutte trassero al piano, verso il popolo incolume.

Come esse giunsero in vista del popolo, unanimi clamori si levarono, poichè la presenza delle religiose parve propizia. In ogni parte, d'in torno, giacevano infermi, vecchi impediti, fanciulli in fasce, donne stupide per la paura. Un bellissimo sole mattutino illustrava le teste tumultuanti, il mare, i vigneti; e accorrevano dalla spiaggia inferiore i marinai, cercando le mogli, chiamando i figli per nome, ansanti per la salita, rochi; e da Caldara cominciavano a venire mandre di pecore e di bovi con i pastori, branchi di gallinacci con le femmine guardiane, giumenti; poichè tutti temevano la solitudine, e tutti, uomini e bestie, nel frangente si accomunavano.

Anna, adagiata su 'l suolo, sotto un olivo, sentendo prossima la morte, si rammaricava con un balbettìo fievole, perchè non voleva morire senza i sacramenti; e le monache d'in torno le davano conforto; e li astanti la guardavano con pietà. Ora, d'improvviso, tra il popolo una voce si sparse, che da Porta-Caldara sarebbe uscito il busto dell'Apostolo. Le speranze risorgevano; canti di rogazione risorgevano nell'aria. Come da lungi vibrò un luccichío, le donne s'inginocchiarono; e con i capelli disciolti, lacrimose, si misero a camminare su le ginocchia, in contro al luccichío, salmodiando.

Anna agonizzava. Sostenuta da due suore, udì le preghiere, udì l'annunzio; e forse in un'ultima illusione travide l'Apostolo veniente, poichè nella faccia cava le passò quasi un sorriso di gaudio. Alcune bolle di saliva le apparvero su le labbra; un'ondulazione brusca le corse e ricorse, visibile, la parte inferiore del corpo; su li occhi le palpebre le caddero, rossastre come per sangue stravasato; il capo le si ritrasse nelle spalle. Ed ella così alfine spirò.

Quando il luccichío si fece più da presso alle donne adoranti, si chiarì nel sole la forma di un giumento che portava in bilico su la groppa, secondo il costume, una banderuola di metallo.

L'IDILLIO DELLA VEDOVA.

Il cadavere del sindaco Biagio Mila, già tutto vestito e con la faccia coperta d'una pezzuola umida d'acqua e d'aceto, stava disteso nel letto, quasi in mezzo alla stanza. Vegliavano, nella stanza, la moglie e il fratello del morto ai due lati.

Rosa Mila poteva avere circa venticinque anni. Era una donna fiorita, di carnagione chiara, con la fronte un po' bassa, le sopracciglia lungamente arcuate, li occhi grigi e larghi e nell'iride variegati come agate. Possedendo in grande abbondanza capelli, ella quasi sempre aveva la nuca e le tempie e li occhi nascosti da molte ciocche ribelli. In tutta la persona le splendeva una certa nitidezza di sanità e quella vivace freschezza che danno alla cute femminile le lavande d'acqua ghiaccia abituali. Un profumo allettante le emanava dalle vesti.

Emidio Mila, il cherico, poteva avere circa la stessa età. Era magro, con nel volto il colore bronzino di chi vive nella campagna al pieno sole. Una molle lanugine rossiccia gli copriva le guance; i denti forti e bianchi davano al suo sorriso una bellezza virile; e li occhi suoi giallognoli lucevano talvolta come due zecchini nuovi.

Ambedue tacevano: l'una scorrendo con le dita un rosario di vetro, l'altro guardando il rosario scorrere. Ambedue avevano l'indifferenza che la nostra gente campestre suole avere dinanzi al mistero della morte.

Emidio disse, con un lungo respiro:

" Fa caldo, stanotte."

Rosa sollevò li occhi, per assentire.

Nella stanza un poco bassa la luce oscillava secondo i moti della fiammella che ardeva nell'olio d'una lampada di ottone. Le ombre si raccoglievano ora in un angolo ora in una parete, variando di forme e di intensità. Le vetrate della finestra erano aperte, ma le persiane restavano chiuse. Di tratto in tratto le tende di mussolo bianco si movevano come per un fiato. Su 'l candore del letto il corpo di Biagio pareva dormire.

Le parole di Emidio caddero nel silenzio. La donna chinò di nuovo la testa, e ricominciò a scorrere il rosario lentamente. Alcune stille di sudore le imperlavano la fronte, e la respirazione le era faticosa.

Emidio, dopo un poco, domandò:

" A che ora verranno a prenderlo, domani? "

Ella rispose, nel natural suono della sua voce:

" Alle dieci, con la congregazione del Sacramento."

Quindi ancora tacquero. Dalla campagna giungeva il gracidare assiduo delle rane, giungevano a quando a quando li odori delle erbe. Nella tranquillità perfetta Rosa udì una specie di gorgoglío roco escir dal cadavere, e con un atto di orrore si levò dalla sedia, e fece per allontanarsi.

" Non abbiate paura, Rosa. Sono umori, " disse il cognato, tendendole la mano per rassicurarla.

Ella prese la mano, istintivamente; e la tenne, stando in piedi. Tendeva li orecchi per ascoltare, ma guardava altrove. I gorgoglíi si prolungavano dentro il ventre del morto, e parevano salire verso la bocca.

" Non è nulla, Rosa. Quietatevi," soggiunse il cognato, accennandole di sedere sopra un cassone da nozze coperto d'un lungo cuscino a fiorami.

Ella sedette, a canto a lui, tenendolo ancora

per mano, nel turbamento. Come il cassone non era molto grande, i gomiti dei seduti si toccavano.

Il silenzio tornò. Un canto di trebbiatori sorse di fuori in lontananza.

"Fanno le trebbie di notte, al lume della luna," disse la donna, volendo parlare per ingannar la paura o la stanchezza.

Emidio non aprì bocca. E la donna ritrasse la mano, poichè quel contatto ora cominciava a darle un senso vago d'inquietudine.

Ambedue ora erano occupati da uno stesso pensiero che li aveva colti d'improvviso; ambedue ora erano tenuti da uno stesso ricordo, da un ricordo di amori agresti nel tempo della pubertà.

Essi, in quel tempo, vivevano nelle case di Caldore, su la collina solatía, al quadrivio. Sul limite d'un campo di fromento sorgeva un muro alto costruito di sassi e di terra argillosa. Dal lato di mezzodì, che i parenti di Rosa possedevano, come ivi era più lento e dolce il calor del sole, una famiglia di alberi fruttiferi prosperava e moltiplicavasi. Alla primavera tutti li alberi fiorivano in comunione di letizia; e le cupole argentee o rosee o violacee s'incurvavano sul cielo coronando il muro e dondolavano come per inalzarsi nell'aria e facevano insieme un ronzío sonnifero come d'api mellificanti.

Dietro il muro, dalla parte delli alberi Rosa in quel tempo soleva cantare.

La voce limpida e fresca zampillava come una fontana, sotto le corone dei fiori.

Per una lunga stagione di convalescenza Emidio aveva udito quel canto. Egli era debole e famelico. Per sfuggire alla dieta, scendeva dalla casa furtivamente, celando sotto li abiti un gran pezzo di pane, e camminava lungo il muro, nell'ultimo solco del grano, fin che non giungeva al luogo della beatitudine.

Allora si sedeva, con le spalle contro i sassi riscaldati, e cominciava a mangiare. Mordeva il pane e sceglieva una spiga tenera: ogni granello aveva in sè una minuta stilla di succo simile a latte e aveva un fresco sapore di farina. Per un singolar fenomeno, la voluttà dell'alimentazione e la voluttà dell'udito nel convalescente si confondevano quasi in una sola sensazione infinitamente dilettosa. Cosicchè in quell'ozio, tra quel calore, tra quelli odori che davano all'aria quasi la cordial saporità del vino, anche la voce femminile diveniva per lui un naturale alimento di rinascenza e come un nutrimento fisico ch'egli assimilava.

Il canto di Rosa era dunque una causa di guarigione. E, quando la guarigione fu compiuta, la voce di Rosa ebbe sempre sul beneficato una virtù di fascinazione sensuale.

Dopo d'allora, poichè tra le due famiglie la dimestichezza divenne grande, sorse in Emidio uno di quei taciturni e timidi e solitari amori d'adolescenza.

Di settembre, prima che Emidio partisse pel seminario, le due famiglie riunite andarono in un pomeriggio a merendare nel bosco, lungo il fiume.

La giornata era molle, e i tre carri tirati dai bovi avanzavano lungo i canneti fioriti.

Nel bosco la merenda fu fatta sull'erba, in una radura circolare limitata da fusti di pioppi giganteschi. L'erba corta era tutta piena di certi piccoli fiori violacei che esalavano un profumo sottile; qua e là nell'interno discendevano tra il fogliame larghe zone di sole; e la riviera in basso pareva ferma, aveva una tranquillità lacustre, una pura trasparenza ove le piante acquatiche dormivano.

Dopo la merenda, alcuni si sparpagliarono per la riva, altri rimasero distesi supini.

Rosa ed Emidio si trovarono insieme; si presero a braccio e cominciàrono a camminare per un sentiero segnato tra i cespugli.

Ella si appoggiava tutta su lui; rideva, strappava le foglie ai virgulti nel passaggio, morsicchiava li steli amari, rovesciava la testa in dietro per guardar le ghiandaie fuggiasche. Nel moto il pettine di tartaruga le scivolò dai capelli che d'un tratto le si diffusero su le spalle con una stupenda ricchezza.

Emidio si chinò insieme a lei per raccogliere il pettine. Nel rialzarsi, le due teste si urtarono un poco. Rosa, reggendosi la fronte tra le mani, gridava tra le risa:

" Ahi! Ahi! "

Il giovinetto la guardava, sentendosi fremere sin nelle midolle e sentendosi impallidire e temendo di tradirsi.

Ella distaccò con l'unghie da un tronco una lunga spirale d'edere, se l'avvolse alle trecce con un attorcigliamento rapido e fermò la ribellione su la nuca con i denti del pettine. Le foglie verdi, talune rossastre, mal contenute rompevano fuori irregolarmente. Ella chiese:

" Così vi piaccio? "

Ma Emidio non aprì bocca; non seppe che rispondere.

" Ah, non va bene! Siete forse muto? "

Egli sentiva la voglia di cadere in ginocchio. E, come Rosa rideva d'un riso scontento, egli si sentiva quasi salire il pianto alli occhi per l'angoscia di non poter trovare una parola sola.

Seguitarono a camminare. In un punto una alberella abbattuta impediva il passaggio. Emidio con ambo le mani sollevò il fusto, e Rosa passò di sotto ai rami verdeggianti che un istante la incoronarono.

Più in là incontrarono un pozzo ai cui fianchi stavano due bacini di pietra rettangolari. Li alberi densi formavano in torno e sopra il pozzo una chiostra di verdura. Ivi l'ombra era profonda, quasi umida. La vôlta vegetale si rispecchiava perfettamente nell'acqua che giungeva a metà dei parapetti di mattone.

Rosa disse, distendendo le braccia:

" Come si sta bene qui! "

Poi raccolse l'acqua nel concavo della palma, con un'attitudine di grazia, e sorseggiò. Le gocciole le cadevano di tra le dita, e le imperlavano la veste.

Quando fu dissetata, con tutt'e due le palme raccolse altr'acqua, e l'offerse al compagno lusinghevolmente:

" Bevete! "

" Non ho sete," balbettò Emidio istupidito.

Ella gli gettò l'acqua in viso, facendo con il labbro inferiore una smorfia quasi di dispregio. Poi si distese dentro uno dei bacini asciutti, come in una culla, tenendo i piedi fuori dell'orlo, e scotendoli irrequietamente. A un tratto si rialzò, guardò Emidio con uno sguardo singolare:

" Dunque? Andiamo."

Si rimisero in cammino, tornarono al luogo della riunione, sempre in silenzio. I merli fischiavano su le loro teste; fasci orizzontali di raggi attraversavano i loro passi; e il profumo del bosco cresceva in torno a loro.

Alcuni giorni dopo, Emidio partiva.

Alcuni mesi dopo, il fratello d'Emidio prendeva in moglie Rosa.

Nei primi anni di seminario il cherico aveva pensato spesso alla nuova cognata. Nella scuola, mentre i preti spiegavano l'*Epitome historiæ sacræ*, egli aveva fantasticato di lei. Nello studio, mentre i suoi vicini, nascosti dai leggii aperti, si davano fra loro a pratiche oscene, egli aveva chiusa la faccia tra le mani, e s'era abbandonato ad immaginazioni impure. Nella chiesa, mentre le litanie alla Vergine sonavano, egli dietro l'invocazione alla *Rosa mystica* era fuggito lontano.

E come aveva appreso dai condiscepoli la corruzione, la scena del bosco gli era apparsa in una nuova luce. E il sospetto di non avere indovinato, il rammarico di non aver saputo cogliere un frutto che gli si offriva, allora lo tormentarono stranamente.

Dunque era così? Dunque Rosa un giorno lo aveva amato? Dunque egli era passato inconsapevole a canto a una grande gioia?

E questo pensiero ogni giorno si faceva più acuto, più insistente, più incalzante, più angustioso. E ogni giorno egli se ne pasceva con maggiore intensità di sofferenza; finchè, nella lunga monotonia della vita sacerdotale, questo pensiero divenne per lui una specie di morbo immedicabile, e dinanzi alla irremediabilità della cosa egli fu preso da uno scoramento immenso, da una melanconia senza fine.

— Dunque egli non aveva saputo! —

Nella stanza ora il lume oscillava con più lentezza. Di tra le stecche delle persiane chiuse entravano soffi di vento meno lievi, e facevano un poco inarcare le tende.

Rosa, invasa pianamente da un sopore, chiudeva di tanto in tanto le palpebre; e come la testa le cadeva sul petto, le riapriva subitamente.

" Siete stanca ? " chiese con molta dolcezza il cherico.

" Io, no," rispose la donna, riprendendo li spiriti, ed ergendosi su la vita.

Ma nel silenzio di nuovo il sopore le occupò i sensi. Ella teneva la testa appoggiata alla parete: i capelli le empivano tutto il collo, dalla bocca semiaperta le usciva la respirazione lenta e regolare. Così ella era bella; e nulla in lei era più voluttuoso che il ritmo del seno e la visibile forma dei ginocchi sotto la gonna leggiera.

— S' io la baciassi ? — pensò Emidio, per una suggestione improvvisa della carne guardando l'assopita.

Ancora i canti umani si propagavano nella notte di giugno, con una certa solennità di cadenze liturgiche; e sorgevano di lontananza in lontananza le risposte in diversi toni, senza compagnia di stromenti. Poichè il plenilunio doveva essere alto, il fioco lume interno non valeva a vincere l'albore che pioveva copioso su le persiane, e si versava fra li intervalli del legno.

Emidio si volse verso il letto mortuario. I suoi occhi, scorrendo la linea rigida e nera del cadavere, si fermarono involontariamente su la mano, su una mano gonfia e giallastra, un po' adunca, solcata di trame livide nel dorso; e prestamente si ritrassero. Piano piano, nell'incoscienza del sonno, la testa di Rosa, quasi segnando su la parete un semicerchio, si chinò verso il cherico turbato. La reclinazione della bella testa muliebre fu in atto dolcissima; e, poichè il movimento alterò un poco il sonno, tra le palpebre a pena a pena sollevate apparve un lembo d'iride e scomparve nel bianco, quasi come una foglia di viola nel latte.

Emidio rimase immobile, tenendo contro l'omero il peso. Egli frenava il respiro per tema di destare la dormiente, e un'angoscia enorme l'opprimeva per il battito del cuore e dei polsi e delle tempie, che pareva empire tutta la stanza. Ma, come il sonno di Rosa continuava, a poco a poco egli si sentì illanguidire e mancare in una mollezza invincibile, guardando quella gola femminea che le collane di Venere segnavano di voluttà, aspirando quell'alito caldo e l'odor dei capelli.

Allora senza più pensare, senza più temere, abbandonandosi tutto alla tentazione, egli baciò la donna in bocca.

Al contatto, ella si destò di soprassalto; aprì li occhi stupefatti in faccia al cognato, divenne pallida pallida.

. Poi, lentamente si raccolse i capelli su la nuca;

e stette là, con il busto eretto, tutta vigile, guardando dinanzi a sè nelle ombre varianti, muta, quasi immobile.

Anche Emidio taceva. Ambedue rimanevano sul cassone da nozze, come prima, seduti a canto, sfiorandosi con i gomiti, in un' incertezza penosa, evitando con una specie di artificio mentale che la loro coscienza giudicasse il fatto e lo condannasse. Spontaneamente ambedue rivolsero l'attenzione alle cose esteriori, in quest'operazione dello spirito mettendo un' intensità fittizia, concorrendovi pure con l'attitudine della persona. E a poco a poco una specie di ebrietà li conquistava.

I canti, nella notte, seguitavano e s'indugiavano per l'aria lunghissimamente, e s'ammolivano lusinghevolmente di risposta in risposta. Le voci maschili e le voci femminili facevano un componimento amoroso. Talvolta una sola voce emergeva su le altre altissima, dando una nota unica, in torno a cui li accordi concorrevano come onde in torno al medio filo d'una corrente fluviatile. Ora, ad intervalli, sul principio di ciascun canto, si udiva la vibrazione metallica di una chitarra accordata in diapente; e tra una ripresa e l'altra si udivano li urti misurati delle trebbie in sul terreno.

I due ascoltavano.

Forse per una vicenda del vento, ora li odori non erano più li stessi. Veniva, forse dalla collina d'Orlando, il profumo dei limoni, così possente e così dolce e così sottilmente instigatore. Forse dai giardini di Scalia originavano i profumi delle rose, i profumi zuccherini che davano all'aria il sapore d'un'essenza aromale. Montavano forse dal padule della Farnia le fragranze umide dei gigli fiorentini, che respirate deliziavano come un sorso d'acqua..

I due rimanevano ancora taciturni, sul cassone, immobili, oppressi dalla voluttà della notte lunare. Dinanzi a loro la fiammella della lampada oscillava rapidamente, e curvavasi fino a lambire l'esilissimo cerchio d'olio, sul quale ancora galleggiava alimentandosi. Come la fiammella ebbe un primo stridore, i due si volsero; e stettero così, ansiosi, con li occhi dilatati e fissi, a guardare la fiammella che finiva di beversi le ultime stille. D'improvviso la fiammella si spense. Allora, tutt'a un tratto, con un'avidità concorde, nel tempo medesimo, essi si strinsero l'uno all'altra, si allacciarono, si cercarono con la bocca, perdutamente, ciecamente, senza parlare, soffocandosi di carezze.

LA SIESTA.

I.

Donna Laura Albónico stava nel giardino, sotto la pergola, prendendo il fresco all'ora meridiana.

La villa taceva, tutta grigia, con le persiane chiuse tra le piante delli agrumi. Il sole raggiava un calore e un fulgore immensi. Era la metà di giugno; e i profumi delli aranci e dei limoni fioriti si mescolavano all'odor delle rose, nell'aria tranquilla. Le rose crescevano da per tutto, nel giardino, con una forza indomabile. Le masse magnifiche delle rose bianche si movevano, lungo i viali, ad ogni soffio di vento, coprendo il terreno con l'abbondanza della loro neve odorante. In certi momenti l'aria, pregna dell'aroma, aveva un sapore dolce e possente come quello di un vino prelibato. Le fontane, invisibili tra la verzura, mormoravano. A tratti, la cima mobile scintillante delli zampilli appariva fuor del fogliame, scompariva, riappariva, con vari giochi ; e alcuni zampilli bassi producevano nei fiori e nelle erbe un fruscío e uno scompiglio singolari, sembrando bestie vive che vi corressero a traverso o vi pascolassero o vi scavassero tane. Li uccelli, invisibili, cantavano.

Donna Laura, seduta sotto la pergola, meditava.

Ella era una donna già vecchia. Aveva il profilo fine e signorile; il naso lungo, lievemente aquilino, la fronte un po' troppo ampia, la bocca perfetta, ancora fresca, piena di benignità. I capelli, tutti bianchi, le si piegavano su le tempie e le facevano intorno al capo una specie di corona. Doveva essere stata molto bella, nella gioventù, ed amabile.

Era venuta da due soli giorni in quella casa solitaria, col marito e con pochi servi. Aveva rinunziato alla villa magnatizia che sorgeva sopra un colle del Piemonte, abituale soggiorno estivo ; aveva rinunziato al mare, per quella campagna deserta e quasi arida.

" Ti prego, andiamo a Penti," aveva detto al marito.

Il barone settuagenario era rimasto da prima un po' sorpreso e stupefatto, a quello strano desiderio della moglie.

" Perchè a Penti? Che s'andava a fare a Penti?"

" Ti prego, andiamo. Per mutare," aveva insistito Donna Laura.

Il barone, come sempre, s'era lasciato persuadere.

" Andiamo."

Ora, Donna Laura custodiva un segreto.

Nella giovinezza, la sua vita era stata attraversata da una passione. A diciotto anni aveva sposato il barone Albónico, per ragioni di convenienza familiare. Il barone militava sotto il primo Napoleone, con molta prodezza; egli stava quasi sempre assente dalla sua casa, poichè seguiva ovunque il volo delle aquile imperiali. In una di quelle lunghe assenze, il marchese di Fontanella, un giovine signore che aveva moglie e figliuoli, fu preso d'amore per Donna Laura; e, come egli era bellissimo ed ardente, vinse alfine ogni resistenza dell'amata.

Allora pe' i due amanti una stagione passò nella felicità più dolce. Essi vivevano nell'oblio di tutte le cose.

Ma un giorno Donna Laura s'accorse d'essere incinta; pianse, si disperò, rimase in una terribile angoscia, non sapendo che risolvere, come salvarsi. Per consiglio del marchese di Fontanella, partì alla volta della Francia; si nascose in un piccolo paese della Provenza, in una di quelle terre solatie piene di verzieri, dove le donne parlano l'idioma dei trovatori.

Abitava una casa di campagna, circondata da un grande orto. Li alberi fiorivano: era la primavera. Fra i terrori e le nere malinconie, ella aveva intervalli d'una indefinita dolcezza. Passava lunghe ore seduta all'ombra, in una specie d'incoscienza, mentre il sentimento vago della maternità le dava a tratti a tratti un brivido profondo. I fiori in torno a lei emanavano un profumo acuto: leggiere nausee le salivano alla gola e le mettevano per tutte le membra una lassitudine immensa. Che giorni indimenticabili!

E, quando il momento solenne si avvicinava, giunse, desiderato, Fontanella. La povera donna soffriva. Egli le stava a canto, pallido in viso, parlando poco, baciandole spesso le mani. Ella partorì di notte; gridava, fra li spasimi; si afferrava convulsamente alla lettiera; credeva di morire. I primi vagiti dell'infante la gittarono in una stupefazione di gioia. Ella, supina, con la testa un po' arrovesciata oltre i guanciali, bianca bianca, senza più voce, senza più forza per tenere aperte le palpebre, agitava dinanzi a sè le mani esangui, debolmente, in certi piccoli movimenti vaghi, come fanno talvolta i moribondi verso la luce.

Il giorno dopo, tutto il giorno, ella tenne seco, nel medesimo letto, sotto la medesima coperta, il bambino. Era un essere fragile, molle, un po' rossiccio, che vibrava d'una palpitazione incessante, di una vita palese, e in cui le forme umane non avevano certezza. Li occhi stavano ancora chiusi, un po' gonfi; e dalla bocca usciva un lamento fioco, quasi un miagolìo indistinto.

La madre, rapita, non si saziava di riguardare, di toccare, di sentirsi su la guancia l'alito filiale. Dalla finestra entrava una luce bionda e si vedevano le terre provenzane tutte coperte di mèssi. Il giorno aveva una specie di santità. I canti dal fromento si avvicendavano, nell'aria quieta.

Dopo, il bambino le fu tolto, fu nascosto, fu portato chi sa dove. Ella non lo rivide più. Ella tornò alla sua casa; e visse col marito la vita di tutte le donne, senza che nessun altro avvenimento sopraggiungesse a turbarla. Non ebbe altri figliuoli.

Ma il ricordo, ma l'adorazione ideale di quella creatura ch'ella non vedeva più, ch'ella non sapeva più dove fosse, le occuparono l'anima per sempre. Ella non aveva che quel pensiero; rammentava tutte le minime particolarità di quei giorni; rivedeva chiaramente il paese, la forma di certi alberi che stavano dinanzi alla casa, la linea d'una collina che chiudeva l'orizzonte, il colore e i disegni del tessuto che copriva il letto, una macchia che stava nella vòlta della stanza, un piccolo piatto figurato su cui le portavano il bicchiere, tutto, tutto, chiaramente, minutamente. Ad ogni momento il fantasma di quelle cose lontane le sorgeva nella memoria, così, senza ordine, senza legame, come nei sogni. A volte ella ne rimaneva quasi stupita. Le tornavano dinanzi, precisi e viventi, i volti di certe persone vedute laggiù, i loro moti, un loro gesto insignificante, una loro attitudine, un loro sguardo. Le pareva di avere nelli orecchi il vagito della creatura, di toccare le mani esilissime, rosee, molli, quelle manine che forse erano la sola parte già tutta formata perfettamente, simile alla miniatura d'una mano d'uomo, con le vene quasi impercettibili, con le falangi segnate di pieghe sottili, con le unghie trasparenti, tenere, appena appena suffuse di viola. Oh, quelle mani! Con che strano brivido la madre pensava alla loro carezza inconsciente! Come ne sentiva l'odore, l'odore singolare che ricorda quello dei colombi nella prima piuma!

Così Donna Laura, chiusa in questa specie di mondo interiore che ogni giorno più assumeva le apparenze della vita, passò li anni, molti anni, sino alla vecchiezza. Tante volte aveva chiesto all'antico amante notizie del figliuolo. Ella avrebbe voluto rivederlo, sapere il suo stato.

"Ditemi dov'è, almeno. Vi prego."

Il marchese, temendo un'imprudenza, si rifiutava. — Ella non doveva vederlo. Ella non avrebbe saputo contenersi. Il figlio avrebbe indovinato tutto; si sarebbe valso del segreto per i suoi fini; avrebbe forse rivelato ogni cosa.... No, no, ella non doveva vederlo.

Donna Laura, dinanzi a queste argomentazioni d'uomo pratico, rimaneva smarrita. Ella non sapeva imaginarsi che la sua creatura fosse cresciuta, fosse già adulta, fosse già presso al limitare della vecchiaia. Oramai erano passati circa quarant'anni dal giorno della nascita; eppure ella nel suo pensiero non vedeva che un bambino, roseo, con li occhi ancora chiusi.

Ma il marchese di Fontanella venne a morire.

Quando Donna Laura seppe la malattia del vecchio, fu presa da un'angoscia così penosa che una sera, non potendo più resistere allo spasimo, uscì sola, si diresse verso la casa dell'infermo, perchè un pensiero tenace la sospingeva, il pensiero del figlio. Prima che il vecchio morisse, ella voleva conoscere il segreto.

Camminò lungo i muri, tutta raccolta, come per non farsi vedere. Le strade erano piene di gente; l'ultimo chiarore del tramonto faceva rosee le case; tra una casa e l'altra un giardino appariva tutto violaceo di lilla in fiore. Voli di rondini, rapidi e circolari, s'intrecciavano nel cielo luminoso. Frotte di bambini passavano a corsa, con grida e con richiami. Talvolta passava una femmina incinta, a braccio del marito; e l'ombra della sua gonfiezza si disegnava su 'l muro.

Donna Laura pareva incalzata da tutta quella gioconda vitalità delle cose e delle persone. Ella affrettava il passo, fuggiva. Li splendori vari delle vetrine, delle botteghe aperte, dei caffè le davano alli occhi un senso acuto di dolore. A poco a poco una specie di stordimento le occupava la testa; una specie di sbigottimento le prendeva lo spirito.
— Che faceva? Dove andava? — In quel disordine della conscienza, le pareva quasi di commettere una colpa; le pareva che tutti la guardassero, la indagassero, indovinassero il suo pensiero.

Ora la città s'invermigliava alli ultimi rossori del sole. Qua e là, dentro le cantine, i cori del vino si levavano.

Come Donna Laura giunse alla porta, non ebbe forza di entrare. Passò oltre, fece venti passi; poi ritornò indietro, ripassò. Finalmente varcò la soglia, salì le scale; si fermò, sfinita, nell'anticamera.

Nella casa c'era quell'animazione silenziosa di cui i familiari circondano il letto di un infermo. I domestici camminavano in punta di piedi, portando qualche cosa fra le mani. Avvenivano dialoghi a bassa voce, nel corridoio. Un signore calvo, tutto vestito di nero, attraversò la sala, s'inchinò a Donna Laura, ed uscì.

Donna Laura chiese a un domestico, con la voce omai ferma:

" La marchesa ? "

Il domestico indicò rispettosamente col gesto un'altra stanza a Donna Laura. Quindi corse ad annunziare la visita.

La marchesa apparve. Era una signora piuttosto pingue, con i capelli grigi. Aveva li occhi pieni di lacrime. Aperse le braccia all'amica, senza parlare, soffocata da un singulto.

Dopo un poco, Donna Laura chiese, non alzando li occhi:

" Si può vedere ? ".

Profferite le parole, strinse le mascelle per reprimere un tremito violento.

La marchesa disse:

" Vieni."

Le due donne entrarono nella stanza dell'infermo. La luce ivi era mite; l'odore di un farmaco, un odore singolare, empiva l'aria; li oggetti segnavano grandi e strane ombre. Il marchese di Fontanella, disteso nel letto, pallido, pieno di rughe, sorrise a Donna Laura, vedendola. Disse lentamente:

" Grazie, baronessa."

E le tese la mano ch'era umidiccia e tiepida.

Egli pareva aver ripreso li spiriti d'un tratto, per uno sforzo di volontà. Parlò di varie cose, curando le parole, come quando stava sano.

Ma Donna Laura, dall'ombra, lo fissava con uno sguardo così ardente di supplicazione che egli, indovinando, si volse alla moglie.

" Giovanna, ti prego, preparami tu la pozione, come stamattina."

La marchesa chiese licenza, ed uscì, inconsapevole. Nel silenzio della casa si udirono i passi di lei allontanarsi su i tappeti.

Allora Donna Laura, con un moto indescrivibile, si chinò su 'l vecchio, gli prese le mani, gli strappò le parole con li occhi.

" A Penti.... Luca Marino.... ha moglie, figli....

una casa.... Non lo vedere! Non lo vedere!" balbettò il vecchio, a fatica, preso quasi da un terrore che gli dilatava le pupille. " A Penti.... Luca Marino.... Non ti svelare.... mai!..."

Già la marchesa veniva, con il medicamento.

Donna Laura sedette; si contenne. L' infermo bevve; e i sorsi scendevano nella gola con un gorgoglio, a uno a uno, distinti, regolari.

Poi successe un silenzio. E l' infermo parve preso da sopore: tutta la faccia gli si fece più cava; ombre più profonde, quasi nere, gli occuparono le occhiaie, le guance, le narici, la gola.

Donna Laura si accommiatò dall' amica; se ne andò, trattenendo il respiro, pianamente.

II.

Tutte queste vicende ripensava la vecchia signora, sotto la pergola, nel giardino tranquillo. Che cosa ora dunque la tratteneva dal rivedere il figlio? Ella avrebbe avuto la forza di reprimersi; ella non si sarebbe svelata, no. Le bastava di rivederlo, il figlio suo, quello ch' ella aveva tenuto sulle braccia un giorno solo, tanti anni a dietro, tanti, tanti anni! Era cresciuto? Era grande? Era forte? Era bello? Com' era?

E mentre così interrogava sè stessa, nel fondo del suo spirito ella non giungeva a raffigurarsi l'uomo. Sempre in lei l'imagine dell'infante persisteva, si sovrapponeva ad ogni altra imagine, vinceva con la nitida chiarezza delle sue forme ogni altra forma fantastica che tentasse di sorgere. Ella non preparava l'animo, si abbandonava debolmente al sentimento indeterminato. Il senso della realtà in quel momento le mancava.

— Io lo vedrò! Io lo vedrò! — ripeteva in sè stessa, inebriandosi.

Le cose in torno tacevano. Il vento faceva incurvare i roseti che, passato il soffio, seguitavano a muoversi pesantemente. Li zampilli scintillavano e guizzavano, tra il verde, come stocchi.

Donna Laura stette un poco in ascolto. Dal silenzio sorgeva non so qual grandezza che le infuse nell'animo quasi uno sgomento. Ella esitò. Poi si mise pe 'l viale, da prima con passi rapidi; giunse al cancello tutto abbracciato dalle piante e dai fiori; sostò, per guardarsi in dietro: aprì. Dinanzi a lei la campagna si stendeva deserta sotto il meriggio. Le case di Penti in lontananza biancheggiavano su l'azzurro del cielo, con un campanile, con una cupola, con due o tre pini. Il fiume si svolgeva nella pianura, tortuoso e lucentissimo, toccando le case.

Donna Laura pensò : — Egli è là. — E tutte le sue fibre di madre vibrarono. Animata, riprese a camminare, guardando dinanzi a sè con li occhi che il sole fastidiva, non curando il calore. A un certo punto della strada cominciarono li alberi, magri pioppetti tutti canori di cicale. Due femmine scalze, ciascuna con un cesto su 'l capo, venivano incontro.

" Sapete la casa di Luca Marino ? " chiese la signora, presa da una voglia irresistibile di pronunziare quel nome a voce alta, liberamente.

Le femmine la guardarono, stupefatte, soffermandosi.

Una rispose, con semplicità :

" Noi non siamo di Penti."

Donna Laura, malcontenta, seguitò la via, provando già un poco di stanchezza nelle povere membra senili. Li occhi, offesi dalla luce intensa, le facevano vedere alcune mobili macchie rosse nell' aria. Un leggero principio di vertigine le turbava il cervello.

Penti si avvicinava sempre più. I primi tuguri apparvero tra molte piante di girasoli. Una femmina, mostruosa per l' adipe, stava seduta sopra una soglia ; ed aveva su quel gran corpo una testa infantile, li occhi dolci, i denti schietti, il sorriso placidissimo.

"O signora, dove andate?" chiese la femmina, con un accento ingenuo di curiosità.

Donna Laura si accostò. Aveva il volto tutto infiammato e la respirazione corta. Le forze erano per mancarle.

"Mio Dio! Oh mio Dio!" gemeva ella, reggendosi le tempie con le palme. "Oh mio Dio!"

"Signora, riposatevi," diceva la femmina ospitale, invitandola ad entrare.

La casa era bassa ed oscura; ed aveva quell'odor particolare che hanno tutti i luoghi dove molta gente agglomerata vive. Tre o quattro bambini nudi, anch'essi col ventre così gonfio che parevano idropici, si trascinavano su 'l suolo, borbottando, brancicando, portando alla bocca per istinto qualunque cosa capitasse loro sotto le mani.

Mentre Donna Laura seduta riprendeva le forze, la femmina parlava oziosamente, tenendo fra le braccia un quinto bambino, tutto coperto di croste nerastre tra mezzo a cui si aprivano due grandi occhi, puri ed azzurri, come due fiori miracolosi.

Donna Laura domandò:

"Qual è la casa di Luca Marino?"

L'ospite co 'l gesto indicò una casa rossiccia, all'estremità del paese, in vicinanza del fiume, circondata quasi da un colonnato di alti pioppi.

" È quella. Perchè? "

La vecchia signora si sporse per guardare.

Li occhi le dolevano, feriti dalla luce solare, e le palpebre le battevano forte. Ma ella stette qualche minuto in quell'attitudine, respirando con fatica, senza rispondere, quasi soffocata da una sollevazione di sentimento materno. — Quella dunque era la casa del suo figliuolo? — Subitamente, per una involontaria operazion dello spirito, le apparvero dinanzi l'interno della stanza lontana, il paese di Provenza, le persone, le cose, come nel bagliore di un lampo, ma evidenti, nettissimi. Ella si lasciò ricadere su la sedia, e rimase muta, confusa, in una specie di ottusità fisica proveniente forse dall'azione del sole. Nelli orecchi aveva un ronzío continuo.

Disse l'ospite:

" Volete passare il fiume? "

Donna Laura fece un cenno inconsciente, incantata da un turbinío di circoli rossi che gli si producevano nella retina.

" Luca Marino porta uomini e bestie da una riva all'altra. Ha una barca e una chiatta," seguitò l'ospite. " Se no, bisogna andare fino a Prezzi a cercare il guado. È tant'anni che fa il mestiere! È sicurissimo, signora."

Donna Laura ora ascoltava, facendo uno sforzo per raccogliere tutte le sue facoltà sensorie che si disperdevano. Ma pure, dinanzi a quelle novelle del figliuolo, restava smarrita; quasi non comprendeva.

"Luca non è del paese," riprese la femmina grassa, trascinata dalla nativa loquacità. " L'hanno allevato i Marino che non avevano figliuoli. E un signore, non di qui, gli ha dotata la moglie. Ora vive bene; lavora; ma ha il vizio del vino."

La femmina diceva queste cose ed altre, con semplicità grande, senza malizia per l'origine sconosciuta di Luca.

"Addio, addio," fece Donna Laura, levandosi, presa da un vigore fittizio. "Grazie, buona donna."

Porse a uno dei bimbi una moneta: ed uscì alla luce.

" Per quella viottola!" le gridò dietro, indicando, l'ospite.

Donna Laura seguì la viottola. Un gran silenzio regnava intorno, e nel silenzio le cicale cantavano a distesa. Alcuni gruppi d'olivi contorti e nodosi sorgevano dal terreno disseccato. Il fiume, a sinistra, brillava.

"Ooh, La Martinaaa!" chiamò una voce, in lontananza, dalla parte del fiume.

Quella voce umana d'improvviso fece a Donna Laura un'impressione singolare. Ella guardò. Su 'l fiume navigava una barca, a pena visibile tra il vapor luminoso; e un'altra barca, ma a vela, biancheggiava a maggior distanza. Nella prima barca si scorgevano forme d'animali: erano forse cavalli.

" Ooh, La Martinaaa! " richiamò la voce.

Le due barche si avvicinavano l'una all'altra. Quello era il punto delle secche, dove i barcaiuoli pericolavano quando il carico pesava.

Donna Laura, ferma sotto un olivo, appoggiata al tronco, seguiva con lo sguardo la vicenda. Il cuore le palpitava con tanta violenza che le pareva i battiti empissero tutta la campagna circostante. Il fruscío dei rami, il canto delle cicale, il lampeggío delle acque, tutte le sensazioni esteriori la turbavano, le mettevano nello spirito un disordine quasi di demenza. L'accumulamento lento del sangue nel cervello, per l'azione del sole, le dava ora una visione leggermente rossa, un principio di vertigine.

Le due barche, giunte a un gomito del fiume, non si videro più.

Allora Donna Laura riprese a camminare, un po' barcollante, come un'ebra. Le si presentò dinanzi un gruppo di case riunite in torno a una specic di corte. Sei o sette mendicanti meriggiavano ammucchiati in un angolo: le loro carni rossastre, maculate dalle malattie della cute, uscivano di tra i cenci; nei loro volti deformi il sonno aveva una pesantezza bestiale. Qualcuno dormiva bocconi, con la faccia nascosta tra le braccia piegate a cerchio. Qualche altro dormiva supino, con le braccia aperte, nell'attitudine del Cristo crocifisso. Un nuvolo di mosche turbinava e ronzava su quelle povere carcasse umane, denso e laborioso, come sopra un cumulo di fimo. Dalle porte socchiuse veniva un romore di telai.

Donna Laura attraversò la piazzetta. Il suono de' suoi passi su le pietre fece risvegliare un mendicante che si levò su i gomiti e, tenendo li occhi ancora chiusi, balbettò macchinalmente:

" La carità, per l'amore di Dio! "

A quella voce tutti i mendicanti si risvegliarono, e tutti sorsero.

" La carità, per l'amore di Dio! "

" La carità, per l'amore di Dio! "

La torma cenciosa si mise a seguitare la passante, chiedendo l'elemosina, tendendo le mani. Uno era storpio e camminava a piccoli salti, come una scimmia ferita. Un altro si trascinava su 'l sedere puntellandosi con ambo le braccia, come fanno con le zampe le locuste, poichè aveva tutta la parte inferiore del corpo morta. Un altro aveva un gran gozzo paonazzo e rugoso che ad ogni passo ondeggiava come una giogaia. Un altro aveva un braccio ritorto come una grossa radice.

" La carità, per l' amore di Dio ! "

Le loro voci erano varie, alcune cavernose e roche, altre acute e femminine come quelle delli evirati. Ripetevano sempre le stesse parole, con lo stesso accento, in un modo accorante.

" La carità, per l' amore di Dio ! "

Donna Laura, così inseguita da quella gente mostruosa, provava una voglia istintiva di fuggire, di salvarsi. Uno sbigottimento cieco la teneva. Avrebbe forse gridato, se avesse avuta la voce nella gola. I mendicanti le instavano da presso, le toccavano le braccia, con le mani tese. Volevano l'elemosina, tutti.

La vecchia signora si cercò nella veste, prese delle monete, le lasciò cadere dietro di sè. Li affamati si fermarono, si gittarono avidamente su le monete, lottando, stramazzando sul terreno, dando calci, calpestandosi. Bestemmiavano.

Tre rimasero con le mani vuote; e ripresero a seguitare la vecchia incattiviti.

" Noi non l' abbiamo avuta! Noi non l' abbiamo avuta ! "

Donna Laura, disperata per quella persecuzione, diede altre monete, senza volgersi. La lotta fu tra lo storpio e il gozzuto. Ambedue presero. Ma un povero epilettico idiota, che tutti opprimevano e dileggiavano, non ebbe nulla; e si mise a piagnucolare, leccandosi le lacrime e il moccio che gli colava dal naso, con un verso ridicolo:

" Ahu, ahu, ahuuu! "

III.

Donna Laura infine era giunta alla casa dei pioppi.

Ella si sentiva sfinita: le si offuscava la vista, le tempie le battevano forte, la lingua le ardeva; le gambe sotto le si piegavano. Dinanzi a lei, un cancello stava aperto. Ella entrò.

L'aia circolare era limitata da pioppi altissimi. Due delli alberi sostenevano un cumulo di paglia di fromento, tra mezzo a cui uscivano i rami fronzuti. Poichè in giro l'erba cresceva, due vacche falbe vi pascolavano pacificamente battendosi con la coda i fianchi nutriti; e tra le gambe a loro penzolavano le mammelle gonfie di latte, colorite come frutti succulenti. Molti arnesi di agricoltura stavano sparsi pe 'l suolo. Le cicale, in su li alberi, cantavano. Nel mezzo, tre o quattro cúccioli giocavano abbaiando verso le vacche o inseguendo le galline.

" O signora, che cerchi? " chiese un vecchio, uscendo dalla casa. " Vuoi *passare?* "

Il vecchio, calvo, con la barba rasa, teneva tutto il corpo in avanti su le gambe inarcate. Le sue membra erano deformate dalle rudi fatiche, dall'opera dell'arare che fa sorgere la spalla sinistra e torcere il busto, dall'opera del falciare che fa tenere le ginocchia discoste, dall'opera del potare che curva in due la persona, da tutte le opere lente e pazienti della coltivazione. Egli, dicendo l'ultima parola, accennava al fiume.

" Sì, sì, " rispose Donna Laura non sapendo che dire, non sapendo che fare, smarrita.

" Allora vieni. Ecco Luca che torna, " soggiunse il vecchio, volgendosi al fiume dove navigava a forza di pertiche una chiatta carica di pecore.

Egli condusse la passeggiera, a traverso un orto irrigato, fin sotto a una pergola dove altri passeggieri attendevano. Camminando innanzi, egli lodava le verzure e faceva pronostici, per consuetudine di agricoltore invecchiato tra le cose della terra.

Volgendosi a un tratto, poichè la signora restava muta come se non udisse, vide che ella aveva li occhi pieni di lacrime.

" Perchè piangi, signora ? " le chiese con la stessa tranquillità con cui parlava delle verzure. " Ti senti male ? "

" No, no.... niente...." mormorò Donna Laura che si sentiva morire.

Il vecchio non disse altro. Egli era così indurato alla vita, che i dolori altrui non lo commovevano. Egli vedeva tutti i giorni, tanta gente diversa *passare!*

" Siedi," fece, come giunse alla pergola.

Là tre uomini della campagna attendevano, uomini giovani, carichi di fardelli. Tutt' e tre fumavano in grosse pipe, mettendo nel fumare una attenzione profonda, come per gustarne intera la voluttà, secondo il costume della gente campestre nei rari diletti. Ad intervalli, dicevano quelle lunghe cose insignificanti che l'agricoltore ripete senza fine e che appagano lo spirito di lui tardo ed angusto.

Guardarono un poco, stupefatti, Donna Laura. Poi ripresero la loro impassibilità.

Uno di loro avvertì. tranquillamente :

" Ecco la chiatta."

Un altro aggiunse :

"Porta le pecore di Bidena."

Il terzo:

"Saranno quindici."

E si levarono, insieme, intascando le pipe.

Donna Laura era caduta in una specie di stupidimento inerte. Le lacrime le si erano fermate su i cigli. Ella avea perduto il senso della realità. Dov'era? Che faceva?

La chiatta urtò leggermente contro la riva. Le pecore, strette le une contro le altre, belavano intimidite dall'acqua. Il conduttore, il traghettatore ed il figlio le aiutavano a discendere a terra. Le pecore, appena discese, facevano una piccola corsa; poi si fermavano, si riunivano e si mettevano a belare ancora. Due o tre agnelli saltellavano su le gambe lunghe e deformi, tentanto i capezzoli materni.

Compiuta la bisogna, Luca Marino fermò la chiatta. Poi a grandi passi lenti salì la riva, verso l'orto. Era un uomo di quarant'anni circa, alto, magro, con la faccia rossiccia, calvo alle tempie. Aveva baffi di colore incerto e una manata di peli sparsa disugualmente per il mento e per le guance; l'occhio un po' torbido, senza alcuna vivacità d'intelligenza, venato di sanguigno, come quello dei bevitori. La camicia aperta lasciava vedere il petto velloso; un berretto carico d'untume copriva la testa.

"Ahuf!" esclamò egli d'un tratto, in faccia alla pergola, fermandosi su le gambe aperte e nettandosi con le dita la fronte stillante di sudore.

Passò dinanzi ai passeggieri, senza guardarli. In tutti i suoi gesti e in tutte le sue attitudini era incomposto e quasi brutale. Le mani, enormi, gonfie di vene sul dorso, le mani avvezze al remo parevano essergli d'impaccio. Egli le teneva penzoloni lungo i fianchi e le dondolava camminando.

"Ahuf! Che sete!..."

Donna Laura stava come impietrita, senza più parole, senza più conscienza, senza più volontà.

Quello era il suo figliuolo! Quello era il suo figliuolo!

Una femmina gravida, che aveva già una figura senile, disfatta dal lavoro e dalla fecondità, venne a porgere al marito assetato un boccale di vino. L'uomo bevve d'un fiato. Poi si asciugò le labbra col dorso della mano e fece schioccare la lingua. Disse, bruscamente, come se la nuova fatica gli fosse dura:

"Andiamo."

Insieme co 'l primogenito, ch'era un grosso fanciullo di quindici anni, preparò il legno; mise tra il bordo e la riva due tavole per rendere agevole ai passeggieri l'imbarco.

"Perchè non monti, signora?" fece il vecchio di dianzi, vedendo che Donna Laura non si moveva e non parlava.

Donna Laura si levò, macchinalmente, e seguì il vecchio che le diede aiuto nel salire. Perchè saliva ella? Perchè passava il fiume? Non pensò; non giudicò l'atto. Il suo spirito, così colpito, rimaneva ora inerte, quasi immobile in un punto. — Quello era il figlio. — E a poco a poco ella sentiva in sè qualche cosa estinguersi, vanire: sentiva nella mente a poco a poco farsi una gran vacuità. Non comprendeva più niente. Vedeva, udiva, come in un sogno.

Quando il primogenito di Luca venne a lei per chiedere la mercè del traghetto, prima che la barca si staccasse dalla riva, ella non intese. Il fanciullo scoteva nel concavo delle mani le monete ricevute da uno dei passeggieri; e ripeteva la domanda a voce più alta, credendo che la signora fosse sorda per la vecchiezza.

Ella, come vide li altri due uomini mettere la mano in tasca e pagare, imitò quell'atto, risovvenendosi. Ma diede un maggior valore.

Il fanciullo volle farle intendere ch'egli non

poteva renderle l'avanzo, perchè non l'aveva. Ella ebbe un gesto inconsciente. Il fanciullo prese tutto il danaro, con una smorfia di malizia. I presenti sorrisero, di quel sorriso astuto che hanno li uomini campestri in conspetto di un inganno.

Uno disse:

" Andiamo ? "

Luca, che fin allora stava intento a tirar l'àncora, spinse la barca che si mosse dolcemente su l'acqua gorgogliante. La riva parve fuggire, con le canne e con i pioppi, ed incurvarsi come una falce. Il sole incendiava tutto il fiume, appena inclinato verso il cielo occidentale dove sorgevano vapori violetti. Si vedeva ora su la riva un gruppo di gente che gesticolava; ed erano i mendicanti a torno all'idiota. A tratti, col vento giungevano anche lembi di parole e di risa simili a un'agitazione di flutti.

I rematori, nudi il busto, vogavano a gran forza per superare il filo della corrente. Donna Laura vedeva il dorso di Luca, nero, dove le costole si disegnavano e colava a rivoli il sudore. Teneva li occhi fissi, un po' dilatati, pieni d'ebetudine.

Uno dei passeggieri avvertì, prendendo sotto il banco le sue robe:

" Ci siamo."

Luca afferrò l'àncora e la gittò alla riva. La barca ridiscese con la corrente per tutta la lunghezza della corda; quindi si fermò, con una stratta. I passeggieri furono a terra, d'un salto; ed aiutarono la vecchia signora, tranquillamente. Quindi si rimisero in cammino.

La campagna da quella parte era coltivata a vigneti. Le viti, piccole e magre, verdeggiavano in filari. Alcuni alberi interrompevano qua e là il piano, con forme rotonde.

Donna Laura si trovò sola, perduta, su quella riva senz'ombra, non avendo più conoscenza di sè che per il battito continuo delle arterie, per un romorío cupo ed assordante nelle orecchi. Il suolo sotto i piedi le mancava e pareva affondarsi come fango o arena, ad ogni passo. Tutte le cose in torno turbinavano e si dileguavano; tutte le cose, ed anche la sua esistenza, le apparivano vagamente, lontane, dimenticate, finite per sempre. La follia le prendeva la mente. Ella, d'un tratto, vide uomini, case, un altro paese, un altro cielo. Urtò in un albero, cadde su una pietra; si rialzò. E il suo povero corpo di vecchia traballava in moti terribili e insieme grotteschi.

Ora, i mendicanti dall'altra riva avevano eccitato per dileggio l'idiota a passare il fiume a nuoto ed a raggiungere la donna per aver l'elemosina. Essi l'avevano spinto nell'acqua, dopo avergli strappati i cenci di dosso. E l'idiota nuotava come un cane, tra una pioggia di sassate che gl'impedivano di tornare a dietro. Quelli uomini deformi fischiavano e urlavano, prendendo diletto nella crudeltà. Essi, come la corrente traeva l'idiota, arrancavano lungo la sponda e imperversavano.

" Affoga! Affoga! "

L'idiota, con sforzi disperati, prese terra. E così ignudo, poichè in lui era morto con l'intelligenza il sentimento del pudore, si mise a camminare verso la donna, di traverso, com' era suo costume, tendendo la mano ad ogni tratto.

La demente, rialzandosi, vide; e con un moto di orrore e con un grido acutissimo si diede a correre verso il fiume. Sapeva quel che faceva? Voleva morire? Che pensava ella, in quell'attimo?

Giunta all'estremo limite, cadde nell'acqua. L'acqua gorgogliò, si chiuse pienamente; e tanti circoli successivi partirono dal luogo della caduta e si allargarono in lievi ondulazioni lucide e si dispersero.

I mendicanti dall'altra riva gridavano verso una barca che si allontanava:

" Oh Lucaaa! Oh Luca Marinooo! "

E correvano verso la casa dei pioppi a dare la novella.

Allora, come seppe il caso, Luca spinse la barca verso il luogo che gl'indicavano, e chiamò La Martina che se ne veniva placidamente con il suo legno in balía della corrente.

Disse Luca:

" C' è un' annegata, laggiù."

Non si curò di raccontare il fatto o di parlare della persona, poichè non amava le molte parole.

I due fiumátici misero i legni a paro e remigarono con calma.

Disse La Martina:

" Hai tu provato il vino nuovo di Chiachiù? Ti dico!..."

E fece un gesto che rappresentava l'eccellenza della bevanda.

Luca rispose:

"Non ancora."

Disse La Martina:

" Ne prenderesti una goccia? "

Luca rispose:

" Io sì."

La Martina:

" Dopo. Ci aspetta Jannangelo."

Luca:

" Va bene."

Giunsero al luogo. L'idiota, che poteva meglio indicare il punto, era fuggito, e in mezzo alle vigne era stato preso da un accesso di epilessia. All'altra riva i curiosi cominciavano a radunarsi.

Disse Luca al compagno:

" Tu ferma la tua barca e salta nella mia. Uno rema e l'altro cerca."

La Martina così fece. Egli remava su e giù per una ventina di metri, e Luca tentava il fondo del fiume con una lunga pertica. Ogni tanto Luca, sentendo qualche resistenza, mormorava:

" Ecco."

Ma s'ingannava sempre. Finalmente, dopo molte ricerche, Luca disse:

" Questa volta c'è."

E chinandosi e inarcando le gambe per far forza, sollevò piano piano il peso all'estremità della pertica. I bicipiti gli tremavano.

La Martina chiese, lasciando il remo:

" Vuoi che t'aiuti?"

Luca rispose:

" Non importa."

LA MORTE DI SANCIO PANZA.

Quando entrò Donna Letizia tenendo l'infermo su le belle braccia carnose con un'attitudine di misericordia lacrimevole, tutte le figlie accorsero a torno intenerite ed esalarono la gentil pietà dell'animo in querele gemebonde. Le voci femminili risonavano così nella stanza confusamente, tra i romori che dal traffico della strada salivano per le vetrate aperte; e al compianto delle fanciulle si mescevano in quel punto le interiezioni d'un cerretano magnificatore d'acque angelicali e di polveri mirifiche.

Il cane, su le braccia della signora, ebbe allora un lieve tremito che gli corse per tutto il dorso fino alla estremità della coda; tentò di sollevare le palpebre, di volgere alle carezze que' suoi enormi occhi pieni di gratitudine. Moveva la testa in certi sforzi penosi, come se le corde del collo gli si fossero irrigidite; aveva la bocca semiaperta, da cui il lembo della lingua tenuta tra i due denti sporgenti usciva come una foglia vermiglia solcata di venature violacee. E una bava molle gl'inumidiva il mento, quella piccola parte della mandibola inferiore dove la rarezza dei peli lasciava apparire la pelle rosea. E la fatica del respiro a volte gli s'inaspriva in una specie di raucedine sibilante, mentre le narici d'ora in ora si disseccavano e prendevano l'aspetto duro e scabro di un tartufo.

" Oh, Sancio, povero Sancio, che t'hanno fatto? Povero bibì, eh? Povero vecchio mio!..."

Le commiserazioni delle fanciulle sensibili si facevano via via più tenere, finivano in un balbettio pargoleggiante di parole senza significato, di suoni lamentevoli, di lezi carezzevoli. Tutte volevano passar la mano su la testa dell'animale, prendere una delle zampe, toccare le narici. Donna Letizia sorreggeva il dolce peso maternamente; e le sue dita grasse e bianche, di cui le falangi parevano gonfie quasi per un morbo, le sue dita vellicavano pianamente il ventre di Sancio, s'insinuavano tra il pelo.

Nella stanza entrava la luce del pomeriggio e il fresco della marina, a traverso le tende verdognole. Otto stampe colorite, chiuse in cornici nere, adornavano le pareti coperte di una carta a fiorami gialli. Sopra un vecchio canterale del secolo XVIII, con la lastra di marmo rosco e le borchie di ottone, posava tra due piccoli specchi retti da sostegni d'argento un trionfo di fiori di cera in una campana di cristallo. Sopra il caminetto scintillava una coppia di candelabri dorati, con le candele intatte. Un automa di cartapesta, raffigurante un macacco in abito moresco, meditava immobile dall'alto d'uno di quei tavolini intarsiati che vengono di Sorrento. Molte seggiole con su la spalliera vignette di favole pastorali, un canapè di stile *Empire*, due poltrone moderne, concorrevano alla discordia delle forme e dei colori.

Come l'infermo venne adagiato in grembo di una delle poltrone, ci fu nella stanza un intervallo di silenzio. Sancio si levò un momento in piedi tremando, si rigirò più volte cercando una positura meno dolorosa, nella irrequietudine della sofferenza, tentò di poggiare la testa su uno dei bracciuoli, si piegò su le gambe di dietro; stette così alfine con le palpebre socchiuse, respirando a fatica, come preso da una sonnolenza improvvisa. Su 'l petto largo la pelle abbondante gli faceva, con tre o quattro crespe, quasi una piccola giogaia ; sopra la collottola le crespe erano più grandi e più tonde; i lembi delle labbra ai lati della mandibola superiore pendevano flosciamente ; e il povero animale aveva ora nella malattia quel non so che di grottesco insieme e di compassionevole che hanno gli uomini nani oppressi dall'adipe e dall'asma.

Le fanciulle dinanzi a quell'abbattimento restavano mute, invase da un rammarico immenso, colpite da un presentimento della sventura ; poichè Sancio era stato per molti anni la loro cura amorosa, l'oggetto delle loro blandizie e dei loro vezzi, lo sfogo innocuo delle loro mollezze e delle loro tenerezze di adolescenti clorotiche. Sancio era nato e cresciuto nella casa: e con quelle forme tozze e pesanti di razza imbastardita, con quelle rotondità di bestia eunuca oziosa e golosa, a poco a poco aveva nelli occhi tondi uno sguardo pieno di umanità e di devozione ; agitava vivamente il tronco della coda nelle ore di gioia, reggendosi su tre gambe sole e tutto raggomitolandosi con un singolare tremolío del pelame e trotterellando con la grazia d'un porcellino d'India in mezzo all'erbe primaverili.

I belli ricordi ora travagliavano li animi delle fanciulle.

" E il medico quando viene ? " chiese, con la voce impaziente, Vittoria, la figlia minore ; che aveva una faccia di giovine bertuccia, tutta bianca di cipria e su la fronte una larga frangia di capelli rossi.

L' infermo a tratti metteva una specie di gemito fioco aprendo li occhi e volgendo in torno lo sguardo supplichevole, uno sguardo lento e dolce, fatto più umano dall' increspamento nervoso delli angoli delle palpebre e da due linee brune che li umori sgorganti avevano segnato sotto le orbite. E come Donna Letizia tentava fargli prendere un cucchiaio di zuppa ristoratrice, egli agitava fuor della bocca la lingua flessibile in tutti i sensi per lo sforzo dell' inghiottire e non poteva chiudere le mascelle irrigidite.

Allora si udì nell' anticamera la voce del dottore Zenzuino che era finalmente salito. Ed entrò nella stanza un signore dalla bella faccia lucida di giovialità e di sanità.

" Oh Don Giovanni, guarite Sanciò ! Sta per morire," esclamò una voce flebile.

Il medico guardò in torno tutta quella dolente famiglia che egli aveva nutrita d' arsenico, di ferro e d' olio ferruginoso e d' acqua di Levico per tanti anni in vano ; ed ebbe un lieve lampo di sorriso a traverso li occhiali d'oro. Poi, osservando l'infermo con una curiosità d'uomo ricercatore, disse molto lentamente:

" Credo sia un caso di paralisi della mandibola e delle glandole salivari sotto-mascellari. La malattia che ha sede in un'alterazione nervosa centrale probabilmente delle meningi e che per la sua eziologia può dipendere da una causa ereditaria o parassitaria, è d'indole progressiva. Il processo che tende a diffondersi, andrà parzialmente e progressivamente privando il corpo, organo per organo, della sua funzionalità; finchè giunto in breve ad agire su 'l centro di una delle funzioni vitali, sia della circolazione che della respirazione, produrrà la morte...."

Le terribili parole barbare misero un'ambascia suprema nelli animi; e le guance floride di Donna Letizia in un momento impallidirono.

" Io credo che abbia influito su lo sviluppo del morbo l'alimentazione," soggiunse Don Giovanni, senza pietà.

A quella specie di accusa, il rimorso cominciò a tormentare le fanciulle che sempre per la golosità di Sancio erano state piene d'indulgenza colpevole. E Vittoria, con un atto di sconforto ineffabile, chiese:

" Non c'è dunque rimedio? "

" Tentiamo. Io consiglio l'applicazione di un cerotto vescicatorio alla nuca," rispose il dottore licenziandosi in ultimo amabilmente.

Sancio voleva discendere dalla poltrona. Esitava su l'orlo, non avendo la forza di spiccare il salto, implorava l'aiuto con li occhi fievoli che già si velavano come due acini d'uva nera suffusi dalla pruina argentea della maturità. Ne' suoi tratti il dolore a poco a poco metteva dei cavi e delle ombre senili; le tinte rosee del muso, dove i peli erano lunghi e radi, pareva si corrompessero divenendo quasi giallastre; le orecchie mozze avevano di tratto in tratto un tremolío leggerissimo; e nello stesso tempo un brivido passava a traverso il pelame bianco visibilmente.

Allora Isabella, la più eterea delle cinque fanciulle, che per crudeltà della sorte ereditava dal padre il pio naso borbonico e la fronte leprina, si accostò tutta commossa e prese l'infermo fra le mani delicate per posarlo a terra.

Sancio prima rimase fermo un istante, senza poter muovere i passi, con il dorso arcuato, e la testa in alto, oppresso dall'affanno del respiro; poi cominciò a trascinarsi, barcollando, con lo stento doloroso di un animale ferito alle due cosce. Forse aveva sete, perchè quando gli fu accostata la scodella tentò di lambire con la lingua il liquido. Ma, come la paralisi crescente già gl'impediva anche quell'atto, dopo sforzi inutili ed irosi egli volse piegando su le gambe posteriori e con una delle zampe davanti cominciò a battersi la mascella, quasi per rimuovere alfine di là quell'ostacolo che gli faceva tanto dolore.

E l'attitudine era così vivamente umana e li occhi erano così pieni di supplicazione e di disperazione umana, che d'un tratto Donna Letizia scoppiò in un pianto:

" Oh, povero bibì! Chi te l'avesse mai detto, povero bibì mio!..."

In tutte le fanciulle la commozione raggiunse il supremo grado. Vittoria raccolse il morituro, lo portò su 'l canapè, chiese le forbici; era necessario un eroismo; bisognava infine esperimentare il rimedio, ad ogni costo.

" Isabella, Maria, le forbici! Venite! "

Tutte trepide e pallide, si chinarono in torno a Sancio, che aveva di nuovo socchiuse le palpebre e alitava il fiato ardente nelle mani della soccorritrice. E questa, vinta la prima ripugnanza, cominciò a tagliare il pelo sulla nuca dell'animale, pianamente, arrestandosi di tratto in tratto, mettendo via via un soffio sulla parte rasa. Una specie di cherica irregolare si veniva allargando nella grassezza della collottola; e il tonsurato assumeva così un nuovo aspetto miserevolmente buffonesco.

Le tende del balcone, investite dalla brezza, s'inarcavano come due vele. I clamori della strada salivano in confuso, vivi e giulivi; una prospettiva di case plebee s'intravedeva al fondo in una doratura pallida di tramonto; e un merlo fischiava.

Allora discese dalle camere superiori Natalia, la bella nuora di Donna Letizia, con un bimbo sulle braccia; ed entrò nella stanza. Ella aveva la faccia ovale, la pelle fine e rosea, solcata di vene, li occhi chiarissimi, le narici diafane, tutta in somma la dolcezza di sangue d'una donna bionda, tra una nera ribellione di capelli; e aveva nella persona, nelle vesti, nell'incedere, quella negligenza semplice, quella felice placidità quasi direi bovina, quella specie di freschezza lattea delle giovani madri che nutriscono con la propria mammella il figliuolo.

A pena ella vide il cane tonsurato, un impeto così spontaneo d'ilarità la invase, che non potè ritenere le risa entro la chiostra dei denti:

"Ah, ah, ah, ah, ah!..."

Come? Natalia osava ridere, mentre quel povero Sancio moriva? — Le innupte sensibili volsero un acre sguardo d'indignazione alla cognata irreverente e crudele. Ma questa, con una lieta incuranza, si appressò per tendere il bimbo verso l'animale. E il bimbo seminudo agitava le piccole mani irrequiete, cercando toccare, tutto vibrando di naturale gioia e barbugliando suoni incomprensibili nella bocca rorida ancora della bevanda materna. E l'animale, uso già a sottomettere la testa mansueta a quei cercamenti, aveva ancora nelle membra inferme una esitazione di festevolezza e nelli occhi un supremo barlume di bontà conoscente.

"Povero Sancio Panza!" mormorò alfine Natalia ritraendo il figliuolo che stava per bagnarsi di bava le dita. E, come il bimbo rincrespava le labbra per piangere, ella fece due o tre giri nella stanza, cullandolo e palleggiandolo; poi, fermatasi dinanzi all'automa, volse la chiave del meccanismo.

Il macacco aprì la bocca, battè le palpebre, attorcigliò la coda, tutto animandosi internamente al suono della gavotta *Louis XIII*, di Victor Félix. Quel voluttuoso ondeggiamento di danza d'amore moveva l'aria e la testa di Natalia, per ritmo. La luce nella stanza era dolce; il profumo squisito dei pelargonii entrava dai vasi del balcone aperto.

Sancio non udiva forse più. Al bruciore caustico del vescicante su la nuca, egli scoteva di tratto in tratto il dorso, e piegava la testa in basso, con un lamentio fievole. La lingua, ritirata fra i denti, violacea, quasi anzi nerastra, aveva già perduta ogni facoltà di moto. Li occhi, ora, coperti da una specie di membrana turchiniccia e umidiccia, non conservavano altra espressione di spasimo che quella dell'apparir rapido d'un lembo bianco alli angoli delle orbite. La bava si produceva più copiosa e più densa. L'astissia pareva imminente.

"Oh, Natalia, cessa! Ma non vedi che Sancio muore?" proruppe, con la voce piena d'acredine e di lagrime, Isabella.

La gavotta non si poteva interrompere prima che la forza data dalla chiave alla macchina fosse esaurita. Le note continuavano, lente e molli, a spandersi sull'agonia del cane. Le ombre del crepuscolo, intanto, cominciavano a penetrare nell'interno e le tende sbattevano nella frescura.

Allora, Donna Letizia, soffocata dai singhiozzi,

non reggendo più allo strazio, uscì. Tutte le figlie la seguirono, a una a una, piangendo, con i teneri petti oppressi dal dolore. Soltanto Natalia per curiosità si fece da presso al moribondo.

E, mentre la gavotta era su la ripresa, il buon Sancio spirò, *in musica,* come l'eroe di un melodramma italiano.

IL COMMIATO.

La visione del paesaggio momentano gli si apriva dinanzi ora in una luce ideale, come uno di quei paesaggi sognati in cui le cose paiono essere visibili di lontano per un irradiamento che si prolunga dalle loro forme. La carrozza chiusa scorreva con un rumore eguale, al trotto: le muraglie delle antiche ville patrizie passavano dinanzi alli sportelli, biancastre, quasi oscillanti, con un movimento continuo e dolce. Di tratto in tratto si presentava un gran cancello di ferro, a traverso il quale si vedeva un viale fiancheggiato di alti bussi, o un chiostro di verdura abitato da statue latine, o un lungo portico vegetale dove qua e là raggi di sole ridevano pallidamente.

Elena taceva, avvolta nell' ampio mantello di lontra, con un velo su la faccia, con le mani chiuse nel camoscio. Egli aspirava con delizia il sottile odore di eliotropio esalante dalla pelliccia preziosa, mentre sentiva contro il suo braccio la forma del braccio di lei. Ambedue si credevano lontani dalli altri, soli; ma d'improvviso passava la carrozza nera di un prelato, o un buttero a cavallo o una torma di chierici violacei, o una mandra di bestiame.

A mezzo chilometro dal ponte ella disse:
" Scendiamo."

Nella campagna la luce fredda e chiara pareva un'acqua sorgiva; e, come li alberi al vento ondeggiavano, pareva per un'illusione visuale che l'ondeggiamento si comunicasse a tutte le cose.

Ella disse, stringendosi a lui e vacillando su'l terreno ineguale:

" Io parto stasera. Questa è l'ultima volta...."

Poi tacque; poi di nuovo parlò, a intervalli, su la necessità della partenza, su la necessità della rottura, con un accento pieno di tristezza. Il vento furioso le rapiva le parole di su le labbra. Ella seguitava. Egli interruppe, prendendole la mano e con le dita cercando tra i bottoni la carne del polso:

" Non più! Non più! "

Si avanzavano lottando contro le folate incalzanti. Ed egli, presso alla donna, in quella solitudine alta e grave, si sentì d'improvviso entrar nell'anima come l'orgoglio d'una vita più libera, una sovrabbondanza di forze.

" Non partire! Non partire! Io ti voglio ancora...."

Le nudò il polso e insinuò le dita nella manica tormentandole la pelle con un moto inquieto in cui era il desiderio di possessi maggiori.

Ella gli volse uno di quelli sguardi che lo ubriacavano come calici di vino. Il ponte era da presso, rossastro, nell'illuminazione del sole. Il fiume pareva immobile e metallico in tutta la lunghezza della sua sinuosità. De' giunchi s'incurvavano su la riva, e le acque urtavano leggermente alcune pertiche infitte nella creta per reggere forse le lenze.

Allora egli cominciò ad incitarla con i ricordi. Le parlava dei primi giorni, del ballo al palazzo Farnese, della caccia nella campagna del Divino Amore, delli incontri matutini nella piazza di Spagna lungo le vetrine delli orefici o per la via Sistina tranquilla e signorile, quando ella usciva dal palazzo Zuccheri seguita dalle ciociare che le offerivano nei canestri le rose.

" Ti ricordi? Ti ricordi?..."

" Sì."

" E quella sera dei fiori, quando io venni con tanti fiori.... Tu eri sola, a canto alla finestra: leggevi. Ti ricordi ? "

" Sì, sì."

" Io entrai. Tu ti volgesti a pena, tu mi accogliesti duramente. Che avevi? Io non so. Posai il mazzo sopra il tavolino e aspettai. Tu incominciasti a parlare di cose inutili, senza volontà e senza piacere. Ma il profumo era grande: tutta la stanza già n' era piena. Io ti veggo ancora, quando afferrasti con le due mani il mazzo e dentro ci affondasti tutta la faccia, aspirando. La faccia risollevata, pareva esangue, e li occhi parevano alterati come da una specie di ebrietà...."

" Segui, segui ! " disse Elena, con la voce fievole, china su 'l parapetto, incantata dal fáscino delle acque correnti.

" Poi, su 'l divano : ti ricordi? Io ti ricoprivo il petto, le braccia, la faccia, con i fiori, opprimendoti. Tu risorgevi continuamente, porgendo la bocca, la gola, le palpebre socchiuse. Tra la tua pelle e le mie labbra sentivo le foglie fredde e molli. Se io ti baciavo il collo, tu rabbrividivi per tutto il corpo, e tendevi le mani per tenermi lontano. Oh, allora.... Avevi la testa affondata nel gran cuscino del mostro d' oro, il petto nascosto dalle rose, le braccia nude sino al gomito; e nulla era più amoroso e più dolce che il piccolo tremito delle tue mani pallide su le mie tempie.... Ti ricordi?"

" Sì. Segui!"

Egli seguiva, crescendo nella tenerezza. Inebriato delle sue parole, egli giungeva a credere ciò che diceva. Elena, con le spalle volte alla luce, andavasi chinando all'amante. Ambedue sentivano a traverso le vesti il contatto indeciso dei corpi. Sotto di loro, le acque del fiume passavano lente e fredde alla vista; i grandi giunchi sottili, come capigliature, vi s'incurvavano entro ad ogni soffio e fluttuavano largamente.

Poi non parlarono più; ma guardandosi, sentivano nelli orecchi un romore continuo che si prolungava indefinitamente portando seco una parte dell'essere loro, come se qualche cosa di sonoro sfuggisse dall'intimo del loro cervello e si spandesse ad empire tutta la campagna circostante.

Elena. sollevandosi, disse:

" Andiamo. Ho sete. Dove si può chiedere acqua?"

Si diressero allora verso l'osteria romanesca, passato il ponte. Alcuni carrettieri staccavano i giumenti, imprecando ad alta voce. Il chiarore dell'occaso feriva il gruppo umano ed equino, con viva forza.

Come i due entrarono, nella gente dell'osteria non avvenne alcun moto di meraviglia. Tre o quattro uomini febbricitanti stavano intorno a un braciere quadrato, taciturni e giallastri. Un bovaro, di pelo rosso, sonnecchiava in un angolo, tenendo ancora fra i denti la pipa spenta. Due giovinastri, scarni e bicchi, giocavano a carte, fissandosi nelli intervalli con uno sguardo pieno d'ardore bestiale. E l'ostessa, una femmina pingue, teneva fra le braccia un bambino, cullandolo pesantemente.

Mentre Elena beveva l'acqua nel bicchiere di vetro, la femmina le mostrava il bambino, lamentandosi.

" Guardate, signora mia! Guardate, signora mia! "

Tutte le membra della povera creatura erano di una magrezza miserevole; le labbra violacee erano coperte di punti bianchicci; l'interno della bocca era coperto come di grumi lattosi. Pareva quasi che la vita fosse di già fuggita da quel piccolo corpo, lasciando una materia su cui ora le muffe vegetavano.

" Sentite, signora mia, le mani come sono

fredde. Non può più bere: non può più inghiottire; non può più dormire...."

La femmina singhiozzava. Li uomini febbricitanti guardavano con occhi pieni di una immensa prostrazione. Ai singhiozzi i due giovinastri fecero un atto d'impazienza.

" Venite, venite! " disse Andrea ad Elena, prendendole il braccio, dopo aver lasciato su 'l tavolo una moneta. E la trasse fuori.

Insieme, tornarono verso il ponte. Il corso dell'Aniene ora andavasi accendendo ai fuochi dell'occaso. Una linea scintillante attraversava l'arco; e in lontananza le acque prendevano un color bruno ma pur lucido, come se sopra vi galleggiassero chiazze d'olio o di bitume. La campagna accidentata, simile ad una immensità di rovine, aveva una general tinta violetta. Verso l'Urbe il cielo cresceva in rossore.

" Povera creatura! " mormorò Elena con suono profondo di misericordia, stringendosi al braccio d'Andrea.

Il vento imperversava. Una torma di cornacchie passò nell'aria accesa, in alto, schiamazzando.

Allora, d'improvviso, una specie di esaltazione sentimentale prese l'anima di quei due, in conspetto della solitudine. Pareva che qualche cosa di tragico e di eroico entrasse nella loro passione. I culmini del sentimento fiammeggiarono sotto l'influenza del tramonto tumultuoso. Elena si arrestò.

" Non posso più," ella disse, ansando.

La carrozza era ancora lontana, immobile, nel punto dove essi l'avevano lasciata.

" Ancora un poco, Elena! Ancora un poco! Vuoi ch'io ti porti? "

Andrea, preso da un impeto lirico infrenabile, si abbandonò alle parole.

— Perchè ella voleva partire? Perchè ella voleva ora spezzare l'incanto? I loro *destini* omai non erano legati per sempre? Egli aveva bisogno di lei per vivere, delli occhi, della voce, del pensiero di lei.... Egli era tutto penetrato da quell'amore; aveva tutto il sangue alterato come da un veleno, senza rimedio. Perchè ella voleva fuggire? Egli si sarebbe avviticchiato a lei, l'avrebbe prima soffocata sul suo petto. No, non poteva essere. Mai! Mai! —

Elena ascoltava, a testa bassa, affaticata contro il vento, senza rispondere. Dopo un poco, ella sollevò il braccio per far cenno al cocchiere di avanzarsi. I cavalli scalpitarono.

"Fermatevi a Porta Pia," gridò la signora, salendo nella carrozza insieme all'amante.

E con un movimento subitaneo si offerse al desiderio di lui che le baciò la bocca, la fronte, i capelli, li occhi, la gola, avidamente, rapidamente, senza più respirare.

"Elena! Elena!"

Un vivo bagliore rossastro entrò nella carrozza, riflesso dalle case color di mattone. Si avvicinava nella strada il trotto sonante di molti cavalli.

Elena, piegandosi sulla spalla dell'amante con una immensa dolcezza di sommessione, disse:

"Addio, amore! Addio! Addio!"

Come ella si risollevò, a destra e a sinistra passarono a gran trotto dieci o dodici cavalieri scarlatti tornanti dalla caccia della volpe. Il duca Grazioli, passando rasente, si curvò in arcione per guardare nello sportello.

Andrea non parlò più. Egli sentiva ora tutto il suo essere mancare in un abbattimento infinito. La puerile debolezza della sua natura, sedata la prima sollevazione, gli dava ora un bisogno di lacrime. Egli avrebbe voluto piegarsi, umiliarsi, pregare, muovere la pietà della donna con le lacrime. Aveva la sensazione confusa e ottusa d'una vertigine; e un freddo sottile gli assaliva la nuca, gli penetrava la radice dei capelli.

" Addio," ripetè Elena.

Sotto l'arco di Porta Pia la carrozza si fermava, perchè il signore discendesse.

LA CONTESSA D'AMALFI.

I.

Quando, verso le due del pomeriggio, Don Giovanni Ussorio stava per mettere il piede su la soglia della casa di Violetta Kutufà, Rosa Catana apparve in cima alle scale e disse a voce bassa, tenendo il capo chino:

" Don Giovà, la signora è partita."

Don Giovanni, alla novella improvvisa, rimase stupefatto; e stette un momento, con li occhi spalancati, con la bocca aperta, a guardare in su, quasi aspettando altre parole esplicative. Poichè Rosa taceva, in cima alle scale, torcendo fra le mani un lembo del grembiule e un poco dondolandosi, egli chiese:

" Ma come? ma come?..."

E salì alcuni gradini, ripetendo con una lieve balbuzie:

" Ma come? ma come? "

"Don Giovà, che v'ho da dire? È partita."

"Ma come?"

"Don Giovà, io non saccio, mo."

E Rosa fece qualche passo nel pianerottolo, verso l'uscio dell'appartamento vuoto. Ella era una femmina piuttosto magra, con i capelli rossastri, con la pelle del viso tutta sparsa di lentiggini. I suoi larghi occhi cinerognoli avevano però una vitalità singolare. La eccessiva distanza tra il naso e la bocca dava alla parte inferiore del viso un'apparenza scimmiesca.

Don Giovanni spinse l'uscio socchiuso ed entrò nella prima stanza, poi entrò nella seconda, poi nella terza; fece il giro di tutto l'appartamento, a passi concitati; si fermò nella piccola camera del bagno. Il silenzio quasi lo sbigottì; un'angoscia enorme gli prese l'animo.

"È vero! È vero!" balbettava, guardandosi a torno, smarrito.

Nella camera i mobili erano al loro posto consueto. Mancavano però su 'l tavolo, a piè dello specchio rotondo, le fiale di cristallo, i pettini di tartaruga, le scatole, le spazzole, tutti quei minuti oggetti che servono alla cura della bellezza muliebre. Stava in un angolo una specie di gran bacino di zinco in forma di chitarra; e dentro il bacino l'acqua traluceva, tinta lievemente di roseo da una essenza. L'acqua esalava un profumo sottile che si mesceva nell'aria col profumo della cipria. L'esalazione aveva in sè qualche cosa di carnale.

" Rosa! Rosa! " chiamò Don Giovanni, con la voce soffocata, sentendosi invadere da un rammarico immenso.

La femmina comparve.

" Racconta com'è stato! Per dove è partita? E quando è partita? E perchè? E perchè? " chiedeva Don Giovanni, facendo con la bocca una smorfia puerile e grottesca, come per rattenere il pianto o per respingere il singhiozzo. Egli aveva presi ambedue i polsi di Rosa; e così la sollecitava a parlare, a rivelare.

" Io non saccio, signore.... Stamattina ha messa la roba nelle valige; ha mandato a chiamare la carrozza di Leone; e se n'è andata senza dire niente. Che ci volete fare? Tornerà."

" Torneràaa? " piagnucolò Don Giovanni, sollevando li occhi dove già le lacrime incominciavano a sgorgare. " Te l'ha detto? Parla! "

E quest'ultimo verbo fu uno strillo quasi minaccioso e rabbioso.

" Eh.... veramente.... a me m'ha detto: — Addio, Rosa. Non ci vediamo più.... — Ma.... in somma.... chi lo sa!... Tutto può essere."

Don Giovanni si accasciò sopra una sedia, a queste parole; e si mise a singhiozzare con tanto impeto di dolore che la femmina ne fu quasi intenerita.

" Don Giovà, mo che fate? Non ci stanno altre femmine a questo mondo? Don Giovà, mo vi pare?..."

Don Giovanni non intendeva. Seguitava a singhiozzare come un bambino, nascondendo la faccia nel grembiule di Rosa Catana; e tutto il suo corpo era scosso dai sussulti del pianto.

" No, no, no.... Voglio Violetta! Voglio Violetta! "

A quello stupido pargoleggiare, Rosa non potè tenersi di sorridere. E si diede a lisciare il cranio calvo di Don Giovanni, mormorando parole di consolazione:

" Ve la ritrovo io Violetta; ve la ritrovo io.... Zitto! Zitto! Non piangete più, Don Giovannino. La gente che passa può sentire. Mo vi pare, mo? "

Don Giovanni a poco a poco, sotto la carezza amorevole, frenava le lacrime: si asciugava li occhi al grembiule.

" Oh! Oh! che cosa! " esclamò, dopo essere

stato un momento con lo sguardo fisso al bacino di zinco, dove l'acqua scintillava ora sotto un raggio. " Oh! Oh! che cosa! Oh! "

E si prese la testa fra le mani, e due o tre volte oscillò come fanno talora li *chimpanzè* prigionieri.

" Via, Don Giovannino, via! " diceva Rosa Catana, prendendolo pianamente per un braccio e tirandolo.

Nella piccola camera il profumo pareva crescere. Le mosche ronzavano innumerevoli in torno a una tazza dov'era un residuo di caffè. Il riflesso dell'acqua nella parete tremolava come una sottil rete di oro.

" Lascia tutto così! " raccomandò Don Giovanni alla femmina, con una voce interrotta dai singulti mal repressi. E discese le scale, scotendo il capo su la sua sorte. Egli aveva li occhi gonfi e rossi, a fior di testa, simili a quelli di certi cani di razza impura. Il suo corpo rotondo, dal ventre prominente, gravava su due gambette un poco volte in dentro. In torno al suo cranio calvo girava una corona di lunghi capelli arricciati, che parevano non crescere dalla cotenna ma dalle spalle e salire verso la nuca e le tempie. Egli con le mani inanellate, di tanto in tanto, soleva accomodare qualche ciocca scomposta: li anelli preziosi e vistosi gli rilucevano perfino nel pollice, e un bottone di corniola grosso come una fragola gli fermava lo sparato della camicia a mezzo il petto.

Come uscì alla luce viva della piazza, provò di nuovo uno smarrimento invincibile. Alcuni ciabattini attendevano all'opera loro, lì accanto, mangiando fichi. Un merlo in gabbia fischiava l'inno di Garibaldi, continuamente, ricominciando sempre da capo, con una persistenza accorante.

" Servo suo, Don Giovanni! " disse Don Domenico Oliva passando e togliendosi il cappello con quella sua gloriosa cordialità napoletana. E, mosso a curiosità dall'aspetto sconvolto del signore, dopo poco ripassò e risalutò con maggior larghezza di gesto e di sorriso. Egli era un uomo che aveva il busto lunghissimo e le gambe corte e l'atteggiamento della bocca involontariamente irrisorio. I cittadini di Pescara lo chiamavano Culinterra.

" Servo suo! "

Don Giovanni, in cui un'ira velenosa cominciava a fermentare poichè le risa dei mangiatori di fichi e i sibili del merlo lo irritavano, al secondo saluto voltò dispettoso le spalle e si mosse, credendo quel saluto un'irrisione.

Don Domenico, stupefatto, lo seguiva.

" Ma.... Don Giovà!... sentite.... ma...."

Don Giovanni non voleva ascoltare. Camminava innanzi, a passi lesti, verso la sua casa. Le fruttivendole e i maniscalchi lungo la via guardavano, senza capire, l'inseguimento di quei due uomini affannati e gocciolanti di sudore sotto il solleone.

Giunto alla porta, Don Giovanni, che quasi stava per scoppiare, si voltò come un aspide, giallo e verde per la rabbia.

" Don Domè, o Don Domè, io ti do in capo!"

Ed entrò, dopo la minaccia; e chiuse la porta dietro di sè con violenza.

Don Domenico, sbigottito, rimase senza parole in bocca. Poi rifece la via, pensando quale potesse essere la causa del fatto. Matteo Verdura, uno dei mangiatori di fichi, chiamò:

" Venite! venite! Vi debbo dire 'na cosa grande."

" Che cosa? " chiese l'uomo di schiena lunga, avvicinandosi.

" Non sapete niente? "

" Che ? "

" Ah! Ah! Non sapete niente ancora? "

" Ma che? "

Verdura si mise a ridere; e li altri ciabattini

lo imitarono. Un momento tutti quelli uomini sussultarono d'uno stesso riso rauco e incomposto, in diverse attitudini.

" Pagate tre soldi di fichi se ve lo dico ? "

Don Domenico, ch'era tirchio, esitò un poco. Ma la curiosità lo vinse.

" Be', pago."

Verdura chiamò una femmina e fece ammonticchiare sul suo desco le frutta. Poi disse:

" Quella signora che stava là sopra, Donna Violetta, sapete?... Quella del teatro, sapete?..."

" Be' ? "

" Se n'è scappata stamattina. Tombola ! "

" Da vero ? "

" Da vero, Don Domè."

" Ah, mo capisco ! " esclamò Don Domenico, ch'era un uomo fino, sogghignando crudelissimamente.

E, come voleva vendicarsi della contumelia di Don Giovanni e rifarsi dei tre soldi spesi per la notizia, andò subito verso il *casino* per divulgare la cosa, per ingrandire la cosa.

Il *casino*, una specie di bottega del caffè, stava immerso nell'ombra; e su dal tavolato sparso di acqua saliva un singolare odore di polvere e di muffa. Il dottore Panzoni russava abbandonato sopra una sedia con le braccia penzoloni. Il barone Cappa, un vecchio appassionato per i cani zoppi e per le fanciulle tenerelle, sonnecchiava discretamente su una gazzetta. Don Ferdinando Giordano moveva le bandierine su una carta rappresentante il teatro della guerra franco-prussiana. Don Settimio De Marinis discuteva di Pietro Metastasio col dottor Fiocca, non senza molti scoppi di voce e non senza una certa eloquenza fiorita di citazioni poetiche. Il notaro Gajulli, non sapendo con chi giocare, maneggiava le carte da giuoco solitariamente e le metteva in fila sul tavolino. Don Paolo Seccia girava in torno al quadrilatero del biliardo, con passi misurati per favorire la digestione.

Don Domenico Oliva entrò con tale impeto che tutti si voltarono verso di lui, tranne il dottore Panzoni il quale rimase tra le braccia del sonno.

" Sapete? sapete? "

Don Domenico era così ansioso di dire la cosa e così affannato che da prima balbettava senza farsi intendere. Tutti quei galantuomini in torno a lui pendevano dalle sue labbra, presentivano con gioia un qualche strano avvenimento che alimentasse alfine le loro chiacchiere pomeridiane.

Don Paolo Seccia, che era un poco sordo da un orecchio, disse impazientito:

" Ma che v'hanno legata la lingua, Don Domè? "

Don Domenico ricominciò da capo la narrazione, con più calma e più chiarezza. Disse tutto; ingrandì i furori di Don Giovanni Ussorio; aggiunse particolarità fantastiche; s'inebriò delle parole. " Capite? capite? E poi questo; e poi quest'altro...."

Il dottore Panzoni al clamore aperse le palpebre, volgendo i grossi globi visivi ancora stupidi di sonno e russando ancora pe 'l naso tutto vegetante di nèi mostruosi. Disse o russò, nasalmente:

" Che c'è? Che c'è? "

E con fatica puntellandosi al bastone, si levò piano piano e venne nel crocchio per udire.

Il barone Cappa ora narrava, con alquanta saliva nella bocca, una storiella grassa a proposito di Violetta Kutufà. Nelle pupille delli ascoltatori intenti passava un luccicore, a tratti. Li occhiolini verdognoli di Don Paolo Seccia scintillavano come immersi in un umore. Alla fine, le risa sonarono.

Ma il dottor Panzoni, così ritto, s'era riaddormentato; poichè a lui sempre il sonno, grave come un morbo, siedeva dentro le nari. E rimase a russare, solo nel mezzo, con il capo chino sul petto: mentre li altri si disperdevano per tutto il paese a divulgare la novella, di famiglia in famiglia.

E la novella, divulgata, mise a romore Pescara. Verso sera, co 'l fresco della marina e con la luna crescente, tutti i cittadini uscirono per le vie e per le piazzette. Il chiacchierìo fu infinito. Il nome di Violetta Kutufà correva su tutte le bocche. Don Giovanni Ussorio non fu veduto.

II.

Violetta Kutufà era venuta a Pescara nel mese di gennaio, in tempo di carnevale, con una compagnia di cantatori. Ella diceva d'essere una greca dell'Arcipelago, di aver cantato in un teatro di Corfù al conspetto del re delli Elleni e di aver fatto impazzire d'amore un ammiraglio d'Inghilterra. Era una donna di forme opulente, di pelle bianchissima. Aveva due braccia straordinariamente carnose e piene di piccole fosse che apparivano rosee ad ogni moto; e le piccole fosse e le anella e tutte le altre grazie proprie di un corpo infantile rendevano singolarmente piacevole e fresca e quasi ridente la sua pinguedine. I lineamenti del volto erano un po' volgari: li occhi castanei, pieni di pigrizia; le labbra grandi, piatte e come schiacciate. Il naso non rivelava l'origine greca: era corto, un poco erto, con le narici larghe e respiranti. I capelli, neri, abbondavano su 'l capo. Ed ella parlava con un accento molle, esitando ad ogni parola, ridendo quasi sempre. La sua voce spesso diventava roca, d'improvviso.

Quando la compagnia giunse, i Pescaresi smaniavano nell'aspettazione. I cantatori forestieri furono ammirati per le vie, nei loro gesti, nel loro incedere, nel loro vestire, e in ogni loro attitudine. Ma la persona su cui tutta l'attenzione converse fu Violetta Kutufà.

Ella portava una specie di giacca scura orlata di pelliccia e chiusa da alamari d'oro; e su 'l capo una specie di tôcco tutto di pelliccia, chino un po' da una parte. Andava sola, camminando speditamente; entrava nelle botteghe, trattava con un certo disdegno i bottegai, si lagnava della mediocrità delle merci, usciva senza aver nulla comprato: cantarellava, con noncuranza.

Per le vie, nelle piazzette, su tutti i muri, grandi scritture a mano annunziavano la rappresentazione della *Contessa d'Amalfi*. Il nome di Violetta Kutufà risplendeva in lettere vermiglie. Li animi dei Pescaresi si accendevano. La sera aspettata giunse.

Il teatro era in una sala dell'antico ospedal militare, all'estremità del paese, verso la marina. La sala era bassa, stretta e lunga, come un corridoio: il palco scenico, tutto di legname e di carta dipinta, s'inalzava pochi palmi da terra; contro le pareti maggiori stavano le tribune, costruite d'assi e di tavole, ricoperte di bandiere tricolori, ornate di festoni. Il sipario, opera insigne di Cucuzzitto figlio di Cucuzzitto, raffigurava la Tragedia, la Commedia e la Musica allacciate come le tre Grazie e trasvolanti su 'l ponte a battelli sotto cui passava la Pescara turchina. Le sedie, tolte alle chiese, occupavano metà della platea. Le panche, tolte alle scuole, occupavano il resto.

Verso le sette la banda comunale prese a sonare in piazza e sonando fece il giro del paese; e si fermò quindi al teatro. La marcia fragorosa sollevava li animi al passaggio. Le signore fremevano d'impazienza, nei loro belli abiti di seta. La sala rapidamente si empì.

Su le tribune raggiava una corona di signore e di signorine gloriosissima. Teodolinda Pumèrici, la filodrammatica sentimentale e linfatica, sedeva a canto a Fermina Memma, la *mascula*. Le Fusilli, venute da Castellammare, grandi fanciulle dalli occhi nerissimi, vestite di una eguale stoffa rosea, tutte con i capelli stretti in treccia giù per la schiena, ridevano forte e gesticolavano. Emilia D'Annunzio volgeva a torno i belli occhi castanei con un'aria di tedio infinito. Mariannina Cortese faceva segni col ventaglio a Donna Rachele Profeta che stava di fronte. Donna Rachele Bucci con Donna Rachele Carabba ragionava di tavolini parlanti e di apparizioni. Le maestre Del Gado, vestite tutt'e due di seta cangiante, con mantellette di moda antichissima e con certe cuffie luccicanti di pagliuzze d'acciaio, tacevano, compunte, forse stordite dalla novità del caso, forse pentite d'esser venute a uno spettacolo profano. Costanza Lesbii tossiva continuamente, rabbrividendo sotto lo scialle rosso; bianca bianca, bionda bionda, sottile sottile.

Nelle prime sedie della platea sedevano li ottimati. Don Giovanni Ussorio primeggiava, bene curato nella persona, con magnifici calzoni a quadri bianchi e neri, con soprabito di castoro lucido, con alle dita e alla camicia una gran quantità di oreficeria chietina. Don Antonio Brattella, membro dell'Areopago di Marsiglia, un uomo spirante la grandezza da tutti i pori e specialmente dal lobo auricolare sinistro ch'era grosso come un'albicocca acerba, raccontava a voce alta, il dramma lirico di Giovanni Peruzzini; e le parole, uscendo dalla sua bocca, acquistavano una rotondità ciceroniana. Li altri sulle sedie si agitavano con maggiore o minore importanza. Il dottore Panzoni lottava in vano contro le lusinghe del sonno e di tanto in tanto faceva un romore che si confondeva con il *la* delli stromenti preludianti.

— Pss! psss! pssss! —

Nel teatro il silenzio divenne profondo. All'alzarsi della tela, la scena era vuota. Il suono d'un violoncello veniva di tra le quinte. Uscì Tilde, e cantò. Poi uscì Sertorio, e cantò. Poi entrò una torma di allievi e di amici, e intonò un coro. Poi Tilde si avvicinò pianamente alla finestra.

> Oh! come lente l'ore
> Sono al desio!...

Nel pubblico incominciava la commozione, poichè doveva essere imminente un duetto di amore. Tilde, in verità, era un *primo soprano* non molto giovine; portava un abito azzurro; aveva una capellatura biondastra che le ricopriva insufficientemente il cranio; e, con la faccia bianca di cipria, rassomigliava a una costoletta cruda e infarinata che fosse nascosta dentro una parrucca di canapa.

Egidio venne. Egli era il tenore giovine. Come aveva il petto singolarmente incavato, le gambe un po' curve, rassomigliava un cucchiaio a doppio manico, su 'l quale fosse appiccicata una di quelle teste di vitello raschiate e pulite che si veggono talvolta nelle mostre dei beccai.

> Tilde! il tuo labbro è muto,
> Abbassi al suol gli sguardi.
> Un tuo gentil saluto,
> Dimmi, perchè mi tardi?
> È la tua man tremante....
> Fanciulla mia, perchè?

E Tilde, con un impeto di sentimento:

> In sì solenne istante
> Tu lo domandi a me?

Il duetto crebbe in tenerezza. Le melodie del cavaliere Petrella deliziavano le orecchie delli uditori. Tutte le signore stavano chinate su 'l parapetto delle tribune, immobili, attente; e i loro volti, battuti dal riflesso del verde delle bandiere, impallidivano.

> Un cangiar di paradiso
> Il morir ci sembrerà!

Tilde uscì; ed entrò, cantando, il duca Carnioli ch'era un uomo corpulento e truculento e zazzeruto come ad un baritono si addice. Egli cantava fiorentinamente, aspirando i *c* iniziali, anzi addirittura sopprimendoli talvolta.

> Non sai tu che piombo è a ippiede
> La atena oniugale?

Ma quando nel suo canto nominò alfine *d'Amalfi la contessa,* corse nel pubblico un fremito. La contessa era desiderata, invocata.

Chiese Don Giovanni Ussorio a Don Antonio Brattella:

" Quando viene? "

Rispose Don Antonio, lasciando cadere dall'alto la risposta:

" Oh, mio Dio, Don Giovà! Non sapete? Nell'atto secondo! Nell'atto secondo! "

Il sermone di Sertorio fu ascoltato con una certa impazienza. Il sipario calò fra applausi deboli. Il trionfo di Violetta Kutufà così incominciava. Un mormorio correva per la platea, per le tribune, crescendo, mentre si udivano dietro il sipario i colpi di martello dei macchinisti. Quel lavorío invisibile aumentava l'aspettazione.

Quando il sipario si alzò, una specie di stupore invase li animi. L'apparato scenico parve meraviglioso. Tre arcate si prolungavano in prospettiva, illuminate; e quella di mezzo terminava in un giardino fantastico. Alcuni paggi stavano sparsi qua e là, e s'inchinavano. La contessa d'Amalfi, tutta vestita di velluto rosso, con uno strascico regale, con le braccia e le spalle nude, rosea nella faccia, entrò a passi concitati.

> Fu una sera d'ebrezza, e l'alma mia
> N' è piena ancor....

La sua voce era disuguale, talvolta stridula, ma spesso poderosa, acutissima. Produsse nel pubblico un effetto singolare, dopo il miagolio tenero di Tilde. Subitamente il pubblico si divise in due fazioni: le donne stavano per Tilde; li uomini, per Leonora.

> A' vezzi miei resistere
> Non è sì facil giuoco....

Leonora aveva nelle attitudini, nei gesti, nei passi, una procacità che inebriava ed accendeva i celibi avvezzi alle flosce Veneri del vico di Sant'Agostino e i mariti stanchi delle scipitezze coniugali. Tutti guardavano, ad ogni volgersi della cantatrice, le spalle grasse e bianche, dove al gioco delle braccia rotonde due fossette parevano ridere.

Alla fine dell'*a solo* li applausi scoppiarono con un fragore immenso. Poi lo svenimento della contessa, le simulazioni dinanzi al duca Carnioli, il principio del duetto, tutte le scene suscitarono applausi. Nella sala s'era addensato il calore; per le tribune i ventagli s'agitavano confusamente, e nello sventolío le facce femminili apparivano e sparivano. Quando la contessa si appoggiò a una colonna, in un'attitudine d'amorosa contemplazione, e fu rischiarata dalla luce lunare d'un *bengala*, mentre Egidio cantava la romanza soave, Don Antonio Brattella disse forte:

" È grande ! "

Don Giovanni Ussorio, con un impeto subitaneo, si mise a battere le mani, solo. Li altri imposero silenzio, poichè volevano ascoltare. Don Giovanni rimase confuso.

> Tutto d'amore, tutto ha favella:
> La luna, il zeffiro, le stelle, il mar....

Le teste delli uditori, al ritmo della melodia petrelliana, ondeggiavano, se bene la voce di Egidio era ingrata; e li occhi si deliziavano, se bene la luce della luna era fumosa e un po' giallognola. Ma quando, dopo un contrasto di passione e di seduzione, la contessa d'Amalfi incamminandosi verso il giardino riprese la romanza, la romanza che ancora vibrava nelle anime, il diletto delli uditori fu tanto che molti sollevavano il capo e l'abbandonavano un poco in dietro quasi per gorgheggiare insieme con la sirena perdentesi tra i fiori.

    La barca è presta.... deh vieni, o bella!
    Amor c'invita.... vivere è amar.

In quel punto Violetta Kutufà conquistò intero Don Giovanni Ussorio che, fuori di sè, preso da una specie di furore musicale ed erotico, acclamava senza fine:

" Brava! Brava! Brava! "

Disse Don Paolo Seccia, forte:

" 'O vi', 'o vi', s'è 'mpazzito Ussorio! "

Tutte le signore guardavano Ussorio, stordite, smarrite. Le maestre Del Gado scorrevano il rosario, sotto le mantelline. Teodolinda Pumèrici rimaneva estatica. Soltanto le Fusilli conservavano la loro vivacità e cinguettavano, tutte rosee, facendo guizzare nei movimenti le trecce serpentine.

Nel terzo atto, non i morenti sospiri di Tilde che le donne proteggevano, non le rampogne di Sertorio a Carnioli, non le canzonette dei popolani, non il monologo del malinconico Egidio, non le allegrezze delle dame e dei cavalieri ebbero virtù di distrarre il pubblico dalla voluttà antecedente. — Leonora! Leonora! —

E Leonora ricomparve a braccio del conte di

Lara, scendendo da un padiglione. E toccò il culmine del trionfo.

Ella aveva ora un abito violetto, ornato di galloni d'argento e di fermagli enormi. Si volse verso la platea, dando un piccolo colpo di piede allo strascico e scoprendo nell'atto la caviglia. Poi, inframezzando le parole di mille vezzi e di mille lezi, cantò fra giocosa e beffarda:

Io son la farfalla che scherza tra i fiori....

Quasi un delirio prese il pubblico, a quell'aria già nota. La contessa d'Amalfi, sentendo salire fino a sè l'ammirazione ardente delli uomini e la cupidigia, s'inebriò; moltiplicò le seduzioni del gesto e del passo; salì con la voce a supreme altitudini. La sua gola carnosa, segnata dalla collana di Venere, palpitava ai gorgheggi, scoperta.

Son l'ape che solo di mèle si pasce;
M'inebrio all'azzurro d'un limpido ciel....

Don Giovanni Ussorio, rapito, guardava con tale intensità che li occhi parevano volergli uscir fuori delle orbite. Il barone Cappa faceva un po' di bava, incantato. Don Antonio Brattella, membro dell'Areopago di Marsiglia, gonfiò, gonfiò, fin che disse, in ultimo:

" Colossale ! "

III.

E Violetta Kutufà così conquistò Pescara.

Per oltre un mese le rappresentazioni dell'opera del cavaliere Petrella si seguirono con favore crescente. Il teatro era sempre pieno, gremito. Le acclamazioni a Leonora scoppiavano furiose ad ogni fine di romanza. Un singolar fenomeno avveniva: tutta la popolazione di Pescara pareva presa da una specie di manìa musicale; tutta la vita pescarese pareva chiusa nel circolo magico di una melodia unica, di quella ov'è la farfalla che scherza tra i fiori. Da per tutto, in tutte le ore, in tutti i modi, in tutte le possibili variazioni, in tutti li stromenti, con una persistenza stupefacente, quella melodia si ripeteva; e l'imagine di Violetta Kutufà collegavasi alle note cantanti, come, Dio mi perdoni, alli accordi dell'organo l'imagine del Paradiso. Le facoltà musiche e liriche, le quali nel popolo aternino sono nativamente vivissime, ebbero allora una espansione senza limiti. I monelli fischiavano per le vie; tutti i dilettanti sonatori provavano. Donna Lisetta Memma sonava l'aria su 'l gravicembalo, dall'alba al tramonto; Don Antonio Brattella la sonava su 'l flauto; Don Domenico Quaquino su 'l clarinetto; Don Giacomo

Palusci, il prete, su una sua vecchia spinetta rococò; Don Vincenzo Rapagnetta su 'l violoncello; Don Vincenzo Ranieri su la tromba; Don Nicola D'Annunzio su 'l violino. Dai bastioni di Sant'Agostino all'Arsenale e dalla Pescheria alla Dogana, i vari suoni si mescolavano e contrastavano e discordavano. Nelle prime ore del pomeriggio il paese pareva un qualche grande ospizio di pazzi incurabili. Perfino li arrotini, affilando i coltelli alla ruota, cercavano di seguire con lo stridore del ferro e della cote il ritmo.

Com'era tempo di carnevale, nella sala del teatro fu dato un festino pubblico.

Il giovedì grasso, alle dieci di sera, la sala fiammeggiava di candele steariche, odorava di mortelle, risplendeva di specchi. Le maschere entravano a stuoli. I pulcinella predominavano. Sopra un palco, fasciato di veli verdi e constellato di stelle di carta d'argento, l'orchestra incominciò a sonare. Don Giovanni Ussorio entrò.

Egli era vestito da gentiluomo spagnuolo, e pareva un conte di Lara più grasso. Un berretto azzurro con una lunga piuma bianca gli copriva la calvizie; un piccolo mantello di velluto rosso gli ondeggiava su le spalle, gallonato d'oro. L'abito metteva più in vista la prominenza del ventre e la picciolezza delle gambe. I capelli, lucidi di olii cosmetici, parevano una frangia artificiale attaccata intorno al berretto ed erano più neri del consueto.

Un pulcinella impertinente, passando, strillò con la voce falsa:

" Mamma mia! "

E fece un gesto di orrore così grottesco, dinanzi al travestimento di Don Giovanni, che in torno molte risa scampanellarono. La Ciccarina, tutta rosea dentro il cappuccio nero della bautta, simile a un bel fiore di carne, rideva d'un riso luminosissimo, dondolandosi fra due arlecchini cenciosi.

Don Giovanni si perse tra la folla, con dispetto. Egli cercava Violetta Kutufà; voleva prendersi Violetta Kutufà. I sarcasmi delle altre maschere lo inseguivano e lo ferivano. D'un tratto egli s'incontrò in un secondo gentiluomo di Spagna, in un secondo conte di Lara. Riconobbe Don Antonio Brattella, ed ebbe una fitta al cuore. Già tra quei due uomini la rivalità era scoppiata.

" Quanto 'sta nespola? " squittì Don Donato Brandimarte, velenosamente, alludendo all'escrescenza carnosa che il membro dell'Areopago di Marsiglia aveva nell'orecchio sinistro.

Don Giovanni esultò di una gioia feroce. I due rivali si guardarono e si osservarono dal capo alle piante; e si mantennero sempre l'uno poco discosto dall'altro, pur girando tra la folla.

Alle undici, nella folla corse una specie di agitazione. Violetta Kutufà entrava.

Ella era vestita diabolicamente, con un dominò nero a lungo cappuccio scarlatto e con una mascherina scarlatta su la faccia. Il mento rotondo e niveo, la bocca grossa e rossa si vedevano a traverso un sottil velo. Li occhi allungati e resi un po' obliqui dalla maschera, parevano ridere.

Tutti la riconobbero, subito; e tutti quasi fecero ala al passaggio di lei. Don Antonio Brattella si avanzò, leziosamente, da una parte. Dall'altra si avanzò Don Giovanni. Violetta Kutufà ebbe un rapido sguardo per li anelli che brillavano alle dita di quest'ultimo. Indi prese il braccio dell'Areopagita. Ella rideva, e camminava con un certo vivace ondeggiare de' lombi. L'Areopagita, parlandole e dicendole le sue solite gonfie stupidezze, la chiamava contessa, e intercalava nel discorso i versi lirici di Giovanni Peruzzini. Ella rideva e si piegava verso di lui e premeva il braccio di lui, ad arte, perchè li ardori e li sdilinquimenti di quel brutto e vano signore la diletta-

vano. A un certo punto, l'Areopagita, ripetendo
le parole del conte di Lara nel melodramma pe-
trelliano, disse, anzi sommessamente cantò:

" Poss'io dunque sperarrrr? "

Violetta Kutufà rispose, come Leonora:

" Chi ve lo vieta?... Addio."

E, vedendo Don Giovanni poco discosto, si
staccò dal cavaliere affascinato e si attaccò all'al-
l'altro che già da qualche tempo seguiva con occhi pieni d'invidia e di dispetto li avvolgimenti
della coppia tra la folla danzante.

Don Giovanni tremò, come un giovincello al
primo sguardo della fanciulla adorata. Poi, preso
da un impeto glorioso, trasse la cantatrice nella
danza. Egli girava affannosamente, con il naso su 'l
seno della donna; e il mantello gli svolazzava dietro, la piuma gli si piegava, rivi di sudore misti
ad olii cosmetici gli colavano giù per le tempie.
Non potendo più, si fermò. Traballava per la vertigine. Due mani lo sorressero; e una voce beffarda gli disse nell'orecchio:

" Don Giovà, riprendete fiato! "

Era la voce dell'Areopagita. Il quale a sua
volta trasse la bella nella danza.

Egli ballava tenendo il braccio sinistro arcuato
su 'l fianco, battendo il piede ad ogni cadenza,

cercando parer leggero e molle come una piuma, con atti di grazia così goffi e con smorfie così scimmiescamente mobili che in torno a lui le risa e i motti dei pulcinella cominciarono a grandinare.

" Un soldo si paga, signori ! "

" Ecco l' orso della Polonia, che balla come un cristiano ! Mirate, signori ! "

" Chi vuol nespoleece ? Chi vuol nespoleece ? "

" 'O vi'! 'O vi'! L' urangutango ! "

Don Antonio fremeva, dignitosamente, pur seguitando a ballare.

In torno a lui altre coppie giravano. La sala si era empita di gente variissima; e nel gran calore le candele ardevano con una fiamma rossiccia, tra i festoni di mortella. Tutta quell' agitazione multicolore si rifletteva negli specchi. La Ciccarina, la figlia di Montagna, la figlia di Suriano, le sorelle Montanaro apparivano e sparivano, mettendo nella folla l' irraggiamento della loro fresca bellezza plebea. Donna Teodolinda Pumèrici, alta e sottile, vestita di raso azzurro, come una madonna, si lasciava portare trasognata ; e i capelli sciolti in anella le fluttuavano su li omeri. Costanzella Caffè, la più agile e la più infaticabile fra le danzatrici e la più bionda, volava da un' estremità all'altra in un baleno. Amalia Solofra, la rossa dai capelli quasi fiammeggianti, vestita da forosetta, con audacia senza pari, aveva il busto di seta sostenuto da un solo nastro che contornava l'appiccatura del braccio; e, nella danza, a tratti le si vedeva una macchia scura sotto le ascelle. Amalia Gagliano, la bella dalli occhi cisposi, vestita da maga, pareva una cassa funeraria che camminasse verticalmente. Una specie di ebrietà teneva tutte quelle fanciulle. Esse erano alterate dall'aria calda e densa, come da un falso vino. Il lauro e la mortella formavano un odore singolare, quasi ecclesiastico.

La musica cessò. Ora tutti salivano i gradini conducenti alla sala dei rinfreschi.

Don Giovanni Ussorio venne ad invitare Violetta a cena. L'Areopagita, per mostrare d'essere in grande intimità con la cantatrice, si chinava verso di lei e le susurrava qualche cosa all'orecchio e poi si metteva a ridere. Don Giovanni non si curò del rivale.

" Venite, contessa? " disse, tutto cerimonioso, porgendo il braccio.

Violetta accettò. Ambedue salirono i gradini, lentamente, con Don Antonio dietro.

" Io vi amo! " avventurò Don Giovanni, tentando di dare alla sua voce un accento di passione appreso dal *primo amoroso giovine* d' una compagnia drammatica di Chieti.

Violetta Kutufà non rispose. Ella si divertiva a guardare il concorso della gente verso il banco di Andreuccio che distribuiva rinfreschi gridando il prezzo ad alta voce, come in una fiera campestre. Andreuccio aveva una testa enorme, il cranio polito, un naso che si curvava su la sporgenza del labbro inferiore poderosamente; e somigliava una di quelle grandi lanterne di carta, che hanno la forma d' una testa umana. I mascherati mangiavano e bevevano con una cupidigia bestiale, spargendosi su li abiti le briciole delle paste dolci e le gocce dei liquori.

Vedendo Don Giovanni, Andreuccio gridò:

" Signò, comandate? "

Don Giovanni aveva molte ricchezze, era vedovo, senza parenti prossimi; cosicchè tutti si mostravano servizievoli per lui e lo adulavano.

" 'Na cenetta," rispose. " Ma!... "

E fece un segno espressivo per indicare che la cosa doveva essere eccellente e rara.

Violetta Kutufà sedette e con un gesto pigro si tolse la mascherina dal volto ed aprì un poco su 'l seno il dominò. Dentro il cappuccio scarlatto la sua faccia, animata dal calore, pareva più procace. Per l'apertura del dominò si vedeva una specie di maglia rosea che dava l'illusione della carne viva.

" Salute ! " esclamò Don Pompeo Nervi fermandosi dinanzi alla tavola imbandita e sedendosi, attirato da un piatto di aragoste succulente.

È allora sopraggiunse Don Tito De Sieri e prese posto, senza complimenti; sopraggiunse Don Giustino Franco insieme con Don Pasquale Virgilio e con Don Federico Sicoli. La tavola s'ingrandì. Dopo molto rigirare tortuoso, venne anche Don Antonio Brattella. Tutti costoro erano per lo più i convitati ordinari di Don Giovanni; gli formavano in torno una specie di corte adulatoria; gli davano il voto nelle elezioni del Comune; ridevano ad ogni sua facezia; lo chiamavano, per antonomasia, *il principale*.

Don Giovanni disse i nomi di tutti a Violetta Kutufà. I parassiti si misero a mangiare, chinando sui piatti le bocche voraci. Ogni parola, ogni frase di Don Antonio Brattella veniva accolta con un silenzio ostile. Ogni parola, ogni frase di Don Giovanni veniva applaudita con sorrisi di compiacenza, con accenni del capo. Don Giovanni, tra la sua corte, trionfava. Violetta Kutufà gli era benigna, poichè sentiva l'oro; e, ormai liberata dal cappuccio, con i capelli un po' in ribellione per la fronte e per la nuca, si abbandonava alla sua naturale giocondità un po' clamorosa e puerile.

D'in torno, la gente movevasi variamente. In mezzo alla folla tre o quattro arlecchini camminavano su 'l pavimento, con le mani e con i piedi; e si rotolavano, simili a grandi scarabei. Amalia Solofra, ritta sopra una sedia, con alte le braccia ignude, rosse ai gomiti, agitava un tamburello. Sotto di lei una coppia saltava alla maniera rustica, gittando brevi gridi; e un gruppo di giovini stava a guardare con li occhi levati, un poco ebri di desio. Di tanto in tanto dalla sala inferiore giungeva la voce di Don Ferdinando Giordano che comandava le quadriglie con gran bravura:

"*Balancez! Tour de mains! Rond à gauche!*"

A poco a poco la tavola di Violetta Kutufà diveniva amplissima. Don Nereo Pica, Don Sebastiano Pica, Don Grisostomo Troilo, altri della corte ussoriana, sopraggiunsero; poi anche Don Cirillo D'Amelio, Don Camillo D'Angelo, Don Rocco Mattace. Molti estranei d'in torno stavano a guardar mangiare, con volti stupidi. Le donne invidiavano. Di tanto in tanto, dalla tavola si levava uno scoppio di risa rauche; e, di tanto in tanto, saltava un turacciolo e le spume del vino si riversavano.

Don Giovanni amava spruzzare i convitati, specialmente i calvi, per far ridere Violetta. I parassiti levavano le facce arrossite; e sorridevano, ancora masticando, al *principale*, sotto la pioggia nivea. Ma Don Antonio Brattella s'impermalì e fece per andarsene. Tutti li altri, contro di lui, misero un clamore basso che pareva un abbaiamento.

Violetta disse:

" Restate."

Don Antonio restò. Poi fece un brindisi poetico in quinari.

Don Federico Sicoli, mezzo ebro, fece anche un brindisi a gloria di Violetta e di Don Giovanni, in cui si parlava persino di *sacre tede* e di *felice imene*. Egli declamò a voce alta. Era un uomo lungo e smilzo e verdognolo come un cero. Viveva componendo epitalami e strofette per li onomastici e laudazioni per le festività ecclesiastiche. Ora, nell'ebrietà, le rime gli uscivano dalla bocca senza ordine, vecchie rime e nuove. A un certo punto egli, non reggendosi su le gambe, si piegò come un cero ammollito dal calore; e tacque.

Violetta Kutufà si diffondeva in risa. La gente

accalcavasi in torno alla tavola, come ad uno spettacolo.

" Andiamo," disse Violetta, a un certo punto, rimettendosi la maschera e il cappuccio.

Don Giovanni, al culmine dell'entusiasmo amoroso, tutto invermigliato e sudante, porse il braccio. I parassiti bevvero l'ultimo bicchiere e si levarono confusamente, dietro la coppia.

IV.

Pochi giorni dopo, Violetta Kutufà abitava un appartamento in una casa di Don Giovanni, su la piazza comunale; e una gran diceria correva Pescara. La compagnia dei cantori partì, senza la contessa d'Amalfi, per Brindisi. Nella grave quiete quaresimale, i Pescaresi si dilettarono della mormorazione e della calunnia, modestamente. Ogni giorno una novella nuova faceva il giro della città, e ogni giorno dalla fantasia popolare sorgeva una favola.

La casa di Violetta Kutufà stava proprio dalla parte di Sant'Agostino, in contro al palazzo di Brina, accosto al palazzo di Memma. Tutte le sere le finestre erano illuminate. I curiosi, sotto, si assembravano.

Violetta riceveva i visitatori in una stanza tappezzata di carta francese su cui erano francescamente rappresentati taluni fatti mitologici. Due canterali panciuti del secolo XVIII occupavano i due lati del caminetto. Un canapè di damasco di lana oscuro stendevasi lungo la parete opposta, tra due portiere di stoffa simile. Su 'l caminetto s'alzava una Venere di gesso, una piccola Venere de' Medici, tra due candelabri dorati. Su i canterali posavano vari vasi di porcellana, un gruppo di fiori artificiali sotto una campana di cristallo, un canestro di frutta di cera, una casetta svizzera di legno, un blocco d'allume, alcune conchiglie, una noce di cocco.

Da prima i signori avevano esitato, per una specie di pudicizia, a salire le scale della cantatrice. Poi, a poco a poco, avevano vinta ogni esitazione. Anche li uomini più gravi facevano di tanto in tanto la loro comparsa nel salotto di Violetta Kutufà, anche li uomini di famiglia; e ci andavano quasi trepidando, con un piacere furtivo, come se andassero a commettere una piccola infedeltà alle mogli loro, come se andassero in un luogo di dolce perdizione e di peccato. Si univano in due, in tre; formavano leghe, per maggior sicurezza e per giustificarsi; ridevano tra loro e si spingevano i gomiti l'un l'altro, per incoraggiamento. Poi la luce delle finestre e i suoni del pianoforte e il canto della contessa d'Amalfi e le voci e li applausi delli altri visitatori li inebriavano. Essi erano presi da un entusiasmo improvviso; ergevano il busto e la testa, con un moto giovanile; salivano risolutamente, pensavano che infine bisognava godersi la vita e cogliere le occasioni del piacere.

Ma i ricevimenti di Violetta avevano un'aria di grande convenienza, erano quasi cerimoniosi. Violetta accoglieva con gentilezza i nuovi venuti ed offriva loro sciroppi nell'acqua e rosolii. I nuovi venuti rimanevano un po' attoniti, non sapevano come muoversi, dove sedere, che dire. La conversazione si versava su 'l tempo, su le notizie politiche, su la materia delle prediche quaresimali, su altri argomenti volgari e tediosi. Don Giuseppe Postiglione parlava della candidatura del principe prussiano di Hohenzollern al trono di Spagna: Don Antonio Brattella amava talvolta discutere dell'immortalità dell'anima e d'altre cose edificanti. La dottrina dell'Areopagita era grandissima. Egli parlava lento e rotondo, di tanto in tanto pronunziando rapidamente una parola difficile e mangiandosi qualche sillaba. Egli fu che una sera, prendendo una bacchetta e piegandola, disse: " Com'è *flebile!* " per dire flessibile; un'altra sera, indicando il palato e scusandosi di non poter sonare il flauto, disse: " Mi s'è infiammata tutta la *platea!* " e un'altra sera, indicando l'orificio di un vaso, disse che, perchè i fanciulli prendessero la medicina, bisognava spargere di qualche materia dolce tutta l'*oreficeria*.

Di tratto in tratto, Don Paolo Seccia, spirito incredulo, udendo raccontare fatti troppo singolari, saltava su:

" Ma, Don Antò, voi che dite? "

Don Antonio assicurava, con una mano su 'l cuore:

" Testimone *oculista!* Testimone *oculista!* "

Una sera egli venne, camminando a fatica; e piano piano si mise a sedere: aveva un reuma *lungo il reno*. Un'altra sera venne, con la guancia destra un po' illividita: era caduto *di soppiatto*, cioè aveva sdrucciolato battendo la guancia su 'l terreno.

" Come mai, Don Antò? " chiese qualcuno.

" Eh guardate! Ho perfino un *impegno* rotto," egli rispose, indicando il tomaio che nel dialetto nativo si chiama '*mbigna*, come nel proverbio *Senza 'mbigna nen ze mandé la scarpe*.

Questi erano i belli ragionari di quella gente.

Don Giovanni Ussorio, presente sempre, aveva delle arie padronali; ogni tanto si avvicinava a Violetta e le mormorava qualche cosa nell'orecchio, con familiarità, per ostentazione. Avvenivano lunghi intervalli di silenzio, in cui Don Grisostomo Troilo si soffiava il naso e Don Federico Sicoli tossiva come un macacco tisico portando ambo le mani alla bocca ed agitandole.

La cantatrice ravvivava la conversazione narrando i suoi trionfi di Corfù, di Ancona, di Bari. Ella a poco a poco si eccitava, si abbandonava tutta alla fantasia; con reticenze discrete, parlava di amori principeschi, di favori regali, di avventure romantiche; evocava tutti i suoi tumultuari ricordi di letture fatte in altro tempo: confidava largamente nella credulità delli ascoltatori. Don Giovanni in quei momenti le teneva addosso li occhi pieni d'inquietudine, quasi smarrito, pur provando un orgasmo singolare che aveva una vaga e confusa apparenza di gelosia.

Violetta finalmente s'interrompeva, sorridendo d'un sorriso fatuo.

Di nuovo, la conversazione languiva.

Allora Violetta si metteva al pianoforte e cantava. Tutti ascoltavano, con attenzione profonda. Alla fine, applaudivano.

Poi sorgeva l'Areopagita, col flauto. Una malinconia immensa prendeva li uditori, a quel suono, uno sfinimento dell'anima e del corpo. Tutti stavano col capo basso, quasi chino su 'l petto, in attitudini di sofferenza.

In ultimo, uscivano in fila, l'uno dietro l'altro. Come avevano presa la mano di Violetta, un po' di profumo, d'un forte profumo muschiato, restava loro nelle dita; e n'erano turbati alquanto. Allora, nella via si riunivano in crocchio, tenevano discorsi libertini, si rinfocolavano, cercavano d'immaginare le occulte forme della cantatrice; abbassavano la voce o tacevano, se qualcuno s'appressava. Pianamente se ne andavano sotto il palazzo di Brina, dall'altra parte della piazza. E si mettevano a spiare le finestre di Violetta ancora illuminate. Su i vetri passavano delle ombre indistinte. A un certo punto, il lume spariva, attraversava due o tre stanze; e si fermava nell'ultima, illuminando l'ultima finestra. Dopo poco, una figura veniva innanzi a chiudere le imposte. E i riguardanti credevano riconoscere la figura di Don Giovanni. Seguitavano ancora a discorrere, sotto le stelle; e di tanto in tanto ridevano, dandosi delle piccole spinte a vicenda, gesticolando. Don Antonio Brattella, forse per effetto della luce d'un lampione comunale, pareva di color verde. I parassiti, a poco a poco, nel discorso, cacciavan fuori una certa animosità contro la cantatrice che spiumava con tanto garbo il loro anfitrione. Essi temevano che i larghi pasti corressero pericolo. Già Don Giovanni era più parco d'inviti. " Bisognava aprire li occhi a quel poveretto. Un' avventuriera !... Puah! Ella sarebbe stata capace di farsi sposare. Come no ? E poi lo scandalo...."

Don Pompeo Nervi, scotendo la grossa testa vitulina, assentiva:

" È vero! È vero! Bisogna pensarci."

Don Nereo Pica, la faina, proponeva qualche mezzo, escogitava stratagemmi, egli uomo pio, abituato alle secrete e laboriose guerre della sacrestia, scaltro nel seminar le discordie.

Così quei mormoratori s'intrattenevano a lungo; e i discorsi grassi ritornavano nelle loro bocche amare. Come era la primavera, li alberi del giardino pubblico odoravano e ondeggiavano bianchi di fioriture, dinanzi a loro; e pei vicoli vicini si vedevano sparire figure di donne.

V.

Quando dunque Don Giovanni Ussorio, dopo aver saputa da Rosa Catana la partenza di Violetta Kutufà, rientrò nella casa vedovile e sentì il suo pappagallo modulare l'aria della farfalla e dell'ape, fu preso da un nuovo più profondo sgomento.

Nell'andito, tutto candido, entrava una zona di sole. A traverso il cancello di ferro si vedeva il giardino tranquillo, pieno di eliotropi: Un servo dormiva sopra una stuoia, co 'l cappello di paglia su la faccia.

Don Giovanni non risvegliò il servo. Salì con fatica le scale, tenendo li occhi fissi ai gradini, soffermandosi, mormorando:

" Oh, che cosa! Oh, oh, che cosa! "

Giunto alla sua stanza, si gettò su 'l letto, con la bocca contro i guanciali; e ricominciò a singhiozzare. Poi si sollevò. Il silenzio era grande. Li alberi del giardino, alti sino alla finestra, ondeggiavano a pena, nella quiete dell'ora. Nulla di straordinario avevano le cose in torno. Egli quasi n'ebbe meraviglia.

Si mise a pensare. Stette lungo tempo a rammentarsi le attitudini, i gesti, le parole, i minimi cenni della fuggitiva. La forma di lei gli appariva chiara, come se fosse presente. Ad ogni ricordo, il dolore cresceva; fino a che una specie di ebetudine gli occupò il cervello.

Egli rimase a sedere su 'l letto, quasi immobile, con li occhi rossi, con le tempie tutte annerite dalla tintura dei capelli mista al sudore, con la faccia solcata da rughe diventate più profonde all'improvviso, invecchiato di dieci anni in un'ora; grottesco e miserevole.

Venne Don Grisostomo Troilo, che aveva saputa la novella; ed entrò. Era un uomo d'età, di piccola statura, con una faccia rotonda e gonfia, d'onde uscivan fuori due baffi acuti e sottili, bene incerati, simili a due aculei. Disse:

" Be', Giovà, che è questo ? "

Don Giovanni non rispose; ma scosse le spalle come per rifiutare ogni conforto. Don Grisostomo allora si mise a riprenderlo amorevolmente, con unzione, senza parlare di Violetta Kutufà.

Sopraggiunse Don Cirillo D'Amelio con Don Nereo Pica. Tutt'e due, entrando, avevano quasi un'aria trionfante.

" Hai visto ? Hai visto, Giovà ? Noi lo dicevaaamo ! Noi lo dicevaaamo ! "

Essi avevano ambedue una voce nasale e una cadenza acquistata dalla consuetudine del cantare su l'organo, poichè appartenevano alla Congregazione del Santissimo Sacramento. Cominciarono a imperversare contro Violetta, senza misericordia. "Ella faceva questo, questo e quest'altro."

Don Giovanni, straziato, tentava di tanto in tanto un gesto per interrompere, per non udire quelle vergogne. Ma i due seguitavano. Sopraggiunsero anche Don Pasquale Virgilio, Don Pompeo Nervi, Don Federico Sicoli, Don Tito De Sieri, quasi tutti i parassiti, insieme. Essi, così collegati, diventavano feroci. "Violetta Kutufà s'era data a Tizio, a Caio, a Sempronio.... Sicuro! Sicuro!" Esponevano particolarità precise, luoghi precisi.

Ora Don Giovanni ascoltava, con li occhi accesi, avido di sapere, invaso da una curiosità terribile. Quelle rivelazioni, in vece di disgustarlo, alimentavano in lui la brama. Violetta gli parve più desiderabile ancora e più bella; ed egli si sentì mordere dentro da una gelosia furiosa che si confondeva col dolore. Subitamente, la donna gli apparve nel ricordo atteggiata ad una posa molle. Egli non la vide più che così. Quell'imagine permanente gli dava le vertigini. "Oh Dio! Oh Dio! Oh! Oh!" Egli ricominciò a singhiozzare. I presenti si guardarono in volto e contennero il sorriso. In verità, il dolore di quell'uomo pingue, calvo e deforme aveva un'espressione così ridicola che non pareva reale.

"Andatevene ora! Andatevene!" balbettò tra le lacrime Don Giovanni.

Don Grisostomo Troilo diede l'esempio. Li altri seguirono. E per le scale cicalavano.

Come venne la sera, l'abbandonato si sollevò, a poco a poco. Una voce femminile chiese, all'uscio:

"È permesso, Don Giovanni?"

Egli riconobbe Rosa Catana e provò d'un tratto una gioia istintiva. Corse ad aprire. Rosa Catana apparve, nella penombra della stanza.

Egli disse:

"Vieni! Vieni!"

La fece sedere a canto a sè, la fece parlare, l'interrogò in mille modi. Gli pareva di soffrir meno, ascoltando quella voce familiare in cui egli per illusione trovava qualche cosa della voce di Violetta. Le prese le mani.

"Tu la pettinavi; è vero?"

Le accarezzò le mani ruvide, chiudendo li occhi, co 'l cervello un po' svanito, pensando all'abbondante capellatura disciolta che quelle mani avevano tante volte toccata. Rosa, da prima, non comprendeva; credeva a qualche subitaneo desiderio di Don Giovanni, e ritirava le mani mollemente, dicendo delle parole ambigue, ridendo. Ma Don Giovanni mormorò:

"No, no!... Zitta! Tu la pettinavi; è vero? Tu la mettevi nel bagno; è vero?"

Egli si mise a baciare le mani di Rosa, quelle mani che pettinavano, che lavavano, che vestivano Violetta. Tartagliava, baciandole; faceva versi così strani che Rosa a fatica poteva ritenere le risa. Ma ella finalmente comprese; e da femmina accorta, sforzandosi di rimanere in serietà, calcolò tutti i vantaggi ch'ella avrebbe potuto trarre dalla melensa commedia di Don Giovanni. E fu docile; si lasciò accarezzare; si lasciò chiamare Violetta; si servì di tutta l'esperienza acquistata guardando pel buco della chiave ed origliando tante volte all'uscio della padrona; cercò anche di rendere la voce più dolce.

Nella stanza ci si vedeva appena. Dalla finestra aperta entrava un chiarore roseo; e li alberi del giardino, quasi neri, stormivano. Dai pantani dell'Arsenale giungeva il gracidare lungo delle rane. Il romorío delle strade cittadine era indistinto.

Don Giovanni attirò la donna su le sue ginocchia; e, tutto smarrito, come se avesse bevuto qualche liquore troppo ardente, balbettava mille leziosaggini puerili, pargoleggiava, senza fine, accostando la sua faccia a quella di lei.

" Violettuccia bella! Cocò mio! Non te ne vai, Cocò!... Se te ne vai, Ninì tuo muore. Povero Ninì!... Baubaubaubauuu ! "

E seguitava ancora, stupidamente, come faceva prima con la cantatrice. E Rosa Catana, paziente, gli rendeva le piccole carezze, come a un bambino malaticcio e viziato ; gli prendeva la testa e se la teneva contro la spalla ; gli baciava li occhi gonfi e lacrimanti ; gli palpava il cranio calvo ; gli ravviava i capelli untuosi.

VI.

Così Rosa Catana a poco a poco guadagnò l'eredità di Don Giovanni Ussorio, che nel marzo del 1871 moriva di paralisìa.

TURLENDANA RITORNA.

La compagnia camminava lungo il mare.

Già pei chiari poggi litorali ricominciava la primavera; l'umile catena era verde, e il verde di varie verdure distinto; e ciascuna cima aveva una corona d'alberi fioriti. Allo spirar del maestro quelli alberi si movevano; e nel moto forse si spogliavano di molti fiori, poichè alla breve distanza le alture parevano coprirsi d'un colore tra il roseo e il violaceo, e tutta la veduta un istante pareva tremare e impallidire come un'imagine a traverso il vel dell'acqua o come una pittura che lavata si stinge.

Il mare si distendeva in una serenità quasi verginale, lungo la costa lievemente lunata verso austro, avendo nello splendore la vivezza d'una turchese della Persia. Qua e là, segnando il passaggio delle correnti, alcune zone di più cupa tinta serpeggiavano.

Turlendana, in cui la conoscenza dei luoghi per i molti anni d'assenza era quasi intieramente smarrita e in cui per le lunghe peregrinazioni il sentimento della patria era quasi estinto, andava innanzi senza volgersi a riguardare, con quel suo passo affaticato e claudicante.

Come il cammello indugiava ad ogni cespo d'erbe selvatiche, egli gittava un breve grido rauco d'incitamento. E il gran quadrupede rossastro risollevava il collo lentamente, triturando fra le mandibole laboriose il cibo.

— Hu, Barbarà! —

L'asina, la piccola e nivea Susanna, di tratto in tratto, sotto li assidui tormenti del macacco si metteva a ragliare in suono lamentevole, chiedendo d'esser liberata del cavaliere. Ma Zavalì, instancabile, senza tregua, con una specie di frenesia di mobilità, con gesti rapidi e corti ora di collera e ora di gioco, percorreva tutta la schiena dell'animale, saltava su la testa afferrandosi alle grandi orecchie, prendeva fra le due mani la coda sollevandola e scotendone il ciuffo dei crini, cercava tra il pelo grattando con l'unghie vivamente e recandosi quindi l'unghie alla bocca e masticando con mille vari moti di tutti i muscoli della faccia. Poi, d'improvviso, si raccoglieva su 'l sedere, tenendosi in una delle mani il piede ritorto simile a una radice d'arbusto, immobile, grave, fissando verso le acque i tondi occhi color d'arancio che gli si empivano di meraviglia, mentre la fronte gli si corrugava e le orecchie fini e rosee gli tremavano quasi per inquietudine. Poi, d'improvviso, con un gesto di malizia ricominciava la giostra.

— Hu, Barbarà! —

Il cammello udiva; e si rimetteva in cammino.

Quando la compagnia giunse al bosco dei salci, presso la foce della Pescara, su la riva sinistra (già si scorgevano i galli sopra le antenne delle paranze ancorate allo scalo della Bandiera), Turlendana si arrestò poichè voleva dissetarsi al fiume.

Il patrio fiume recava l'onda perenne della sua pace al mare. Le rive, coperte di piante fluviatili, tacevano e si riposavano, come affaticate dalla recente opera della fecondazione. Il silenzio era profondo su tutte le cose. Li estuarii risplendevano al sole tranquilli, come spere, chiusi in una cornice di cristalli salini. Secondo le vicende del vento, i salci verdeggiavano o biancheggiavano.

"La Pescara!" disse Turlendana soffermandosi, con un accento di curiosità e di riconoscimento istintivo. E stette a riguardare.

Poi discese al margine, dove la ghiaia era polita; e si mise in ginocchio per attingere l'acqua con il concavo delle palme. Il camello curvò il collo, e bevve a sorsi lenti e regolari. L'asina anche bevve. E la scimmia imitò l'attitudine dell'uomo, facendo conca con le esili mani ch'erano violette come i fichi d'India acerbi.

— Hu, Barbarà! —

Il camello udì e cessò di bere. Dalle labbra molli gli gocciolava l'acqua abbondantemente su le callosità del petto, e gli si vedevano le gencive pallidicce e i grossi denti giallognoli.

Per il sentiero, segnato nel bosco dalla gente di mare, la compagnia riprese il viaggio. Cadeva il sole, quando giunse all'Arsenale di Rampigna.

A un marinaio, che camminava lungo il parapetto di mattone, Turlendana domandò:

" Quella è Pescara? "

Il marinaio, stupefatto alla vista delle bestie, rispose:

" È quella."

E tralasciò la sua faccenda per seguire il forestiero.

Altri marinai si unirono al primo. In breve una torma di curiosi si raccolse dietro Turlendana che andava innanzi tranquillamente, non curandosi dei diversi comenti popolari. Al ponte delle barche il camello si rifiutò di passare.

— Hu, Barbarà! Hu, hu! —

Turlendana prese ad incitarlo con le voci, pazientemente, scotendo la corda della cavezza con cui ora egli lo conduceva. Ma l'animale ostinato si coricò a terra e posò la testa nella polvere, come per rimanere ivi lungo tempo.

I plebei d'in torno, riavutisi dalla prima stupefazione, schiamazzavano gridando in coro:

" Barbarà! Barbarà! "

E, come avevano dimestichezza con le scimmie perchè talvolta i marinai dalle lunghe navigazioni le riportavano in patria insieme ai pappagalli e ai cacatua, provocavano Zavalì in mille modi e gli porgevano certe grosse mandorle verdi che il macacco apriva per mangiarne il seme fresco e dolce golosamente.

Dopo molta persistenza di urti e di urli, alla fine Turlendana riuscì a vincere la tenacità del camello. E quella mostruosa architettura d'ossa e di pelle si risollevò barcollante, in mezzo alla folla che incalzava.

Da tutte le parti i soldati e i cittadini accorrevano allo spettacolo, sopra il ponte delle barche. Dietro il Gran Sasso il sole cadendo irradiava per tutto il cielo primaverile una viva luce rosea; e, come dalle campagne umide e dalle acque del fiume e del mare e dalli stagni durante il giorno erano sorti molti vapori, le case e le vele e le antenne e le piante e tutte le cose apparivano rosee; e le forme, acquistando una specie di trasparenza, perdevano la certezza dei contorni e quasi fluttuavano sommerse in quella luce.

Il ponte, sotto il peso, scricchiolava su le barche incatramate, simile ad una vastissima zattera galleggiante. La popolazione tumultuava giocondamente. Per la ressa, Turlendana con le sue bestie rimase fermo a mezzo il ponte. E il camello, enorme, sovrastante a tutte le teste, respirava contro il vento, movendo tardo il collo simile a un qualche favoloso serpente coperto di peli.

Poichè già nella curiosità delli accorsi s'era sparso il nome dell'animale, tutti, per un nativo amore delli schiamazzi e per una concorde letizia che sorgeva a quella dolcezza del tramonto e della stagione, tutti gridavano:

"Barbarà! Barbarà!"

Al clamore plaudente, Turlendana, che stava stretto contro il petto del camello, si sentiva invadere da un compiacimento quasi paterno.

Ma l'asina d'un tratto prese a ragliare con sì

alte ed ingrate variazioni di voci e con tanta sospirevole passione che un' ilarità unanime corse il popolo. E le schiette risa plebee si propagavano da un capo all' altro del ponte, come uno scroscio di scaturigine cadente giù pe' i sassi d' una china.

Allora Turlendana ricominciò a muoversi attraverso la folla, non conosciuto da alcuno.

Quando fu su la porta della città, dove le femmine vendevano la pesca recente dentro ampi canestri di giunco, Binchi-Banche, l' omiciattolo dal viso giallognolo e rugoso come un limone senza succo, gli si fece innanzi, e, secondo soleva con tutti i forestieri che capitavano nel paese, gli offerse i suoi servigi per l' alloggiamento.

Prima chiese, accennando a Barbarà:

" È feroce? "

Turlendana rispose che no, sorridendo.

" Be'! " riprese Binchi-Banche, rassicurato, " ci sta la casa di Rosa Schiavona."

Ambedue volsero per la Pescería e quindi per Sant'Agostino, seguiti dal popolo. Alle finestre e ai balconi le donne e i fanciulli si affacciavano guardando con stupore il passaggio del camello e ammiravano le minute grazie dell' asinetta bianca e ridevano ai lezi di Zavalì.

A un punto Barbarà, vedendo pendere da una

loggia bassa un'erba mezzo secca, tese il collo e sporse le labbra per giungerla, e la strappò. Un grido di terrore ruppe dalle donne che stavano su la loggia chine; e il grido si propagò nelle logge prossime. La gente della via rideva forte, gridando come in carnovale dietro le maschere:

"Viva! Viva!"

Tutti erano inebriati dalla novità dello spettacolo e dall'aria della primavera.

Dinanzi alla casa di Rosa Schiavona, in vicinanza di Portasale, Binchi-Banche accennò di sostare.

"È qua," disse.

La casa, molto umile, a un solo ordine di finestre, aveva le mura inferiori tutte segnate d'iscrizioni e di figurazioni oscene. Una fila di pipistrelli crocifissi ornava l'architrave; e una lanterna coperta di carta rossa pendeva sotto la finestra media.

Ivi alloggiava ogni sorta di gente avveniticcia e girovaga; dormivano mescolati i carrettieri di Letto Manoppello grandi e panciuti, i zingari di Sulmona, mercanti di giumenti e restauratori di caldaie, i fusari di Bucchianico, le femmine di Città Sant'Angelo venute a far pubblica professione d'impudicizia tra i soldati, li zampognari di

Atina, i montagnuoli domatori d'orsi, i cerretani, i falsi mendicanti, i ladri, le fattucchiere.

Gran mezzano della marmaglia era Binchi-Banche. Giustissima proteggitrice, Rosa Schiavona.

Come udì i romori, la femmina venne su 'l limitare. Ella pareva in verità un essere generato da un uomo nano e da una scrofa.

Chiese, da prima, con un' aria di diffidenza:

" Che c'è ? "

" C'è qua 'stu cristiano che vuo' alloggio co' le bestie, Donna Rosa."

" Quante bestie ? "

" Tre, vedete, Donna Rosa: 'na scimmia, 'n'asina e 'nu camelo."

Il popolo non badava al dialogo. Alcuni incitavano Zavalì. Altri palpavano le gambe di Barbarà, osservando su le ginocchia e su 'l petto i duri dischi callosi. Due guardie del sale, che avevano viaggiato sino ai porti dell'Asia Minore, dicevano ad alta voce le varie virtù dei camelli e narravano confusamente d'averne visti taluni fare un passo di danza portando il lungo collo carico di musici e di femmine seminude.

Li ascoltatori, avidi di udire cose meravigliose, pregavano:

" Dite! dite! "

Tutti stavano a torno, in silenzio, con li occhi un po' dilatati, bramando quel diletto.

Allora una delle guardie, un uomo vecchio che aveva le palpebre arrovesciate dai venti del mare, cominciò a favoleggiare dei paesi asiatici. E a poco a poco le parole sue stesse lo trascinavano e lo inebriavano.

Una specie di mollezza esotica pareva spargersi nel tramonto. Sorgevano, nella fantasia popolare, le rive favoleggiate e luminavano. A traverso l'arco della Porta, già occupato dall'ombra, si vedevano le tanecche coperte di sale ondeggiar su 'l fiume; e, come il minerale assorbiva tutta la luce del crepuscolo, le tanecche sembravano materiate di cristalli preziosi. Nel cielo un po' verde saliva il primo quarto della luna.

"Dite! dite!" ancora chiedevano i più giovini.

Turlendana intanto aveva ricoverate le bestie e le aveva provviste di cibo; e quindi era uscito in compagnia di Binchi-Banche, mentre la gente rimaneva accolta innanzi all'uscio della stalla, dove la testa del cammello appariva e spariva dietro le alte grate di corda.

Per la via, Turlendana domandò:

" Ci stanno cantine? "

Binchi-Banche rispose:

" Sì, segnore; ci stanno."

Poi, sollevando le grosse mani nerastre e prendendosi co 'l pollice e l'indice della destra successivamente la punta d'ogni dito della sinistra, enumerava:

" La candina di Speranza, la candina di Buono, la candina di Assaù, la candina di Matteo Puriello, la candina della cecata di Turlendana...."

" Ah," fece tranquillamente l'uomo.

Binchi-Banche sollevò i suoi acuti occhiolini verdognoli.

" Ci sei stato 'n' altra volta a qua, segnore?"

E, non aspettando la risposta, con la nativa loquacità della gente pescarese, seguitava:

" La candina della cecata è grande e ci si vende lu meglio vino. La cecata è la femmina delli quattro mariti...."

Si mise a ridere, con un riso che gl'increspava tutta la faccia gialliccia come il centopelle d'un ruminante.

" Lu primo marito fu Turlendana, ch'era marinaro e andava su li bastimenti del re di Napoli, all'Indie basse e alla Francia e alla Spagna e infino all'America. Quello si perse in mare, e chi sa a dove, con tutto il legno; e non s'è trovato più.

So' trent'anni. Teneva la forza di Sansone: tirava l'áncore co' un dito.... Povero giovane! Eh, chi va pe' mare quella fine fa."

Turlendana ascoltava, tranquillamente.

" Lu secondo marito, doppo cinqu'anni di vedovanza, fu 'n' ortonese, lu figlio di Ferrante, 'n' anima dannata, che s'er' unito co' li contrabbandieri, a tempo che Napolione stava contro l'Inglesi. Facevano contrabbando da Francavilla infino a Silvi e a Montesilvano, di zucchero e di cafè, co' li legni inglesi. C'era, vicino a Silvi, 'na torre delli Saracini, sotto il bosco, da dove si facevano li segnali. Come passava la pattuglia, plon plon, plon plon, noi 'scivamo dall'alberi...." Ora il parlatore accendevasi al ricordo; ed obliandosi descriveva con prolissità di parole tutta l'operazion clandestina, ed aiutava di gesti e di interiezioni vive il racconto. La sua piccola persona coriacea si raccorciava e si distendeva nell'atto. " In fine, il figlio di Ferrante era morto d'una schioppettata nelle reni, per mano de' soldati di Gioachino Murat, di notte. su la costiera.

" Lu terzo marito fu Titino Passacantando che morì nel letto suo, di male cattivo. Lu quarto vive. Ed è Verdura, bonomo, che no' mestura li vini. Sentarai, segnore."

Quando giunsero alla cantina lodata, si separarono.

"F'lice sera, segnore!"

"F'lice sera."

Turlendana entrò, tranquillamente, fra la curiosità dei bevitori che sedevano a certe lunghe tavole in giro.

Avendo chiesto da mangiare, egli fu da Verdura invitato a salire in una stanza superiore ove i deschi erano già pronti per le cene.

Nessun cliente ancora stava nella stanza. Turlendana sedette e incominciò a mangiare a grandi bocconi, con la testa su 'l piatto, senza intervalli, come un uomo famelico. Egli era quasi intieramente calvo: una profonda cicatrice rossiccia gli solcava per lungo la fronte e gli scendeva fino a mezzo la guancia; la barba folta e grigia gli saliva fino ai pomelli emergenti; la pelle, bruna, secca, piena di asperità, corrosa dalle intemperie, riarsa dal sole, incavata dalle sofferenze, pareva non conservare più alcuna vivezza umana; li occhi e tutti i lineamenti erano, da tempo, come pietrificati nell' impassibilità.

Verdura, curioso, sedette di contro; e stette a riguardare il forestiero. Egli era piuttosto pingue, con la faccia d'un color rosco sottilissimamente venato di vermiglio come la milza dei buoi.

Alla fine, domandò:

" Da che paese venite ? "

Turlendana, senza levar la faccia, rispose semplicemente:

" Vengo di lontano."

" E dove andate ? " ridomandò Verdura.

" Sto qua."

Verdura, stupefatto, tacque. Turlendana levava ai pesci la testa e la coda; e li mangiava così a uno a uno, triturando le lische. Ad ogni due o tre pesci, beveva un sorso di vino.

" Qua ci conoscete qualcuno ? " riprese Verdura, bramoso di sapere.

" Forse," rispose l'altro semplicemente.

Sconfitto dalla brevità dell'interlocutore, il vinattiere una seconda volta ammutolì. Udivasi la masticazione lenta ed elaborata di Turlendana tra l'inferior clamore dei bevitori.

Dopo un poco, Verdura riaprì la bocca.

" Il camello in che siti nasce? Quelle due gobbe sono naturali? Una bestia così grande e forte come può essere mai addomesticata ? "

Turlendana lasciava parlare, senza rimuoversi.

" Il vostro nome, signor forestiere ? "

L'interrogato sollevò il capo dal piatto; e rispose, semplicemente:

" Io mi chiamo Turlendana."

" Che? "

" Turlendana."

" Ah! "

La stupefazione dell'oste non ebbe più limiti. E insieme una specie di vago sbigottimento cominciava a ondeggiare in fondo all'animo di lui.

" Turlendana!... Di qua? "

" Di qua."

Verdura dilatò i grossi occhi azzurri in faccia all'uomo.

" Dunque non siete morto? "

" Non sono morto."

" Dunque voi siete il marito di Rosalba Catena? "

" Sono il marito di Rosalba Catena."

" E ora? " esclamò Verdura, con un gesto di perplessità. " Siamo due."

" Siamo due."

Un istante rimasero in silenzio. Turlendana masticava l'ultima crosta d'un pane, tranquillamente; e si udiva nel silenzio lo scricchiolío leggero. Per una naturale benigna incuranza dell'animo e per una fatuità gloriosa, Verdura non era compreso d'altro che della singolarità dell'avvenimento. Un improvviso impeto d'allegrezza lo prese, salendo spontaneo dai precordi.

" Andiamo da Rosalba! andiamo! andiamo! andiamo! "

Egli traeva il reduce per un braccio, a traverso il fondaco dei bevitori, agitandosi, gridando:

" Ecc'a qua Turlendana, Turlendana marinaro, lu marito de móglicma, Turlendana che s'era morto! Ecc'a qua Turlendana! Ecc'a qua Turlendana! "

LA FINE DI CANDIA.

I.

Donna Cristina Lamonica, tre giorni dopo il convito pasquale che in casa Lamonica soleva essere grande per tradizione e magnifico e frequente di convitati, numerava la biancheria e l'argenteria delle mense e con perfetto ordine riponeva ogni cosa nei canterani e nei forzieri pe' i conviti futuri.

Erano presenti, per solito, alla bisogna, e porgevano aiuto, la cameriera Maria Bisaccia e la lavandaia Candida Marcanda detta popolarmente Candia. Le vaste canestre ricolme di tele fini giacevano in fila su 'l pavimento. I vasellami di argento e li altri strumenti da tavola rilucevano sopra una spasa; ed erano massicci, lavorati un po' rudemente da argentari rustici, di forme quasi liturgiche, come sono tutti i vasellami che si trasmettono di generazione in generazione nelle ricche famiglie provinciali. Una fresca fragranza di bucato spandevasi nella stanza.

Candia prendeva dalle canestre i mantili, le tovaglie, le salviette; faceva esaminare alla signora la tela intatta; e porgeva via via ciascun capo a Maria che riempiva i tiratoi, mentre la signora spargeva nelli interstizi un aroma e segnava nel libro la cifra. Candia era una femmina alta, ossuta, segaligna, di cinquant'anni; aveva la schiena un po' curvata dall'attitudine abituale del suo mestiere, le braccia molto lunghe, una testa d'uccello rapace sopra un collo di testuggine. Maria Bisaccia era un'ortonese, un po' pingue, di carnagione lattea, d'occhi chiarissimi; aveva la parlatura molle, e i gesti lenti e delicati come colei ch'era usa esercitar le mani quasi sempre tra la pasta dolce, tra li sciroppi, tra le conserve e tra le confetture. Donna Cristina, anche nativa di Ortona, educata nel monastero benedettino, era piccola di statura, con il busto un po' abbandonato su 'l davanti; aveva i capelli tendenti al rosso, la faccia sparsa di lentiggini, il naso lungo e grosso, i denti cattivi, li occhi bellissimi e pudichi, somigliando un cherico vestito d'abiti muliebri.

Le tre donne attendevano all'opera con molta cura; e spendevano così gran parte del pomeriggio.

Ora, una volta, come Candia usciva con le canestre vuote, Donna Cristina numerando le posate trovò che mancava un cucchiaio.

"Maria! Maria!" ella gridò, con una specie di spavento. "Conta! Manca *'na cucchiara*.... Conta tu!"

"Ma come? Non può essere, signó," rispose Maria. "Mo' vediamo."

E si mise a riscontrare le posate, dicendo il numero ad alta voce. Donna Cristina guardava, scotendo il capo. L'argento tintinniva chiaramente.

"È vero!" esclamò alla fine Maria, con un atto di disperazione. "E mo' che facciamo?"

Ella era sicura da ogni sospetto. Aveva dato prove di fedeltà e di onestà per quindici anni, in quella famiglia. Era venuta da Ortona insieme con Donna Cristina, all'epoca delle nozze, quasi facendo parte dell'appannaggio matrimoniale; ed oramai nella casa aveva acquistata una certa autorità, sotto la protezione della signora. Ella era piena di superstizioni religiose, devota al suo santo e al suo campanile, astutissima. Con la signora aveva stretta una specie di alleanza ostile contro tutte le cose di Pescara, e specialmente contro il santo dei Pescaresi. Ad ogni occasione nominava il paese natale, le bellezze e le ricchezze del paese natale, li splendori della sua basilica, i tesori di San Tommaso, la magnificenza delle cerimonie ecclesiastiche, in confronto alle miserie di San Cetteo che possedeva un solo piccolo braccio d'argento.

Donna Cristina disse:

" Guarda bene di là."

Maria uscì dalla stanza per andare a cercare. Rovistò tutti li angoli della cucina e della loggia, inutilmente. Tornò con le mani vuote.

" Non c'è! Non c'è! "

Allora ambedue si misero a pensare, a far delle congetture, a investigare nella loro memoria. Uscirono su la loggia che dava nel cortile, su la loggia del lavatoio, per fare l'ultima ricerca. Come parlavano a voce alta, alle finestre delle case in torno si affacciarono le comari.

" Che v'è successo, Donna Cristí? Dite! dite! "

Donna Cristina e Maria raccontarono il fatto, con molte parole, con molti gesti.

" Gesù! Gesù! Dunque ci stanno i ladri? "

In un momento il romore del furto si sparse pel vicinato, per tutta Pescara. Uomini e donne si misero a discutere, a imaginare chi potesse essere il ladro. La novella, giungendo alle ultime case di Sant'Agostino, s'ingrandì: non si trattava più di un semplice cucchiaio, ma di tutta l'argenteria di casa Lamonica.

Ora, come il tempo era bello e su la loggia le rose cominciavano a fiorire e due lucherini in gabbia cantavano, le comari si trattennero alle finestre per il piacere di ciarlare al bel tempo, con quel dolce calore. Le teste femminili apparivano tra i vasi di basilico e il ciaramellío pareva dilettare i gatti in su le gronde.

Donna Cristina disse, congiungendo le mani:

" Chi sarà stato? "

Donna Isabella Sertale, detta la Faina, che aveva i movimenti lesti e furtivi di un animaletto predatore, chiese con la voce stridula:

" Chi ci stava con voi, Donna Cristí? Mi pare che ho visto ripassare Candia...."

" Aaaah! " esclamò donna Felicetta Margasanta, detta la Pica per la sua continua garrulità.

" Ah! " ripeterono le altre comari.

" E non ci pensavate? "

" E non ve n'accorgevate? "

" E non sapete chi è Candia? "

" Ve lo diciamo noi chi è Candia! "

" Sicuro! "

" Ve lo diciamo noi! "

"I panni li lava bene, non c'è che dire. È la meglio lavandaia che sta a Pescara, non c'è che dire. Ma tiene lu difetto delle cinque dita.... Non lo sapevate, commà?"

"A me 'na volta mi mancò due mantili."

"A me 'na tovaglia."

"A me 'na camicia."

"A me tre paia di calzette."

"A me due fédere."

"A me 'na sottana nuova."

"Io non ho potuto riavere niente."

"Io manco."

"Io manco."

"Ma non l'ho cacciata; perchè chi prendo? Silvestra?"

"Ah! ah!"

"Angelantonia? L'Africana?"

"Una peggio dell'altra!"

"Bisogna ave' pazienza."

"Ma 'na cucchiara, mo'!"

"È troppo, mo'!"

"Non vi state zitta, Donna Cristí; non vi state zitta!"

"Che zitta e non zitta!" proruppe Maria Bisaccia che, quantunque avesse l'aspetto placido e benigno, non si lasciava sfuggire nessuna occasione per opprimere o per mettere in mala vista li altri serventi della casa. " Ci penseremo noi, Donn' Isabbé, ci penseremo ! "

E le ciarle dalla loggia alle finestre seguitarono. E l'accusa di bocca in bocca si propalò per tutto il paese.

II.

La mattina veguente, mentre Candia Marcanda teneva le braccia nella lisciva, comparve su la soglia la guardia comunale Biagio Pesce soprannominato *il Caporaletto.*

Egli disse alla lavatrice.

" Ti vuole il signor Sindaco sopra il Comune, súbito."

" Che dici ? " domandò Candia aggrottando le sopracciglia, ma senza tralasciare la sua bisogna.

" Ti vuole il signor Sindaco sopra il Comune, súbito."

" Mi vuole ? E perchè ? " seguitò a domandare Candia, con un modo un po' brusco, non sapendo a che attribuire quella chiamata improvvisa, inalberandosi come fanno le bestie caparbie dinanzi a un' ombra.

" Io non posso sapere perchè," rispose il Caporaletto. " Ho ricevuto l'ordine."

" Che ordine ? "

La donna, per una ostinazione naturale in lei, non cessava dalle domande. Ella non sapeva persuadersi della cosa.

" Mi vuole il Sindaco ? E perchè ? E che ho fatto io ? Non ci voglio venire. Io non ho fatto nulla."

Il Caporaletto, impazientito, disse:

" Ah, non ci vuoi venire ? Bada a te ! "

E se ne andò, con la mano su l'elsa della vecchia daga, mormorando.

Intanto per il vico alcuni che avevano udito il dialogo uscirono su li usci e si misero a guardare Candia che agitava la lisciva con le braccia. E, poichè sapevano del cucchiaio d'argento, ridevano tra loro e dicevano motti ambigui che Candia non comprendeva. A quelle risa e a quei motti, un'inquietudine prese l'animo della donna. E l'inquietudine crebbe quando ricomparve il Caporaletto accompagnato dall'altra guardia.

" Cammina," disse il Caporaletto, risolutamente.

Candia si asciugò le braccia, in silenzio; e andò. Per la piazza la gente si fermava. Rosa Panara, una nemica, dalla soglia della bottega gridò con una risata feroce:

" Posa l'osso ! "

La lavandaia, smarrita, non imaginando la causa di quella persecuzione, non seppe che rispondere.

Dinanzi al Comune stava un gruppo di persone curiose che la volevano veder passare. Candia, presa dall'ira, salì le scale rapidamente; giunse in conspetto del Sindaco, affannata; chiese:

" Ma che volete da me? "

Don Silla, uomo pacifico, rimase un momento turbato dalla voce aspra della lavandaia, e volse uno sguardo ai due fedeli custodi della dignità sindacale. Quindi disse, prendendo il tabacco nella scatola di corno:

" Figlia mia, sedetevi."

Candia rimase in piedi. Il suo naso ricurvo era gonfio di collera, e le sue guance rugose avevano una palpitazion singolare.

" Dite, Don Sí."

" Voi siete stata ieri a riportà' la biancheria a Donna Cristina Lamonica? "

" Be', che c'è? che c'è? Manca qualche cosa? Tutto contato, capo per capo.... Non manca nulla. Che c'è, mo'? "

" Un momento, figlia mia! C'era nella stanza l'argenteria...."

Candia, indovinando, si voltò come un falchetto

inviperito che stia per ghermire. E le labbra sottili le tremavano.

" C'era nella stanza l'argenteria, e Donna Cristina trova mancante 'na cucchiara.... Capite, figlia mia? L'avete presa voi.... pe' sbaglio? "

Candia saltò come una locusta, a quell'accusa immeritata. Ella non aveva preso nulla, in verità.

" Ah, io? Ah, io? Chi lo dice? Chi m'ha vista? Mi faccio meraviglia di voi, Don Sí! Mi faccio meraviglia di voi! Io ladra? io? io?... "

E la sua indignazione non aveva fine. Ella più era ferita dall'ingiusta accusa perchè si sentiva capace dell'azione che le addebitavano.

" Dunque voi non l'avete presa? " interruppe Don Silla, ritirandosi in fondo alla sua grande sedia curule, prudentemente.

" Mi faccio meraviglia! " garrì di nuovo la donna, agitando le lunghe braccia come due bastoni.

" Be', andate. Si vedrà."

Candia uscì, senza salutare, urtando contro lo stipite della porta. Ella era diventata verde: era fuori di sè. Mettendo il piede nella via, vedendo tutta la gente assembrata, comprese che oramai l'opinione popolare era contro di lei; che nessuno avrebbe creduto alla sua innocenza. Nondimeno si mise a gridare le sue discolpe. La gente rideva, dileguandosi. Ella, furibonda, tornò a casa; si disperò; si mise a singhiozzare su la soglia.

Don Donato Brandimarte, che abitava a canto, le disse per beffa:

" Piangi forte, piangi forte, che mo' passa la gente."

Come i panni ammucchiati aspettavano il ranno, ella finalmente si acquetò; si nudò le braccia, e si rimise all'opera. Lavorando, pensava alla discolpa, architettava un metodo di difesa, cercava nel suo cervello di femmina astuta un mezzo artifizioso per provare l'innocenza; arzigogolando sottilissimamente, si giovava di tutti li spedienti della dialettica plebea per mettere insieme un ragionamento che persuadesse li increduli.

Poi, quando ebbe terminata la bisogna, uscì; volle andare prima da Donna Cristina.

Donna Cristina non si fece vedere. Maria Bisaccia ascoltò le molte parole di Candia scotendo il capo, senza risponder niente; e si ritrasse con dignità.

Allora Candia fece il giro di tutte le sue clienti. Ad ognuna raccontò il fatto, ad ognuna espose la discolpa, aggiungendo sempre un nuovo argomento, aumentando le parole, accalorandosi, disperandosi dinanzi alla incredulità e alla diffidenza ; e inutilmente. Ella sentiva che oramai non era più possibile la difesa. Una specie di abbattimento cupo le prese l'animo. — Che più fare! Che più dire!

III.

Donna Cristina Lamonica intanto mandò a chiamare la Cinigia, una femmina del volgo, che faceva professione di magia e di medicina empirica con molta fortuna. La Cinigia già qualche altra volta aveva scoperta la roba rubata; e si diceva ch'ella avesse segrete pratiche con i ladroncelli.

Donna Cristina le disse:

" Ritrovami la cucchiara, e ti darò 'na regalía forte."

La Cinigia rispose:

" Va bene. Mi bastano ventiquattr' ore."

E, dopo ventiquattr' ore, ella portò la risposta. — Il cucchiaio si trovava in una buca, nel cortile, vicino al pozzo.

Donna Cristina e Maria discesero nel cortile, cercarono e trovarono, con grande meraviglia.

Rapidamente, la novella si sparse per Pescara.

Allora, trionfante, Candia Marcanda si diede a percorrere le vie. Ella pareva più alta; teneva

la testa eretta: sorrideva, guardando tutti negli
occhi come per dire:

" Avete visto? Avete visto?"

La gente su le botteghe, vedendola passare,
mormorava qualche parola e poi rompeva in uno
sghignazzío significativo. Filippo La Selvi, che stava
bevendo un bicchiere d'acquavite fine nel caffè
d'Angeladea, chiamò Candia.

" 'Nu bicchiere pe' Candia, di questo qua!"

La donna, che amava i liquori ardenti, fece
con le labbra un atto di cupidigia.

Filippo La Selvi soggiunse:

" Te lo meriti, non c'è che di'."

Una torma di oziosi erasi ragunata innanzi al
caffè. Tutti avevano su la faccia un'aria burlevole.

Filippo La Selvi, rivoltosi all'uditorio, mentre
la donna beveva:

" L'ha saputa fa'; è vero? Volpe vecchia...."

E battè familiarmente la spalla ossuta della
lavandaia.

Tutti risero.

Magnafave, un piccolo gobbo, scemo e bleso,
unendo insieme l'indice della mano destra con
quello della sinistra, in un'attitudine grottesca, e
impuntandosi su le sillabe, disse:

" Ca... ca... ca... Candia... la... la... Cinigia..."

E seguitò a far de' gesti e a balbettare con un'aria furbesca, per indicare che Candia e la Cinigia erano comari. Tutti, a quella vista, si contorcevano nell'ilarità.

Candia rimase un momento smarrita, co 'l bicchiere in mano. Poi, d'un tratto, comprese. — Non credevano alla sua innocenza. L'accusavano di aver riportato il cucchiaio d'argento segretamente, d'accordo con la strega, per non aver guai.

Un impeto cieco di collera allora la invase. Ella non trovava parole. Si gittò su 'l più debole, su 'l piccolo gobbo, a tempestarlo di pugni e di graffi. La gente, con una gioia crudele, in cospetto di quella lotta, schiamazzava a torno in cerchio, come dinanzi a un combattimento d'animali; ed aizzava le due parti con le voci e con le gesticolazioni.

Magnafave, sbigottito da quella furia improvvisa, cercava di fuggire, sgambettando come uno scimmiotto; e, tenuto dalle mani terribili della lavandaia, girava con rapidità crescente, come un sasso nella fionda, sinchè cadde con gran veemenza bocconi.

Alcuni corsero a rialzarlo. Candia si allontanò tra i sibili; andò a chiudersi in casa; si gittò a traverso il letto, singhiozzando e mordendosi le dita, pe 'l gran dolore. La nuova accusa le coceva più della prima, tanto più ch'ella si sentiva capace di quel sotterfugio. " Come discolparsi ora? Come chiarire la verità? " Ella si disperava, pensando di non poter addurre in discolpa difficoltà materiali che avessero potuto impedire l'esecuzione dell'inganno. L'accesso al cortile era facilissimo: una porta, non chiusa, corrispondeva al primo pianerottolo della scalinata grande; per togliere l'immondizie o per altre bisogne una quantità di gente entrava ed usciva liberamente da quella porta. Dunque ella non poteva chiudere la bocca alli accusatori dicendo: " Come avrei fatto ad entrare? " I mezzi per condurre a termine l'impresa erano molti ed agevoli; e su questa agevolezza si fondava la credenza popolare.

Candia allora cercò differenti argomenti di persuasione; aguzzò l'astuzia; imaginò tre, quattro, cinque casi diversi per spiegare come mai si trovasse il cucchiaio nella buca del cortile; ricorse ad artifizi e a cavilli d'ogni genere; sottilizzò con una ingegnosità singolare. Poi si mise a girare per le botteghe, per le case, cercando in tutti i modi di vincere l'incredulità delle persone. Le persone ascoltavano quei ragionamenti capziosi, dilettandosi. In ultimo dicevano:

" Va bene! Va bene! "

Ma con tal suono di voce che Candia rimaneva annichilita. — Tutte le sue fatiche dunque erano inutili! Nessuno credeva! Nessuno credeva! — Ella, con una pertinacia mirabile, tornava all'assalto. Passava le notti intere pensando sempre a trovar nuove ragioni, a costruire nuovi edifizi, a superare nuovi ostacoli. E a poco a poco, in questo continuo sforzo, la sua mente s'indeboliva, non sosteneva più altro pensiero che non fosse quello del cucchiaio, non avea quasi più coscienza delle cose della vita comune. Più tardi, per la crudeltà della gente, una vera manía prese il cervello della povera donna.

Ella, trascurando le sue bisogne, s'era ridotta quasi alla miseria. Lavava male i panni, li perdeva, li faceva strappare. Quando scendeva alla riva del fiume, sotto il ponte di ferro, dove erano raccolte le altre lavandaie, a volte si lasciava fuggir di mano le tele che rapiva per sempre la corrente. Parlava continuamente, senza stancarsi mai, della medesima cosa. Per non udirla, le lavandaie giovani si mettevano a cantare e la beffavano nei canti con rime improvvise. Ella gridava e gesticolava, come una pazza.

Nessuno più le dava lavoro. Per compassione le antiche clienti le mandavano qualche cosa da mangiare. A poco a poco ella si abituò a mendicare. Andava per le strade, tutta cenciosa, curva e disfatta. I monelli le gridavano dietro:

" Mo' dicci la storia de la cucchiara, che nun la sapemo, zi' Ca'! "

Ella fermava i passanti sconosciuti, talvolta, per raccontare la storia e per arzigogolare su la discolpa. I giovinastri la chiamavano e per un soldo le facevano fare tre, quattro volte la narrazione; sollevavano difficoltà contro li argomenti; ascoltavano sino alla fine, per poi ferirla con una sola parola. Ella scoteva il capo; passava oltre; si univa alle altre femmine mendicanti e ragionava con loro, sempre, sempre, infaticabile, invincibile. Prediligeva una femmina sorda, che aveva su la pelle una sorta di lebbra rossastra e zoppicava da un piede.

Nell'inverno del 1874 la colse un male. Fu assistita dalla femmina lebbrosa. Donna Cristina Lamonica le mandò un cordiale e un cassetto di brace.

L'inferma, distesa su 'l giaciglio, farneticava del cucchiaio; si levava su i gomiti, tentava di far de' gesti, per secondare la perorazione. La lebbrosa le prendeva le mani e la riadagiava pietosamente.

Nell'agonia, quando già li occhi ingranditi si velavano come per un'acqua torbida che vi salisse dall'interno, Candia balbettava:

" Non so' stata io, signó.... vedete.... perchè.... la cucchiara...."

I MARENGHI.

Passacantando entrò, sbattendo forte le vetrate malferme. Scosse rudemente dalle spalle le gocce di pioggia; poi si guardò in torno, togliendosi dalla bocca la pipa e lasciando andare contro il banco padronale un lungo getto di saliva, con un atto di noncuranza sprezzante.

Nella taverna il fumo del tabacco faceva come una gran nebbia turchiniccia, di mezzo a cui s'intravedevano le facce varie dei bevitori e delle male femmine. C'era Pachiò, il marinaro invalido, a cui una untuosa benda verde copriva l'occhio destro infermo d'una infermità ributtante. C'era Binchi-Banche, il servitore dei finanzieri, un omiciattolo dal viso giallognolo e rugoso come un limone senza succo, curvo nella schiena, con le magre gambe sprofondate nelli stivali fino ai ginocchi. C'era Magnasangue, il mezzano dei soldati, l'amico delli attori comici, dei giocolieri, dei saltimbanchi, delle sonnambule, dei domatori d'orsi, di tutta la gentaglia famelica e girovaga che si ferma nel paese per carpire alli oziosi un quattrino. E c'erano le belle del Fiorentino; tre o quattro femmine afflosciate nel vizio, con le guance tinte di un color di mattone, li occhi bestiali, la bocca flaccida e quasi paonazza come un fico troppo maturo.

Passacantando attraversò la taverna e andò a sedersi su una panca, tra la Pica e Peppuccia, contro il muro segnato di figure e di scritture invereconde. Egli era un giovinastro lungo e smilzo, tutto dinoccolato, con una faccia pallidissima da cui sporgeva il naso grosso, rapace, piegato molto da una parte. Le orecchie gli si spandevano ai due lati come cartocci sinuosi, l'uno più grande dell'altro; le labbra, sporgenti, vermiglie, e d'una certa mollezza di forma, avevano sempre alli angoli alcune piccole bolle di saliva bianchicce. Un berretto che l'untuosità rendeva consistente e malleabile come la cera, gli copriva i capelli bene curati, di cui una ciocca foggiata ad uncino scendeva fin su la radice del naso ed un'altra arrotondavasi su la tempia. Una specie di oscenità e di lascivia naturale emanava da ogni attitudine, da ogni gesto, da ogni modulazion di voce, da ogni sguardo di costui.

" Ohe," gridò egli, " l'Africana, una fujetta!" percotendo il tavolo con la pipa d'argilla che al colpo s'infranse.

L'Africana, la padrona della taverna, si mosse dal banco verso il tavolo, barcollando per la sua corpulenza grave; e posò dinanzi a Passacantando il vaso di vetro colmo di vino. Ella guardava l'uomo con uno sguardo pieno di supplicazione amorosa.

Passacantando d'un tratto, dinanzi a lei, cinse co 'l braccio il collo di Peppuccia costringendola a bere, e quindi attaccò la bocca a quella bocca che ancora teneva il sorso del vino e fece atto di suggere. Peppuccia rideva, schermendosi; e per le risa il vino mal tracannato spruzzava la faccia del provocatore.

L'Africana divenne livida. Si ritrasse dietro il banco. Di mezzo al fumo denso del tabacco le giungevano li schiamazzi e le mozze parole di Peppuccia e della Pica.

Ma la vetrata si aprì. E comparve su la soglia il Fiorentino, tutto avvolto in un pastrano, come uno sbirro.

" Ehi, ragazze!" fece con la voce rauca. " È ora."

Peppuccia, la Pica, le altre si levarono di tra li uomini che le perseguitavano con le mani e con le parole; se ne uscirono, dietro il loro padrone, mentre pioveva e tutto il Bagno era un lago melmoso. Pachiò, Magnasangue, li altri anche se ne uscirono, a uno a uno. Binchi-Banche rimase disteso sotto un tavolo, immerso nel torpore dell'ebrietà. Il fumo nella taverna a poco a poco vaniva verso l'alto. Una tortora spennacchiata andava qua e là beccando le briciole del pane.

Allora, come Passacantando fece per alzarsi, l'Africana gli mosse in contro, lentamente, con la persona deforme atteggiata a una lusinghevole mollezza d'amore. Il gran seno le ondeggiava da una parte all'altra; ed una smorfia grottesca le rincrespava la faccia plenilunare. Su la faccia ella aveva due o tre piccoli ciuffi di peli crescenti dai nei; una lanugine densa le copriva il labbro superiore e le guance; i capelli corti, crespi e duri le formavano su 'l capo una specie di casco; le sopracciglia le si riunivano alla radice del naso camuso folte; cosicchè ella pareva non so qual mostruoso ermafrodito affetto di elefanzia o di idrope.

Quando fu presso all'uomo, ella gli prese la mano per trattenerlo.

" Oh, Giuvà ! "

" Che volete ? "

" I' che t' hajie fatte ? "

" Voi ? Niende."

" E allora pecchè me dai pene e turmende ? "

" Io ? Me facce meravijia.... Bona sere! Nen tenghe tembe da perde, mo."

E l'uomo, con un moto brutale, fece per andarsene. Ma l'Africana gli si gettò alla persona, stringendogli le braccia, e mettendogli il volto contro il volto, ed opprimendolo con tutta la mole delle carni, per un impeto di passione a di gelosia così terribilmente incomposto che Passacantando ne rimase atterrito.

" Che vuo'? Che vuo'? Dimmele! Che vuo'? Che te serve? Tutte te denghe; ma statte' nghe me, statte' nghe me. Nen me fa murì di passijone.... nen me fa ì 'n pazzía.... Che te serve? Viene! Pijiate tutte quelle che truove...." Ed ella lo trasse verso il banco; aprì il cassetto; gli offerse tutto, con un gesto solo.

Nel cassetto, lucido di untume, erano sparse alcune monete di rame tra cui luccicavano tre o quattro piccole monete d'argento. Potevano essere, insieme, cinque lire.

Passacantando, senza dir nulla, raccolse le monete e si mise a contarle su 'l banco, lentamente, tenendo la bocca atteggiata al dispregio. L'Africana guardava ora le monete, ora la faccia dell'uomo, ansando come una bestia stracca. Si udiva il tintinno del rame, il russare aspro di Binchi-Banche, il saltellare della tortora, in mezzo al continuo rumore della pioggia e del fiume giù per il Bagno e per la Bandiera.

" Nen m'abbaste," disse finalmente Passacantando. ". Ce vo' l'autre. Cacce l'autre, se no i' me ne vajie."

Egli s'era schiacciato il berretto su la nuca. Il ciuffo rotondo gli copriva la fronte, e sotto il ciuffo li occhi bianchicci, pieni d'impudenza e d'avarizia, guardavano l'Africana intentamente, involgendo quella femmina in una specie di fascinazione malefica.

" I' nen tenghe chiù niende. Tu mi siè spujate. Quelle che truove, pijiatele...." balbettava l'Africana, supplichevole, carezzevole, mentre la pappagorgia e le labbra le tremavano, e le lagrime le sgorgavano dalli occhietti porcini.

" 'Mbé, " fece Passacantando, a voce bassa, chinandosi verso di lei. " 'Mbé, e t'acride che i' nen sacce che maritete tene li marenghe d'ore?"

" Oh, Giuvanne.... E coma facce pover'ammè?"

" Tu, mo, súbbito, vall'a pijà. I' t'aspett' a qua.

Maritete dorme. Quest' è lu momende. Va; se no nen m'arvide chiù, pe' Sant' Andonie!"

." Oh, Giuvanne.... I' tenghe pahure."

" Che pahure e nen pahure! " strillò Passacantando. " Mo ce venghe pure i'. 'Jame! "

L' Africana si mise a tremare. Indicò Binchi-Banche che stava ancora disteso sotto la tavola, nel sonno pesante.

" Chiudème prime la porte," ella consigliò, con sommessione. Passacantando destò con un calcio Binchi-Banche, che per lo spavento improvviso cominciò a urlare e a dimenarsi entro i suoi stivali finchè non fu quasi trascinato fuori, nella mota e nelle pozzanghere. La porta si chiuse. La lanterna rossa, che stava appiccata ad una delle imposte, illuminò la taverna d'un rossore sudicio; li archi massicci si disegnarono in ombra profonda; la scala nell' angolo divenne misteriosa; tutta l' architettura prese un' apparenza di scenario romantico ove dovesse rappresentarsi un qualche dramma feroce.

" 'Jame! " ripetè Passacantando all' Africana che ancora tremava.

Ambedue salirono adagio per la scala di mattoni che sorgeva nell'angolo più oscuro, la femmina innanzi, l'uomo indietro. In cima alla scala era una stanza bassa, impalcata di travature. Sopra una parete era incrostata una madonna di maiolica azzurrognola; e davanti le ardeva in un bicchiere pieno d'acqua e d'olio un lume, per voto. Le altre pareti copriva, come una lebbra multicolore, una quantità d'imagini di carta in brandelli. L'odore della miseria, l'odore del calore umano nei cenci, empiva la stanza.

I due ladri si avanzavano verso il letto cautamente.

Stava su 'l letto maritale il vecchio, immerso nel sonno, respirante con una specie di sibilo fioco a traverso le gengive senza denti, a traverso il naso umido e dilatato dal tabacco. La testa calva posava di sbieco sopra un guanciale di cotone rigato; su la bocca cava, simile a un taglio fatto su una zucca infracidita, si rizzavano i baffi ispidi e ingialliti dal tabacco; e uno delli orecchi visibile rassomigliava all'orecchio rovesciato di un cane, essendo pieno di peli, coperto di bolle, lucido di cerume. Un braccio usciva fuori delle coperte, nudo, scarno, con grossi rilievi di vene simili alle gonfiezze delle varici. La mano adunca teneva un lembo del lenzuolo, per abitudine di prendere.

Ora, questo vecchio ebete possedeva da tempo

due marenghi avuti in lascito non si sa da qual parente usuraio; e li conservava con gelosa cura dentro una tabacchiera di corno in mezzo al tabacco, come alcuni fanno di certi insetti muschiati. Erano due marenghi gialli e lucenti; ed il vecchio vedendoli ad ogni momento e ad ogni momento palpandoli nel prendere tra l'indice e il pollice l'aroma, sentiva in sè crescere la passione dell'avarizia e la voluttà del possesso.

L'Africana si accostò pianamente, trattenendo il respiro, mentre Passacantando la incitava con i gesti al furto. Si udì per le scale un rumore. Ambedue ristettero. La tortora spennacchiata e zoppa entrò saltellando nella stanza; trovò il nido in una ciabatta, a piè del letto maritale. Ma come ancora, nell'accomodarsi, faceva strepito, l'uomo con un moto rapido la serrò nel pugno, con una stretta la soffocò.

" Ci sta? " chiese all'Africana.

" Sì, ci sta, sott' a lu cuscine...." rispose quella mentre insinuava sotto il guanciale la mano.

Il vecchio, nel sonno, si mosse, mettendo un gemito involontario, ed apparve tra le sue palpebre un po' del bianco delli occhi. Poi ricadde nell'ottusità del sopore senile.

L'Africana, per l'immensa paura, divenne audace; spinse la mano d'un tratto, afferrò la tabacchiera; e, con un moto di fuga, si rivolse verso le scale; discese seguita da Passacantando.

" O Die! O Die! Vide che so fatte pe' te!..." balbettava, abbandonandosi addosso all'uomo.

Ed ambedue si misero insieme, con le mani malferme, ad aprire la tabacchiera, a cercare fra il tabacco, le monete d'oro. L'acuto aroma saliva loro per le narici; ed ambedue, come sentivano l'eccitazione a starnutire, furono invasi d'improvviso da un impeto d'ilarità. E, soffocando il rumore delli sternuti barcollavano e si sospingevano. Al gioco, la lussuria nella pinguedine dell'Africana insorgeva. Ella amava d'essere amorosamente morsicata e bezzicata e sballottata e qua e là percossa da Passacantando; fremeva tutta e tutta si ribrezzava nella sua bestiale orridezza. Ma, a un punto, prima si udì un brontolìo indistinto e poi gridi rauchi proruppero su nella stanza. E il vecchio comparve in cima alla scala, livido alla luce rossastra della lanterna, magro scheletrito, con le gambe nude, con una camicia a brandelli. Guardava in giù la coppia ladra; ed agitando le braccia gridava come un'anima dannata:

" Li marenghe! Li marenghe! Li marenghe!"

MUNGIÀ.

In tutto il contado pescarese, e a San Silvestro, a Fontanella, a San Rocco, perfino a Spoltore e nelle fattorie di Vallelonga oltre l'Alento e più specialmente nei piccoli borghi dei marinai presso la foce del fiume e in tutte quelle case di creta e di canne, dove si accende il fuoco con i rifiuti del mare, fiorisce da gran tempo la fama di un rapsodo cattolico che ha un nome di pirata barbaresco ed è cieco a simiglianza dell'antico Omero.

Mungià comincia le sue peregrinazioni su i principii della primavera e le termina nel mese di ottobre, ai primi rigori. Va per le campagne, guidato da una femmina o da un fanciullo. Tra la grandezza e la forte serenità della coltivazione, reca ora i lamentevoli canti cristiani, le antifone, li invitatorii, i responsorii, i salmi dell'officio pe' i defunti. Come la sua figura a tutti è familiare, i cani dell'aia non latrano contro di lui. Egli dà l'annunzio con un trillo del clarinetto; ed al segnale ben noto le vecchie madri escono in su la soglia, accolgono onestamente il cantore, gli pongono una sedia all'ombra di qualche albero, gli chiedono le nuove della salute. Tutti i coloni cessano dal lavoro e si dispongono in cerchia, ancora alenanti, tergendosi il sudore con un gesto semplice della mano. Rimangono fermi, in attitudini di reverenza, tenendo li stromenti dell'agricultura. Nelle braccia, nelle gambe, nei piedi ignudi essi hanno la deformità che le fatiche lente e pazienti danno alle membra esercitate. I loro corpi nodosi, di cui la pelle assume il color delle glebe, sorgendo dal suolo nella luce del giorno paiono quasi avere comuni con li alberi le radici.

Spandesi allora dall'uomo cieco su quella gente e su le cose in torno una solennità di religione. Non il sole, non i presenti frutti della terra, non la letizia dell'opera alimentaria, non le canzoni dei cori lontani bastano a difendere li animi dal raccoglimento e dalla tristezza della religione. Una delle madri indica il nome del parente morto a cui ella offre i cantici in suffragio. Mungià si scopre il capo.

Appare il suo cranio largo e splendente, cinto di canizie; e tutta la faccia, simigliante nella quiete a una maschera corrosa, si raggrinza e vive nel movimento del prendere a bocca il clarinetto. Su le tempie, sotto la cavità delli occhi, lungo li orecchi, e poi d'in torno alle narici e alli angoli delle labbra mille grinze sottili e fitte si compongono e si scompongono a seconda dell'inspirazione ritmica del fiato nello stromento. Rimangono tesi e lucidi e salienti' li zigomi, solcati da venature sanguigne simili a quelle che traspariscono in autunno nelle foglie della vite. E delli occhi, in fondo alle orbite, non si vede che il segno rossiccio della palpebra inferiore rivolta. E su tutte le scabrosità della pelle, su tutta quella meravigliosa opera d'incisione e di rilievo fatta dalla magrezza e dalla vecchiezza, e di tra i peli duri e corti d'una barba mal rasa, e nei cavi e nelle corde del collo lungo e rigido la luce si frange, sfugge, si divide quasi direi per stille, come una rugiada su una zucca piena di porri e di muffe, gioca in mille maniere, vibra, si spenge, esita, dà talvolta a quella umile testa inaspettate arie di nobiltà.

Dal clarino di bossolo, a seconda dei movimenti delle dita su le chiavette malferme, escono suoni. Lo stromento ha in sè quasi direi una vita e quella inesprimibile apparenza di umanità che acquistano le cose per l'assiduo uso in servigio dell'uomo. Il bossolo ha una lucentezza untuosa; i buchi, che nei mesi d'inverno divengono nidi di piccoli ragni, sono ancora occupati dalle tele o dalla polvere; le chiavette, lente, sono macchiate di verderame; e qua e là la cera vergine e la pece chiudono i guasti; e la carta e il filo stringono le commessure; e ancora si veggono in torno all'orlo li ornamenti della gioventù. Ma la voce è debole e incerta. Le dita del cieco si muovono macchinalmente, poichè non fanno che ricercare quel preludio e quell'interludio da gran tempo.

Le mani lunghe, deformate, con grossi nodi alla prima falange dell'anulare e del medio, con l'unghia del pollice depressa e violetta, somigliano le mani d'una scimmia decrepita; hanno su 'l dorso le tinte di certi frutti malsani, un misto di rosco, di giallognolo e di turchiniccio; su la palma hanno una laboriosa rete di solchi, e tra dito e dito la pelle escoriata.

Come il preludio finisce, Mungià prende a cantare il *Libera me Domine* e il *Ne recorderis*, lentamente, su una modulazione di cinque sole note. Nel canto, le terminazioni latine si congiungono alle forme dell'idioma natale; di tratto in tratto, quasi con un ritorno metrico, passa un avverbio in *ente* seguíto da molte gravi rime ; e la voce ha una momentanea elevazion di tono ; poi l'onda si riabbassa e segue a battere le linee men faticose. Il nome di Gesù ricorre spesso nella rapsodia ; e la Passione di Gesù è tutta narrata in strofe irregolari di settenari e di quinari, non senza un certo movimento drammatico.

I coloni in torno ascoltano con animo devoto, guardando il cantore nella bocca. Viene talvolta dai campi su 'l vento un coro di vendemmiatrici o di mietitori, secondo la stagione, a contendere con la pia laude ; e l'albero al vento si fa tutto musicale. Mungià, che ha fioco l'udito, continua a cantare i misteri della morte. Le labbra gli stanno aderenti alle gengive deserte, e gli comincia a colar giù pe 'l mento la saliva. Egli imbocca il clarinetto, suona l'intermezzo ; poi riprende le strofe. Così va sino alla fine. Sua ricompensa è una piccola misura di frumento, o una caraffa di mosto, o una resta di cipolle, o anche una gallina.

Egli s'alza dalla sedia. Ha una figura alta e macilenta, la schiena curva, i ginocchi volti un poco in dentro. Porta in capo una grande berretta verde e, in ogni stagione, su le spalle un mantello chiuso alla gola da due fermagli di ottone e cadente a mezza coscia. Cammina a fatica, talvolta soffermandosi per tossire.

Quando, nell'ottobre, le vigne sono vendemmiate e le strade sono piene di fango o di ghiaia, egli si ritira in una soffitta; e là vive insieme con un sartore che ha la moglie paralitica e con uno spazzino che ha nove figliuoli afflitti dalla scrofola o dalla rachitide. Nei giorni sereni, egli si fa condurre sotto l'arco di Portanova; siede al sole, sopra un macigno; e si mette a cantare il *De profundis*, sommessamente, per esercizio della gola. Quasi sempre i mendicanti allora gli fanno cerchia. Uomini con le membra slogate, gobbi, storpi, epilettici, lebbrosi; vecchie piene di piaghe, o di croste, o di cicatrici, senza denti, senza cigli, senza capelli; fanciulli verdognoli come locuste, scarni, con li occhi vivi delli uccelli di rapina, con la bocca già appassita, taciturni, che covano nel sangue un morbo ereditato; tutti quei mostri della povertà, tutti quei miserevoli avanzi d'una razza disfatta, quelle cenciose creature di Gesù, vengono a fermarsi in torno al cantore e gli parlano come a un eguale.

Allora Mungià solleva la voce, per benignità verso li ascoltanti. Giunge, trascinandosi a fatica per terra con l'aiuto delle palme munite d'un disco di cuoio, Chiachiù, il nativo di Silvi; e si ferma, tenendosi tra le mani il piede destro ritorto come una radice. Giunge la Cinigia, una figura ambigua, repugnante, di ermafrodito senile, che ha il collo pieno di foruncoli vermigli, su le tempie alcuni riccioli grigi di cui ella par vana, e tutto l'occipite coperto di peluria come quello delli avvoltoi. Giungono i Mammalucchi, i tre fratelli idioti che paiono essere nati dall'accoppiamento di un uomo con una pecora, così manifeste ne' loro volti sono le fattezze ovine. — Il maggiore ha i bulbi visivi sgorganti fuor delle orbite, degenerati, molli, d'un colore azzurrognolo, simili al sacco ovale di un polpo che sia prossimo a putrefarsi. Il minore ha il lobo di un'orecchia smisuratamente gonfio, e paonazzo, simile a un fico. Tutti e tre vanno in comune, con le bisacce di corda dietro la schiena.

Giunge l'Ossesso, un uomo scarno e serpentino, avente le palpebre arrovesciate come quelle dei piloti che navigano per mari ventosi, olivastro nella faccia, camuso, con un singolare aspetto di malizia e di fraudolenza palesante in lui l'origine zingaresca. Giunge la Catalana di Gissi, una femmina d'età incognita, con lunghi cernecchi rossicci, con su la pelle della fronte alcune macchie simili quasi a monete di rame, sfiancata come una cagna dopo il parto: la Venere dei mendicanti, l'amorosa fonte a cui va a dissetarsi chi patisce la sete. E giunge Jacobbe di Campli, il gran vecchio dal pelame verdastro come quello di certi artefici che lavorano l'ottone. Giunge l'industre Gargalà su 'l veicolo costrutto con rottami di barche ancora incatramati. Giunge Costantino di Corròpoli, il cinico, che, per una crescenza del labbro inferiore, pare tenga sempre fra i denti uno straccio di carne cruda. Altri giungono. Tutti gl'iloti che hanno emigrato lungo il corso del fiume, dalli altipiani al mare, si raccolgono in torno al rapsodo, sotto il comun sole.

Mungià canta allora con una più varia ricerca di modi, tentando altitudini insolite. Una specie di orgoglio, un'aura di gloria gl'invade l'animo, poichè egli allora esercita l'arte liberalmente, senza prender mercede. Sale dalla turba dei mendicanti, a tratti, un clamore di plauso ch'egli a pena ode.

Al termine del canto, come il dolcissimo sole abbandonando quel luogo ascende su per le colonne corintie dell'Arco, i mendicanti salutano il cieco e si sbandano per le terre vicine. Rimangono, per consuetudine. Chiachiù di Silvi, con il piede ritorto fra le mani, e i fratelli Mammalucchi. Costoro chiedono ad alta voce l'elemosina a chi passa; mentre Mungià taciturno forse ripensa i trionfi della giovinezza, quando Lucicappelle, il Golpo di Càsoli e Quattòrece erano vivi.

Oh gloriosa *paranzella* di Mungià!
La piccola orchestra aveva conquistata, in quasi tutta la valle inferiore della Pescara, una inclita fama.

Sonava la viola ad arco il Golpo di Càsoli, un omuncolo tutto grigiastro come le lucertole dei tetti, con la pelle del volto e del collo tutta rugosa e membranosa come i tegumenti d'una testuggine cotta nell'acqua. Egli portava una specie di berretto frigio che per due ali aderiva alli orecchi; giocava d'arco con gesti rapidi, premendo su 'l piè della viola il mento aguzzo, martellando le corde con le dita contratte, ostentando un visibile sforzo nell'azione del sonare, come fanno i macacchi dei saltimbanchi nòmadi.

Dopo di lui, Quattòrece veniva co 'l violone appeso in su 'l ventre per mezzo d'una correggia di pelle d'asino. Lungo e smilzo come una candela di cera, Quattòrece aveva in tutta la persona un singolar predominio dei colori aranciati. Pareva una di quelle figure monocromatiche dipinte, su certi rustici vasi castellesi, in attitudini rigide. Ne' suoi occhi, come in quelli dei cani da pastore, brillava una trasparenza tra castanea ed aurea; la cartilagine delle sue grandi orecchie, aperte come quelle dei vipistrelli, contro la luce tingevasi d'un giallo roseo; le sue vesti erano di quel panno color tabacco chiaro, che per solito adoperano i cacciatori; e il vecchio violone, ornato di penne, di fili d'argento, di fiocchi, d'imaginette, di medaglie, di conterie, aveva l'aspetto di non so quale artifizioso stromento barbarico d'onde dovessero escire novissimi suoni.

Ma Lucicappelle, tenendo a traverso il petto la sua immane chitarra a due corde accordate in diapente, veniva ultimo con un passo di danza e e di baldanza, come un Figaro rusticale. Egli era il giocondo spirito della *paranzella*, il più verde d'anni e di forze, il più mobile, il più arguto. Un gran ciuffo di capelli crespi gli sporgeva su la fronte, di sotto a una specie di tòcco scarlatto; gli brillavano alli orecchi femminilmente due cerchi d'argento: le linee della sua faccia formavano un natural componimento di riso. Egli amava il vino, i brindisi in musica, le serenate in onor della bellezza, le danze all'aperto, i conviti larghi e clamorosi.

Ovunque si celebrasse uno sposalizio, un battesimo, una festa votiva, un funerale, un triduo, correva la *paranzella* di Mungià, desiderata, acclamata. Precedeva i cortei nuziali, per le vie tutte sparse di fiori di giunco e d'erbe odorifere, tra le salve di gioia e le salutazioni. Cinque mule inghirlandate recavano i doni. Un carro, tratto da due paia di bovi con le corna avvolte di nastri e con i dorsi coperti di gualdrappe, recava *la soma*. Le caldaie, le conche, i vasellami di rame tintinnivano alli scotimenti dell'incedere; li scanni, le tavole, le arche, tutte quelle rudi forme antiche delle suppellettili casalinghe, oscillavano scricchiolando; le coperte di damasco, le gonne ricche di fiorami, i busti trapunti, i grembiali di seta, tutte quelle fogge di vestimenta muliebri risplendevano al sole in un miscuglio di gaiezza; e una conocchia, simbolo delle virtù famigliari, eretta su 'l culmine, carica di lino, pareva su 'l cielo azzurro una mazza d'oro.

Le donne della parentela, con su 'l capo un canestro di grano e su 'l grano un pane e su 'l pane un fiore, si avanzavano per ordine, tutte in una stessa attitudine semplice e quasi jeratica, simili alle canèfore dei bassorilievi ateniesi, cantando. Come giungevano alla casa, presso il talamo, si toglievano il canestro da 'l capo, prendevano un pugno di grano e, a una a una, lo spargevano su la sposa, pronunziando una formola d'augurio rituale in cui la fecondità e l'abbondanza erano invocate. Anche la madre compiva la cerimonia frumentaria, fra molte lacrime; e con un panello toccava alla figlia il petto, la fronte, le spalle, dicendole parole di dolente amore.

Poi, nella corte, sotto un'ampia stuoia di canne o sotto un tetto di rami, incominciava il convito. Mungià, a cui non anche la virtù visiva era venuta meno nè eran sopraggiunti i mali della vecchiezza, diritto nella magnificenza di una sua zimarra verde, e tutto sudante e fiammante e soffiante entro il clarinetto la maggior forza dei pulmoni, incitava i compagni con battere di piedi su 'l terreno. Il Golpo di Cásoli fustigava la viola irosamente; Quattòrece con fatica teneva dietro alla crescente furia della moresca, sentendosi aspri traverso il ventre passar li stridori dell'arco e delle corde. Lucicappelle, erto la testa in aria, stringendo con la sinistra in alto le chiavi della chitarra e con la destra pizzicando le due forti corde metalliche, sogguardava le femmine che ridevano luminose al fondo in tra la letizia delle fioriture.

Allora il *Mastro delle cerimonie* recava le vivande in amplissimi piatti dipinti; i vapori salivano come una nebbia disperdendosi nel fogliame; i vasi del vino, dalle anse bene usate, passavano d'uomo in uomo; le braccia allungandosi e intrecciandosi su la mensa, tra i pani cosparsi d'anice e i formaggi più tondi che il disco della luna, prendevano aranci, mandorle, olive; li odori delle spezie si mescevano ai freschi effluvi vegetali; e di qua, di là, entro bicchieri di liquori limpidi i commensali offerivano alla sposa piccoli gioielli o collane dai grossi acini avvolte come grappoli d'oro. Su 'l finire, nelli animi una gran gioia bacchica si accendeva; i clamori crescevano; fin che Mungià, avanzandosi, a capo scoperto, con in mano un bicchiere colmo, cantava il bel distico rituale che nei conviti della patria suol dischiudere ai brindisi le bocche amiche:

> Quistu vino è dòlige e galante:
> A la saluta de tutti quante!

LA FATTURA.

Quando nella piazza comunale strepitavano consecutivamente i sette starnuti di Mastro Peppe De Sieri, detto La Bravetta, tutti li abitanti di Pescara sedevano alle mense e incominciavano il pasto. Subito dopo, la maggiore campana vibrava i tocchi del mezzodì. Un' ilarità unanime propagavasi nelle case.

Per molti anni La Bravetta diede al popolo pescarese questo giocondo segnale cotidiano; e la fama delle sue meravigliose starnutazioni si sparse per il contado in torno e per le terre finitime. Ancora tra il buon volgo la memoria n' è viva e fermata in un proverbio, durerà lungamente nei tempi a venire.

I.

Mastro Peppe La Bravetta era un plebeo di qualche corpulenza, tozzo, con la faccia piena di una prospera stupidezza, con li occhi simili a quelli d'un vitello poppante, con mani e piedi di straordinaria espansione. E come aveva un naso molto lungo e carnoso e singolarmente mobile, e come aveva le mascelle forti, egli nel ridere e nello starnutire pareva una di quelle foche a proboscide, che in conseguenza della pinguedine tremano tutte come una gelatina, secondo narrano i marinai. Anche di quelle foche egli aveva la pigrizia, la lentezza dei movimenti, la ridicolezza delle attitudini, l'amore del sonno. Non poteva passare dall'ombra al sole o dal sole all'ombra, senza che un irresistibile impeto d'aria gli rompesse per la bocca e per le narici. Lo strepito, in ispecie nelle ore tranquille, udivasi a gran distanza; e poichè si produceva in periodi determinati, serviva d'orario a quasi tutti i cittadini.

Mastro Peppe nella sua gioventù aveva tenuto negozio di maccheroni; ed era cresciuto in una dolce balordaggine, tra le belle frange di pasta, tra il romore eguale dei buratti e delle ruote, fra il tepore dell'aria invasa dal polverío delle farine. Nella maturità egli s'era legato in nozze con una tal Donna Pelagia, del comune dei Castelli, e da allora, abbandonato il mestiere alimentario, aveva preso a rivendere stoviglie di maiolica e di terracotta, orci, piatti, boccali, tutto lo schietto vasellame fiorito di cui li artefici castellesi allietano le mense della terra d'Abruzzi. Tra la rusticità e quasi direi la religiosità di quelle forme immutate da secoli e immutabili, egli viveva molto semplicemente, starnutando. E come la moglie era avara, a poco a poco l'avarizia conquistava e avviluppava anche l'animo di lui.

Ora, possedeva egli su la destra riva del fiume un podere con una casa rurale, proprio in quel punto dove la corrente rivolgesi formando quasi un verde anfiteatro lacustre. Ivi il terreno irriguo rendeva, più che uve e cereali, gran copia d'erbaggi; il frutteto si moltiplicava; e un porco si impinguava annualmente, sotto una quercia ricca di ghiande. In ogni gennaio La Bravetta andava insieme con la moglie al podere, trattenendovisi co 'l favore di sant'Antonio, per assistere all'occisione e alla salatura del porco.

Avvenne una volta che, essendo la moglie alquanto inferma, La Bravetta andò solo ad invigilare il supplicio.

Sopra una tavola ampia l'animale, tenuto da due o tre coloni, fu scannato con un coltello forbitissimo. Risonarono i grugniti per tutta la solitudine fluviatile; poi subitamente divennero fiochi, si persero nel gorgogliare caldo e vermiglio del sangue che sgorgava dalla ferita slabbrante, mentre il gran corpo dava li ultimi tratti. Il sole del novello anno beveva dalla riviera e dalle terre umide la nebbia. La Bravetta guardava, con una sorta di dilettosa ferocia, l'occisor Lepruccio bruciare con un ferro rovente li occhi del porco profondati nel grasso; e gioiva, udendo stridere i bulbi, al pensiero del molto lardo e del molto prosciutto futuro.

L'ucciso fu sollevato, a forza di braccia, sino all'uncino d'una sorta di forca rusticale, e rimase pèndulo con la testa in basso. Ivi con fasci di canne accese i coloni arsero tutte le setole; le fiamme crepitavano quasi invisibili alla maggior luce del giorno. Lepruccio in ultimo con una lama lucida si diede a raschiar quel corpo nerastro che un altr'uomo intanto aspergeva d'acqua bollente. La pelle, a mano a mano divenendo netta e tutta di un dubbio pallor rosco, fumigava nel sole. E Lepruccio, che aveva una faccia rugosa e untuosa di vecchia femmina con le campanelle d'oro alli orecchi, stringeva le labbra nella bisogna, allungandosi ed accorciandosi, giocando su i ginocchi.

Quando l'opera fu fornita, Mastro Peppe ordinò che i coloni deponessero il porco in un luogo coperto. Mai, nelli altri anni, più meravigliosa mole di carni egli aveva veduto ; e si rammaricava in cuor suo che la moglie non ivi fosse a rallegrarsene.

Allora (cadeva il pomeriggio) sopraggiunsero Matteo Puriello e Biagio Quaglia, amici, i quali venivano dalla prossima casa di Don Bergamino Camplone, prete dato alla mercatura. Erano costoro gente di gaia vita, ricchi di consiglio, dediti alla crapula, vaghi d'ogni sollazzo ; e, poichè avean saputo l'occisione del porco e l'assenza di Donna Pelagia, sperando in una qualche bella avventura venivano a tentar La Bravetta.

Matteo Puriello, detto Ciàvola, era un uomo in su i quarant'anni ; cacciatore clandestino ; alto e segaligno, con i capelli biondastri, la pelle del viso giallognola, i baffi duri e tagliati come una spazzola, tutta la testa avente l'aspetto di una effige di legno su cui fosse rimasta una traccia lievissima dell'antica doratura. I suoi occhi, tondi, vivi e mobili quasi per inquietudine come quelli delle bestie corritrici, lucevano simili a due monete nuove. In tutta la persona, vestita quasi sempre di un certo panno di color terrigno, egli aveva le attitudini, i movimenti, il passo dondolante di quei lunghi cani barbareschi che pigliano le lepri a corsa per le pianure.

Biagio Quaglia, detto il Ristabilito, era in vece

di statura mediocre, d'alcuni anni più giovine, rabicondo nella faccia e tutto gemmante come un mandorlo a primavera. Egli aveva una singolar virtù scimiatica di muovere indipendentemente li orecchi e la pelle della fronte e la pelle del cranio, per non so che vivacità di muscoli: e aveva una tale versatilità di aspetti e una tal felice potenza vocale di contraffazioni e così prontamente sapeva cogliere il lato ridevole delli uomini e delle cose e in un sol gesto o in un sol motto rappresentarlo che tutte le brigate pescaresi per amor di allegria lo chiamavano e convitavano. Egli, in questa dolce vita parassitica, prosperava, sonando la chitarra alle mense nuziali e alle pompe dei battesimi. I suoi occhi brillavano come quelli d'un furetto. Il suo cranio era coperto d'una sorta di lanugine simile a quella del corpo spiumato di un'oca grassa che ancora sia da abbrustolire.

Or dunque La Bravetta, come vide i due amici, li accolse con cera festevole, dicendo loro:

" Qualu vente ve porte? "

E quindi, poi che le accoglienze oneste e liete furono iterate, egli traendoli nella stanza dove su una tavola giaceva il mirabile porco, soggiunse:

" Che dicete de 'sta bellezze? Eh? Mo che ve pare? "

I due amici contemplavano il porco con una silenziosa meraviglia; e il Ristabilito faceva un cotal suo romore con la lingua contro il palato. Ciávola chiese:

" E che ce ne vuo' fa'? "

" Le vuojie salà, " rispose La Bravetta con una voce in cui sentivasi fremere tutta la ghiotta gioia per le future delizie della gola.

" Le vuo' salà? " gridò d'improvviso il Ristabilito. " Le vuo' salà? Ma, o Cià, si viste ma' 'n' ommene chiù stupide di custù? A farse scappà l'uccasïone! "

La Bravetta, stupito, guardava con i suoi occhi vitulini ora l'uno ora l'altro delli interlocutori.

" Donna Pelagge t'ha sempre tenute assuggette, " continuò il Ristabilito. " Sta vote che esse nen te guarde, vínnete lu porche; e magnémece li quatrine."

" Ma Pelagge? Ma Pelagge? " balbettava La Bravetta, a cui il fantasma della moglie irata dava già uno sbigottimento immenso.

" E tu dijie ca lu porche te se l'hanno arrubbate, " fece il biondo Ciávola, con un vivo gesto d'impazienza.

La Bravetta inorridì.

" E coma facce a rì a la case nghe 'sa nuti-

zio? Pelagge nen me crede; me cacce. me mene....
Vu nen le sapete chi è Pelagge?"

" Uh, Pelagge! Uh, uh, Donna Pelagge!" squittirono in coro motteggiando i due insidiatori. E il Ristabilito, subito, imitando la voce piagnucolosa di Peppe e la voce acuta e stridula della donna, rappresentò una scena di commedia in cui Peppe era garrito e sculacciato come un bamboletto.

Ciávola rideva sgambettando in torno al porco, senza potersi reggere. Il beffato, preso da un violento impeto di sternuti, agitava le braccia verso l'atto, volendo forse interrompere. Al frastuono i vetri della finestra tremavano. I fuochi dell'occaso percotevano i tre diversi volti umani.

Come il Ristabilito tacque, Ciávola disse:

" 'Mbé, jamocénne!"

" Se vulete cenà nghe me...," offerse, a bocca stretta, Mastro Peppe.

" No, no, bello mio," interruppe Ciávola, volgendosi verso l'uscio. " Tu súghete Pelagge e sálate lu porche."

II.

Camminarono li amici lungo la riva del fiume.
In lontananza le barche di Barletta cariche di

sale scintillavano come edifizi di preziosi cristalli; e da Montecorno un serenissimo albore spandevasi nella rigidità delle aure, ripercotevasi dalla limpidità delle acque.

Disse il Ristabilito a Ciávola, soffermandosi:

" Cumbà, ce vuléme arrubbà sstanotte lu porche? "

Disse Ciávola:

" Eccome? "

Disse il Ristabilito:

" Le sacce i' come, si lu porche arremane addó l' avéme viste."

Disse Ciávola:

" Embé, facémele! Ma, dapù? "

Il Ristabilito si soffermò di nuovo. I suoi piccoli occhi brillavano come due carbuncoli schietti; la sua faccia florida e rubiconda tra le orecchie faunesche vibrava tutta in una smorfia di gioia. Egli fece, laconico:

" Le sacce i'."

Veniva da lungi in contro ai due Don Bergamino Camplone, nero in tra la pioppaia ignuda e argentea. Subito che i due lo scorsero, sollecitarono il passo verso di lui. E il prete, veduta la lor cera giuliva, dimandò sorridendo:

" Che me dicéte de bbelle? "

Comunicarono li amici in brevi parole il lor proposito a Don Bergamino, il quale assentì con molto rallegramento. E il Ristabilito soggiunse, a bassa voce:

" Aqquà avéme da fa' li cose a la furbesca maniere. Vu sapete ca Peppe, da quande s' ha pijiate chella brutta vijecchie de Donna Pelagge, s' ha fatte avare ; e lu vine je piace assa'. 'Mbé, jémele a pijà e purtémele a la taverne d' Assaù. Vu, Don Bergamine, détece a beve a tutte e paghéte sempre vu. Peppe bevarrà quante chiù putarrà, senza caccià quatrine ; e se pijarà 'na bona parrucche. Accuscì nu, dapù, putéme fa' mejie l' affare nuostre...."

Lodò Ciávola il consiglio del Ristabilito, e il prete vi s' accordò. Andarono insieme verso la casa dell' uomo, distante due tiri di fucile ; e quando furono da presso, Ciávola diede la voce:

" Ohe, La Bravettaa! Vuo' venì a la taverne d' Assaù? Ce sta lu prévete aqquà che ce paghe na carráfe. Ohece ! "

La Bravetta non pose indugio a discendere su 'l sentiero. E tutti e quattro camminarono in fila, motteggiando, sotto il chiarore della nuova luna. Nella serenità il miagolìo de' gatti presi d' amore saliva ad intervalli. E il Ristabilito fece:

" O Pe', nen siente Pelagge che t'archiame? "

In su la sinistra riva splendevano i lumi della taverna d'Assaù ripercossi dall'acqua. Ora, come il corso del fiume era ivi per solito assai dolce, Assaù teneva un paliscalmo per traghettare li avventori. Alle voci, si mosse in fatti il paliscalmo e venne per l'acqua luminosa a prendere i sopraggiunti. Quando tutti i quattro salirono, tra amichevoli clamori, Ciávola con le sue lunghe gambe prese a far traballare e scricchiolare il legno per atterrire La Bravetta che in mezzo all'umidità fluviale fu assalito da un nuovo impeto di starnutazioni.

Ma nella taverna, in torno a un desco di quercia, li amici moltiplicarono le risa e i clamori. Ognuno mesceva da bere all'insidiato, a cui quel buon vermiglio succo delle vigne spoltoresi, brusco, quasi frizzante, ricco di sapore e di colore, scendeva agevolmente nel gorgozzúle.

" 'N' atra carráfe! " ordinava Don Bergamino, battendo il pugno in su 'l desco.

Assaù, un uomo tutto bestialmente villoso fin sotto li occhi e di gambe storto, recava le caraffe arrubinate. Ciávola canticchiava una canzone di molta libertà bacchica, percotendo in ritmo il vetro dei bicchieri. La Bravetta, con la lingua già impedita, con li occhi già natanti nella favolosa gioia del vino, balbettava non so che laudi del suo bel porco e teneva il prete per la manica affinchè ascoltasse. Sopra di loro pendevano dalla vôlta lunghe corone di poponelle d'acqua verdegialle; le lucerne mal nutrite d'olio fumigavano.

Era buona ora di notte quando li amici ripassarono il fiume, alla luna occidua. Nel discendere su la riva Mastro Peppe fu lì lì per cadere tra la melma, tanto egli avea le gambe malferme e la vista torbida.

Disse il Ristabilito:

" Facéme 'n' ópera bbone. Arpurtéme a la case custù."

E il ricondussero, sorreggendolo alle ascelle, su per la pioppaia. Balbettava l'ebbro, travedendo i tronchi biancicanti nella notte:

" Uh, quanta frate duminicane!..."

E Ciávola:

" Vann'a la cerche pe' sant'Antuone."

E l'ebro, dopo un poco:

" O Leprucce, Leprucce, sette rótole de sale n'abbaste. Coma facéme?"

Giunti all'uscio di casa, i tre congiuratori se ne andarono. Mastro Peppe salì a grande stento la scaletta, sempre farneticando di Lepruccio e del sale. Poi, senza rammemorarsi d'aver lasciato

aperto l'uscio, si gittò in su 'l letto pesantemente
tra le braccia del sonno, e inerte vi rimase.

Ciávola e il Ristabilito, come ebbero avuto ristoro
alla cena di Don Bergamino, muniti di certi
ordigni ritorti, se ne vennero cautamente all'impresa.
Era il cielo, dopo l'occaso della luna, tutto
smagliante di stelle; e un maestraletto gelido andava
soffiando per la solitudine. I due avanzarono
in silenzio, tendendo l'orecchio, soffermandosi ad
ora ad ora; e tutte le virtù venatorie e le agilità
di Matteo Puriello in quell'occorrenza si esercitavano.

Quando essi giunsero alla mèta, il Ristabilito
a pena potè trattenere una esclamazione di gioia
accorgendosi dell'uscio aperto. Una perfetta quiete
regnava nella casa, se non che si udiva il profondo
russare del dormiente. Ciávola salì primo le scale,
seguíto dall'altro. Ambedue, al fievolissimo lume
che entrava pe' i vetri, scorsero subito la forma
vaga del porco in su 'l tavolo. Con infinita cautela
sollevarono il peso e pianamente lo trassero fuori
a gran forza di braccia. Stettero quindi in ascolto.
Un gallo d'improvviso cantò e altri galli risposero
dalle aie, consecutivamente.

Allora i due gai ladroni si misero pe 'l sentiero,
con il porco in su le spalle, ridendo d'un riso

lungo e silenzioso; e a Ciàvola pareva d'essere
giù per una bandita recando un grosso capo di
selvaggina predata. Come il porco era assai greve,
essi giunsero alla casa del prete alenanti.

III.

La mattina Mastro Peppe, avendo digerito il
vino, si risvegliò; e stette su 'l letto un poco ad
allungar le membra e ad ascoltare le campane che
salutavan la vigilia di Sant'Antonio. Egli già, in
mezzo alla confusione del primo risvegliarsi, sentiva nell'animo espandersi la contentezza del possesso, e pregustava il diletto di veder Lepruccio
mettere in pezzi e coprir con sale le pingui carni
suine.

Spinto da questo pensiero, egli si levò; e con
sollecitudine uscì su 'l pianerottolo, stropicciandosi
li occhi per meglio guardare. Su 'l tavolo non rimaneva che qualche macchia sanguigna, e sopra
vi rideva il sole virginalmente.

"Lu porche? Addó sta lu porche?" gridò, con
una voce rauca, il derubato.

Una furibonda agitazione l'invase. Egli discese
le scale, vide l'uscio aperto, si percosse la fronte,
irruppe fuori urlando, chiamando in torno a sè i

lavoratori, chiedendo a tutti se avevano visto il porco, se l'avevano preso. Egli moltiplicava le querele, sollevava ognora più le voci; e il doloroso schiamazzo, risonando per tutta la riviera, giunse fino alli orecchi di Ciàvola e del Ristabilito.

Se ne vennero dunque costoro placidamente, in accordo, per godersi lo spettacolo e per continuar la beffa. E come furono giunti in vista, Mastro Peppe, rivolgendosi a loro, tutto dolente e lacrimante, esclamò:

" Uh, pover' a me! Me l' hann' arrubbate lu porche! Uh, pover' a me! E coma facce mo? E coma facce? "

Biagio Quaglia stette un poco a considerare l'aspetto dell'infelicissimo, con socchiusi li occhi tra la canzonatura e l'ammirazione, con china la testa verso una spalla, quasi in atto di giudicare un effetto d'arte mimetica. Poi, accostatosi, fece:

" Eh, sì, sì.... nen ze po' di' de no.... Tu le fi' bbone la parte."

Peppe, non comprendendo, levò la faccia tutta solcata di gocciole.

" Eh, sì, sì.... sta vote li si fatte propie da furbe," seguitò il Ristabilito, con una cert'aria di confidenza amichevole.

Peppe, non comprendendo ancora, levò di nuovo

la faccia; e le lacrime nelli occhi pieni di stupore gli si arrestarono.

"Ma, pe' di' la veretà, accuscì maleziose nen te credeve," riprese a dire il Ristabilito. "Brave! brave! Me rallegre!"

"Ma tu che dice?" dimandò tra i singhiozzi La Bravetta. "Ma tu che dice? Uh, pover'a me! E coma facce mo a rijì a la case?"

"Brave! brave! Bena!" incalzava il Ristabilito. "Dajie mo! Strilla forte! Piagne forte! Tirete li capille! Fatte sentì! Accuscì! Falle créde'."

E Peppe, piangendo:

"Ma i' diche addavére ca me se l' hann' arrubbate. Uh die! Pover' a me!"

"Dajie! Dajie! Nen te fermà. Quante chiù tu strille, chiù te nome créde. Dajie! Angóre! Angóre!"

Peppe, fuor di sè pe 'l dispetto e pe 'l dolore, sacramentava ripetendo:

"I' diche addavére. Che me pozza murì, mo, súbbite, se lu porche nen me se l' hann'arrubbate!"

"Uh, povere 'nnucende!" squittì per ischerno Ciávola. "Mettéteje lu ditucce 'mmocche. Coma putéme fa' a crédete, se jere avéme viste lu porche a là? Sant'Andonie j'ha date li 'scelle pe' vulà?"

"Sant' Andonie bbenedette! È coma diche i'."

" Ma po' esse? "

" Accuscì è."

" Ma nen è cuscì."

" È cuscì."

" No."

" Uh, uh, uh! È cuscì! È cuscì! I' so' mmorte. I' nen sacce coma pozze fa' a rijì a la case. Pelagge nen me crede; e se ppure me crede, nen me dà chiù pace.... I' so' mmorte!"

" 'Mbé, ce vuléme créde," concluse il Ristabilito. " Ma bbade, Pe', ca Ciávule a jere t'ha 'nzegnate lu juchette. E i' nen vulesse ca tu gabbísse a Pelagge e a nu, tutte 'na vote. Tu fusse capace...."

Allora La Bravetta ricominciò a piangere, a gridare, a disperarsi con una così pazza irruzion di dolore, che il Ristabilito per pietà soggiunse:

" 'Mbé, statte zitte. Te crédeme. Ma, se è vere su fatte, s'ha da truvà 'na maniere pe' armedià."

" Quala maniere?" dimandò subito, rasserenandosi tra le lacrime, La Bravetta, nel cui animo la speranza risorgeva.

" Ecc' a qua," propose Biagio Quaglia. " Certe, une di quille che stanne pe' qua attorne ha avute da esse; pecchè certe n' hanne vinute dall' India bbasse a pijarse lu porche a te. No, Pe'? "

" Va bbone, va bbone," assentì l'uomo, che

stava trepido a udire, co 'l naso in alto tutto ancor pieno d'umor lacrimale.

"Mo dunque (statte attende)," continuò il Ristabilito che a quella credula attenzione prendeva diletto, "mo dunque se nisciune ha vinute dall'India bbasse pe' venirte a rubbà, cert'è che quaccune di quille che stanne pe' qua attorne ha avute da esse lu latre. No, Pe'?"

"Va bbone, va bbone."

"Mo che s'ha da fa'? S'ha da raunà tutte sti cafune e s'ha da sprementà cacche fatture pe' scuprì lu latre. Scuperte lu latre, scuperte lu porche."

Li occhi di Mastro Peppe brillarono di desiderio; ed egli si fece più da presso, poichè l'accenno alla fattura aveva risvegliate in lui le native superstizioni.

"Tu le sié; ce stanne tre specie de maggìe: la bianche, la rosce e la nere, e ce stanne, tu le sié, a lu paese tre femmene dell'arte: Rosa Schiavona, Rusaria Pajara e la Ciniscia. Sta a te a scejie."

Peppe stette un momento in forse. Poi si decise per Rosaria Pajara che aveva gran fama d'incantatrice e aveva operato in altri tempi cose mirabili.

"'Mbè, su," concluse il Ristabilito, "nen ce sta tembe da pérde. I' pe' te, propie pe' farte nu piacere, vajie sine a lu paese a pijà quelle che ce serve. Parle 'nghe Rusarie, me facce da' tutte cose, e me n'arvenghe, dentr' a sta matine. Damme li quatrine."

Peppe si tolse dalla tasca del panciotto tre carlini ed esitando li porse.

"Tre carline?" gridò l'altro, rifiutandoli. "Tre carline? Ma ce ne vo' pe' lu mene diece."

A sentir questo il marito di Pelagia ebbe quasi uno sbigottimento.

"Come? Pe' na fatture, diece carline?" balbettò egli cercandosi con le dita tremule nella tasca. "Ècchetene otte. Nen ne tenghe chiù."

Disse il Ristabilito, secco:

"Va bbone. Quelle che posse fa' facce. Viene pure tu, Cià?"

I due compagni s'incamminarono verso Pescara, di buon passo, pe 'l sentiero delli alberi, l'uno innanzi, l'altro dietro. E Ciàvola picchiava de' gran colpi di pugno su la schiena del Ristabilito, per dimostrare la sua allegrezza. Come essi giunsero al paese, si recarono nella bottega di un tal Don Daniele Pacentro speziale con cui erano in familiarità; ed ivi comperarono certi aròmati e droghe, facendone quindi comporre pallottole a guisa di pillole grosse come noci, ben coperte di zucchero, sciloppate e cotte. Subito che lo speziale ebbe compiuta l'operazione, Biagio Quaglia (il quale nel frattempo era stato assente) tornò con una carta piena d'escrementi secchi di cane; e di quegli escrementi volle che lo speziale componesse due belle pillole, in tutto simili alle altre per la forma, se non che confettate prima in áloe e poi coperte leggermente di zucchero. Così lo speziale fece; e, perchè queste dalle altre si riconoscessero, vi mise, per consiglio del Ristabilito, un piccolo segno.

I due ciurmadori ripresero la via della campagna, e furono alla casa di Mastro Peppe in su l'ora di mezzodì. Mastro Peppe stava con molto affanno aspettando. A pena vide sbucare di tra le alberelle il corpo lungo e sottile di Ciávola, gridò:

" 'Mbé ? "

" Tutte è all'ordene," rispose in suon di trionfo il Ristabilito, mostrando il cofano delle confetture incantate. " Mo tu, già che ogge è la viggilie de Sant'Andonie e li cafune fanne feste, arhunisce tutte quante all'are per dajie a beve. Tu hi da tené na certe butticelle de Montepulciane. Mitte mane a quelle pe' ogge ! E quande tutte stanne bene arhunite, penze i' a fa' e a dice tutte quelle che s'ha da fa' e s'ha da di'."

IV.

Dopo due ore, come il pomeriggio era tiepido e chiarissimamente sereno, avendo La Bravetta fatto correre la voce, se ne vennero all'invito i coltivatori e i massai dei dintorni. Nell'aia si levavano alti mucchi di paglia, che percossi dal sole ornavansi d'un glorioso colore d'oro; quivi una torma di oche andava schiamazzando, bianca, lenta, con larghi becchi aranciati, chiedendo di nuotare; li odori dello stabbio giungevano ad intervalli. E tutti quelli uomini rusticani, aspettando di bere, motteggiavano, tranquilli, su le loro gambe in arco difformate dalle rudi fatiche: alcuni con volti rugosi e rossastri come vecchi pomi, con occhi resi miti dalla lunga pazienza o resi vivi dalla lunga malizia; altri con barbe nascenti, con attitudini di gioventù, con nelle vesti rinnovate una manifesta cura d'amore.

Ciávola e il Ristabilito non si fecero molto attendere. Tenendo in una mano la scatola delle confetture, il Ristabilito ordinò che tutti si mettessero in cerchio; e, stando egli nel mezzo, fece una breve concione, non senza una certa gravità di voce e di gesti.

"Bon' nómmene!." disse, "nisciune de vu, certe, sa pecché propie Mastre Peppe De Siere v'ha chiamate a qua...."

Un moto di stupore, a questo strano preambolo, si propagò in tutte le bocche delli ascoltanti; e la letizia pe 'l promesso vino si mutò in una inquietudine di diversa espettazione. Continuava l'oratore:

"Ma, seccome po' succéde caccosa bbrutte e vu ve putassáte lagnà de me, ve vojie dice de che se tratte, prime de fa' la spirienze."

Li ascoltanti si guardavano l'un l'altro nelli occhi, con un'aria smarrita; e quindi rivolgevano lo sguardo curioso e incerto al cofanetto che l'oratore teneva in una mano. Un d'essi, poichè il Ristabilito faceva pausa per considerare l'effetto delle parole, esclamò impaziente:

"Ebbè?"

"Mo, mo, bell' nómmene mi'. La notta passate s' hann' arrubbáte a Mastre Peppe nu bbone porche che s' ave' da salà. Chi ha state lu latre, nen ze sa; ma cert' è ca s' ha da truvà miezze a vu' áutre, pecchè nisciune venéve dall' India bbasse p' arrubbarse lu porche a Mastre Peppe!"

Fosse un giocondo effetto di questo peregrino

argomento dell'India o fosse l'azione del tiepido sole, La Bravetta cominciò a starnutire. I villici si fecero in dietro; la tribù delle oche si disperse, sbigottita; e sette starnutazioni consecutive risonarono liberamente nell'aria, turbando la pace rurale. L'ilarità risorse nelli animi, a quel fragore. L'adunanza, dopo un poco, si ricompose. Il Ristabilito continuò, sempre grave:

" Pe' scuprì lu latre Mastre Peppe ha pensate de darve a magnà certe bbone cunfette e de darve a bere nu certe Montepulciane viecchie che j'ha messe mane ogge apposte. Ma pirò v'ajie da dice na cose. Lu latre, appene se mette mmocche lu cunfette, se sente la vocche accuscì amare, accuscì amare c'ha da sputà pe' fforze. Vulete spremmentà? O pure lu latre, pe' nen esse sbruvegnate, se vo' cunfessà a lu prévete? Bell'uó, arspunnéte!"

" Nu vuléme magnà e beve," risposero quasi in coro li adunati. E un movimento corse fra quella gente semplice. Ognuno, guardando il compagno, aveva nelli occhi una punta d'investigazione. Ognuno, naturalmente, poneva nel ridere una tal quale ostentazione di spontaneità.

Disse Ciávola:

" V'avete da mette tutt'a ffile, pe' la sprïenze. Nisciune s'ha da puté nnascónne."

Ed egli, quando tutti furono disposti, prese il fiasco e i bicchieri, apprestandosi a mescere. Il Ristabilito si fece dall'un de' capi, e cominciò a distribuire pianamente i confetti che sotto le gagliarde dentature dei villani scricchiolavano e sparivano in un attimo. Come egli giunse a Mastro Peppe, prese uno dei confetti canini e glielo porse; e seguitò oltre, senza nulla dare a divedere.

Mastro Peppe, che fin allora era stato con grandissimi occhi intenti a cogliere in fallo qualcuno, si gittò in bocca il confetto prestamente, quasi con cupidigia di goloso, e prese a masticare. D'un tratto i pomelli delle gote gli salirono vivamente verso li occhi, li angoli della bocca e le tempie gli si empirono di crespe, la pelle del naso gli si arricciò, il mento gli si torse un poco, tutti i lineamenti della sua faccia ebbero una comune mimica involontaria di orrore; e una specie di brivido visibile gli corse dalla nuca per le spalle. E subito, poichè la lingua non poteva sostenere l'amaro dell'áloe e una resistenza invincibile saliva dallo stomaco per la gola ad impedire l'inghiottimento, il malcapitato fu costretto a sputare.

"Ohe, Mastre Pé, tu che ccazze fiè?" garrì Tulespre dei Passeri, un vecchio capraro verdastro e pelloso come una tartaruga di palude.

Si rivolse, a quella voce agra, il Ristabilito che non anche aveva terminato di distribuire. Però, vedendo La Bravetta tutto contorcersi, disse con suon di benevolenza:

" 'Mbè, quelle forse ere troppe cotte. To'! Ècchene n' àutre. 'Nglutte, Peppe!"

E con due dita gli cacciò in bocca la seconda pillola canina.

Il pover'uomo la prese; e, sentendo sopra di sè fissi li occhi maligni e acuti del capraro, fece un supremo sforzo per sostener l'amarezza; non masticò, non inghiottì; stette con la lingua immobile contro i denti. Ma, come al calore dell'alito e all'umidore della saliva l'áloe si discioglieva, egli non poteva più reggere: le labbra gli si torsero come dianzi; il naso gli si empì di lacrime; e certe gocciole grosse gli cominciarono a sgorgare dal cavo delli occhi e a rimbalzar, come perle scaramazze, giù per le gote. Alfine, sputò.

" Ohe, Mastre Pè, e mo che ccazze fiè? " garrì di nuovo il capraro, mostrando in un suo ghigno le gengive bianchicce e vacue. " Ohe, e queste mo che signifeche? "

Tutti i villici ruppero l'ordine, e attorniarono La Bravetta: alcuni con risa di beffa, altri con parole irose. Le ribellioni di orgoglio subitanee e brutali che ha l'onore della gente campestre, le severità implacabili della superstizione scoppiarono d'improvviso in una tempesta di contumelie.

" Pecché ci si' fatte venì a qua? Pe' jettà la cólepe a une de nu 'nghe 'na fatture fáuze? Pe' cujunà a nu? Pecché? Si' fatte male li cunde! Latre, bbuciarde, nasó, fijie de cane, fijie de p...! A nu vu cujunà? Pezze de fesse! Latre! Nasó! Te vuleme rompe tutte li pignate 'n cocce. Fijie de p...! Sangue de Criste, tu!"

E si dispersero, dopo aver rotto il fiasco e i bicchieri, gridando le ultime ingiurie di tra i pioppi.

Allora rimasero nell'aia Ciávola, il Ristabilito, le oche e La Bravetta. Questi, pieno di vergogna, di rabbia, di confusione, con il palato ancora morso dalla perversità dell'áloe, non poteva profferire parola. Il Ristabilito stette a considerarlo crudelmente, percotendo il terreno con la punta del piede poggiato in su 'l tacco, scotendo per ironía il capo. Ciávola squittì, con un indescrivibile suon di dileggio:

" Ah, ah, ah, ah! Brave! Brave La Bbravette! Dicce nu poche: quante ci si' fatte? Dicce ducate?"

IL MARTIRIO DI GIALLUCA.

Il trabaccolo *Trinità*, carico di fromento, salpò alla volta della Dalmazia, verso sera. Navigò lungo il fiume tranquillo, fra le paranze di Ortona ancorate in fila, mentre su la riva si accendevano fuochi e i marinai reduci cantavano. Passando quindi pianamente la foce augusta, uscì nel mare.

Il tempo era benigno. Nel cielo di ottobre, quasi a fior delle acque, la luna piena pendeva come una dolce lampada rosea. Le montagne e le colline, dietro, avevano forma di donne adagiate. In alto, passavano le oche selvatiche, senza gridare, e si dileguavano.

I sei uomini e il mozzo prima manovrarono d'accordo per prendere il vento. Poi come le vele si gonfiarono nell'aria tutte colorate in rosso e segnate di figure rudi, i sei uomini si misero a sedere e cominciarono a fumare tranquillamente. Il mozzo prese a cantarellare una canzone della patria, a cavalcioni su la prua.

Disse Talamonte maggiore, gittando un lungo sprazzo di saliva su l'acqua e rimettendosi in bocca la pipa gloriosa:

" Lu tembe n'n ze mandéne."

Alla profezia, tutti guardarono verso il largo; e non parlarono. Erano marinai forti e indurati alle vicende del mare. Avevano altre volte navigato alle isole dàlmate, a Zara, a Trieste, a Spàlatro; e sapevano la via. Alcuni anche rammentavano con dolcezza il vino di Dignano, che ha il profumo delle rose, e i frutti delle isole.

Comandava il trabaccolo Ferrante La Sélvi. I due fratelli Talamonte, Cirù, Massacese e Gialluca formavano l'equipaggio, tutti nativi di Pescara. Nazareno era il mozzo.

Essendo il plenilunio, indugiarono su 'l ponte. Il mare era sparso di paranze che pescavano. Ogni tanto una coppia di paranze passava a canto al trabaccolo; e i marinai si scambiavano voci, familiarmente. La pesca pareva fortunata. Quando le barche si allontanarono e le acque ridivennero deserte, Ferrante e i Talamonte discesero sotto coperta per riposare. Massacese e Gialluca, poi ch'ebbero finito di fumare, seguirono l'esempio. Cirù rimase di guardia.

Prima di scendere, Gialluca, mostrando al compagno una parte del collo, disse:

" Guarda che tenghe a qua."

Massacese guardò e disse:

" 'Na cosa da niente. N'n ce penzà."

C'era un rossore simile a quello che produce la puntura di un insetto, e in mezzo al rossore un piccolo nodo.

Gialluca soggiunse:

" Me dole."

Nella notte si mutò il vento; e il mare cominciò ad ingrossare. Il trabaccolo si mise a ballare sopra le onde, trascinato a levante, perdendo cammino. Gialluca, nella manovra, gittava ogni tanto un piccolo grido, perchè ad ogni movimento brusco del capo sentiva dolore.

Ferrante La Selvi gli domandò:

" Che tieni ? "

Gialluca, alla luce dell'alba, mostrò il suo male. Su la cute il rossore era cresciuto, ed un piccolo tumore aguzzo appariva nel mezzo.

Ferrante, dopo avere osservato, disse anche lui:

" 'Na cosa da niente. N'n ce penzà."

Gialluca prese un fazzoletto e si fasciò il collo. Poi si mise a fumare.

Il trabaccolo, scosso dai cavalloni e trascinato dal vento contrario, fuggiva ancora verso levante. Il romore del mare copriva le voci. Qualche ondata si spezzava sul ponte, ad intervalli, con un suono sordo.

Verso sera la burrasca si placò; e la luna emerse come una cupola di fuoco. Ma poichè il vento cadde, il trabaccolo rimase quasi fermo nella bonaccia; le vele si afflosciarono. Di tanto in tanto sopravveniva un soffio passeggiero.

Gialluca si lamentava del dolore. Nell'ozio, i compagni cominciarono ad occuparsi del suo male. Ciascuno suggeriva un rimedio differente. Cirù, ch'era il più anziano, si fece innanzi e suggerì un empiastro di mele e di farina. Egli aveva qualche vaga cognizione medica, perchè la moglie sua in terra esercitava la medicina insieme con l'arte magica e guariva i mali con i farmachi e con le cabale. Ma la farina e le mele mancavano. La galletta non poteva essere efficace.

Allora Cirù prese una cipolla e un pugno di grano; pestò il grano, tagliuzzò la cipolla, e compose l'empiastro. Al contatto di quella materia, Gialluca sentì crescere il dolore. Dopo un'ora si strappò dal collo la fasciatura e gittò ogni cosa in mare, invaso da un'impazienza irosa. Per vincere il fastidio, si mise al timone e resse la sbarra lungo tempo. S'era levato il vento, e le vele palpitavano gioiosamente. Nella chiara notte un'isoletta, che doveva essere Pelagosa, apparve in lontananza come una nuvola posata su l'acqua.

Alla mattina Cirù, che omai aveva impreso a curare il male, volle osservare il tumore. La gonfiezza erasi dilatata occupando gran parte del collo ed aveva assunta una nuova forma ed un colore più cupo che su l'apice diveniva violetto.

" E che è quesse?" egli esclamò, perplesso, con un suono di voce che fece trasalire l'infermo. E chiamò Ferrante, i due Talamonte, li altri.

Le opinioni furono varie. Ferrante imaginò un male terribile da cui Gialluca poteva rimanere soffocato. Gialluca, con li occhi aperti straordinariamente, un po' pallido, ascoltava i prognostici. Come il cielo era coperto di vapori e il mare appariva cupo e stormi di gabbiani si precipitavano verso la costa gridando, una specie di terrore scese nell'animo di lui.

Alla fine Talamonte minore sentenziò:

" È 'na fava maligna."

Li altri assentirono:

" Eh, po ésse'."

Infatti, il giorno dopo, la cuticola del tumore fu sollevata da un siero sanguigno e si lacerò. E tutta la parte prese l'apparenza di un nido di vespe, d'onde sgorgavano materie purulente in abbondanza. L'infiammazione e la suppurazione si approfondivano e si estendevano rapidamente.

Gialluca, atterrito, invocò san Rocco che guarisce le piaghe. Promise dieci libbre di cera, venti libbre. Egli s'inginocchiava in mezzo al ponte, tendeva le braccia verso il cielo, faceva i voti con un gesto solenne, nominava il padre, la madre, la moglie, i figliuoli. D'in torno, i compagni si facevano il segno della croce, gravemente, ad ogni invocazione.

Ferrante La Selvi, che sentì giungere un gran colpo di vento, gridò con la voce rauca un comando, in mezzo al romorío del mare. Il trabaccolo si piegò tutto sopra un fianco. Massacese, i Talamonte, Cirù si gittarono alla manovra. Nazareno strisciò lungo un albero. Le vele in un momento furono ammainate: rimasero i due fiocchi. E il trabaccolo, barcollando da banda a banda, si mise a correre a precipizio su la cima dei flutti.

" Sante Rocche! Sante Rocche! " gridava con più fervore Gialluca, eccitato anche dal tumulto circostante, curvo su le ginocchia e su le mani per resistere al rullìo.

Di tratto in tratto un'ondata più forte si rovesciava su la prua: l'acqua salsa invadeva il ponte da un capo all'altro.

" Va a basso! " gridò Ferrante a Gialluca.

Gialluca discese nella stiva. Egli sentiva un calore molesto e un'aridezza per tutta la pelle; e la paura del male gli chiudeva lo stomaco. Là sotto, nella luce fievole, le forme delle cose assumevano apparenze singolari. Si udivano i colpi profondi del flutto contro i fianchi del naviglio e li scricchiolii di tutta quanta la compagine.

Dopo mezz'ora, Gialluca riapparve su 'l ponte, smorto come se uscisse da un sepolcro. Egli amava meglio stare all'aperto, esporsi all'ondata, vedere li uomini, respirare il vento.

Ferrante, sorpreso da quel pallore, gli domandò:

" E mo' che tieni? "

Li altri marinai, dai loro posti, si misero a discutere i rimedi; ad alta voce, quasi gridando, per superare il fragore della burrasca. Si animavano. Ciascuno aveva un metodo suo. Ragionavano con sicurezza di dottori. Dimenticavano il pericolo, nella disputa. Massacese aveva visto, due anni avanti, un vero medico operare su 'l fianco di Giovanni Margadonna, in un caso simile. Il medico tagliò, poi strofinò con pezzi di legno intinti in un liquido fumante, bruciò così la piaga. Levò con una specie di cucchiaio la carne arsa che somigliava fondiglio di caffè. E Margadonna fu salvo.

Massacese ripeteva, quasi esaltato, come un cerusico feroce:

" S' ha da tajià! S' ha da tajià! "

E faceva l'atto del taglio, con la mano, verso l'infermo.

Cirù fu del parere di Massacese. I due Talamonte anche convennero. Ferrante La Selvi scoteva il capo.

Allora Cirù fece a Gialluca la proposta. Gialluca si rifiutò.

Cirù, in un impeto brutale ch' egli non pòtè trattenere, gridò:

" Muòrete! "

Gialluca divenne più pallido e guardò il compagno con due larghi occhi pieni di terrore.

Cadeva la notte. Il mare nell'ombra pareva che urlasse più forte. Le onde luccicavano, passando nella luce gittata dal fanale di prua. La terra era lontana. I marinai stavano afferrati a una corda per resistere contro i marosi. Ferrante governava il timone, lanciando di tratto in tratto una voce nella tempesta:

" Va a basso, Giallù ! "

Gialluca, per una strana ripugnanza a trovarsi solo, non voleva discendere, quantunque il male lo travagliasse. Anch'egli si teneva alla corda, stringendo i denti nel dolore. Quando veniva una ondata, i marinai abbassavano la testa e mettevano un grido concorde, simile a quello con cui sogliono accompagnare un comune sforzo nella fatica.

Uscì la luna da una nuvola, diminuendo l'orrore. Ma il mare si mantenne grosso tutta la notte.

La mattina Gialluca, smarrito, disse ai compagni:

" Tajiáte."

I compagni prima s'accordarono, gravemente; tennero una specie di consulto decisivo. Poi osservarono il tumore ch'era eguale al pugno di un uomo. Tutte le aperture, che dianzi gli davano l'apparenza di un nido di vespe o di un crivello, ora ne formavano una sola.

Disse Massacese:

" Curagge! Avande! "

Egli doveva essere il cerusico. Provò su l'unghia la tempra delle lame. Scelse infine il coltello di Talamonte maggiore, ch' era affilato di fresco. Ripetè:

"Curagge! Avande!"

Quasi un fremito d'impazienza scoteva lui e li altri.

L'infermo ora pareva preso da uno stupidimento cupo. Teneva li occhi fissi su 'l coltello, senza dire niente, con la bocca semiaperta, con le mani penzoloni lungo i fianchi, come un idiota.

Cirù lo fece sedere, gli tolse la fasciatura, mettendo con le labbra quei suoni istintivi che indicano il ribrezzo. Un momento, tutti si chinarono su la piaga, in silenzio, a guardare. Massacese disse:

"Cusì e cusì," indicando con la punta del coltello la direzione dei tagli.

Allora, d'un tratto, Gialluca ruppe in un gran pianto. Tutto il suo corpo veniva scosso dai singhiozzi.

"Curagge! Curagge!" gli ripetevano i marinai, prendendolo per le braccia.

Massacese incominciò l'opera. Al primo contatto della lama, Gialluca gittò un urlo; poi, stringendo i denti, metteva quasi un muggito soffocato.

Massacese tagliava lentamente, ma con sicurezza; tenendo fuori la punta della lingua, per una abitudine ch' egli aveva nel condur le cose con attenzione. Come il trabaccolo barcollava, il taglio riusciva ineguale; il coltello ora penetrava più, ora meno. Un colpo di mare fece affondare la lama dentro i tessuti sani. Gialluca gittò un altro urlo, dibattendosi, tutto sanguinante, come una bestia tra le mani dei beccai. Egli non voleva più sottomettersi.

" No, no, no ! "

" Vien' a qua! Vien' a qua! " gli gridava Massacese, dietro, volendo seguitare la sua opera perchè temeva che il taglio interrotto fosse più pericoloso.

Il mare, ancora grosso, romoreggiava in torno, senza fine. Nuvole in forma di trombe sorgevano dall'ultimo termine ed abbracciavano il cielo deserto d'uccelli. Oramai, in mezzo a quel frastuono, sotto quella luce, una eccitazione singolare prendeva quelli uomini. Involontariamente, essi, nel lottare col ferito per tenerlo fermo, s'adiravano.

" Vien' a qua! "

Massacese fece altre quattro o cinque incisioni, rapidamente, a caso. Sangue misto a materie biancastre sgorgava dalle aperture. Tutti n' erano macchiati, tranne Nazareno che stava a prua, tremante, sbigottito dinanzi all'atrocità della cosa.

Ferrante La Selvi, che vedeva la barca pericolare, diede un comando a squarciagola:

" Molla le scòtteee! Butta 'l timone a l' ôrsa! "

I due Talamonte, Massacese, Cirù manovrarono. Il trabaccolo riprese a correre beccheggiando. Si scorgeva Lissa in lontananza. Lunghe zone di sole battevano su le acque, sfuggendo di tra le nuvole; e variavano secondo le vicende celesti.

Ferrante rimase alla sbarra. Li altri marinai tornarono a Gialluca. Bisognava nettare le aperture, bruciare, mettere le filacce.

Ora il ferito era in una prostrazione profonda. Pareva che non capisse più nulla. Guardava i compagni, con due occhi smorti, già torbidi come quelli delli animali che stanno per morire. Ripeteva, ad intervalli, quasi fra sè:

" So' morto! So' morto! "

Cirù, con un po' di stoppa grezza, cercava di pulire; ma aveva la mano rude, irritava la piaga. Massacese, volendo fino all' ultimo seguire l' esempio del cerusico di Margadonna, aguzzava certi pezzi di legno d' abete, con attenzione. I due Talamonte si occupavano del catrame, poichè il catrame bollente era stato scelto per bruciare la piaga. Ma era impossibile accendere il fuoco su 'l ponte che ad ogni momento veniva allagato. I due Talamonte discesero sotto coperta.

Massacese gridò a Cirù:

" Lava nghe l' acqua de mare ! "

Cirù seguì il consiglio. Gialluca si sottometteva a tutto, facendo un lagno continuo, battendo i denti. Il collo gli era diventato enorme, tutto rosso, in alcuni punti quasi violaceo. In torno alle incisioni cominciavano ad apparire alcune chiazze brunastre. L' infermo provava difficoltà a respirare, a inghiottire; e lo tormentava la sete.

" Arcummánnete a sante Rocche," gli disse Massacese che aveva finito di aguzzare i pezzi di legno e che aspettava il catrame.

Spinto dal vento, il trabaccolo ora deviava in su, verso Sebenico, perdendo di vista l' isola. Ma, quantunque le onde fossero ancora forti, la burrasca accennava a diminuire. Il sole era a mezzo del cielo, tra nuvole color di ruggine.

I due Talamonte vennero con un vaso di terra pieno di catrame fumante.

Gialluca s' inginocchiò, per rinnovare il voto al santo. Tutti si fecero il segno della croce.

" Oh sante Rocche, sálveme! Te 'mprumette 'na lampa d' argente e l' uoglie pe' tutte l' anne e trenta libbre de ciere. Oh sante Rocche, sálveme tu! Tenghe la mojie e li fijie.... Pietà! Misericordie, sante Rocche mi'!"

Gialluca teneva congiunte le mani; parlava con voce che pareva non fosse più la sua. Poi si rimise a sedere, dicendo semplicemente a Massacese:

" Fa."

Massacese avvolse in torno ai pezzi di legno un po' di stoppa; e a mano a mano ne tuffava uno nel catrame bollente e con quello strofinava la piaga. Per rendere più efficace e profonda la bruciatura, versò anche il liquido nelle ferite. Gialluca non mosse un lamento. Li altri rabbrividivano, in conspetto di quello strazio.

Disse Ferrante La Selvi, dal suo posto, scotendo il capo:

" L'avet' accise!"

Li altri portarono sotto coperta Gialluca semivivo; e l'adagiarono sopra una branda. Nazareno rimase a guardia, presso l'infermo. Si udivano di là le voci gutturali di Ferrante che comandava la manovra e i passi precipitati dei marinai. La *Trinità* virava, scricchiolando. A un tratto Nazareno si accorse d'una falla da cui entrava acqua; chiamò. I marinai discesero, in tumulto. Gridavano tutti insieme, provvedendo in furia a riparare. Pareva un naufragio.

Gialluca, benchè prostrato di forze e d'animo, si rizzò su la branda, immaginando che la barca andasse a picco; e s'aggrappò disperatamente a uno dei Talamonte. Supplicava, come una femmina:

" Nen me lasciate! Nen me lasciate! "

Lo calmarono; lo riadagiarono. Egli ora aveva paura; balbettava parole insensate; piangeva; non voleva morire. Poichè l'infiammazione crescendo gli occupava tutto tutto il collo e la cervice e si diffondeva anche pe 'l tronco a poco a poco, e la gonfiezza diveniva ancora più mostruosa, egli si sentiva strozzare. Spalancava ogni tanto la bocca per bevere l'aria.

" Portateme sopra! A qua me manghe l'arie; a qua me more.... "

Ferrante richiamò li uomini sul ponte. Il trabaccolo ora bordeggiando cercava di acquistare cammino. La manovra era complicata. Ferrante spiava il vento e dava il comando utile, stando al timone. Come più il vespro si avvicinava, le onde si placavano.

Dopo qualche tempo, Nazareno venne sopra, tutto sbigottito, gridando:

" Gialluca se more! Gialluca se more! "

I marinai corsero; e trovarono il compagno già morto su la branda, in un'attitudine scompostà, con li òcchi aperti, con la faccia tumida, come un uomo strangolato.

Disse Talamonte maggiore:

" È mo'? "

Li altri tacquero, un po' smarriti, dinanzi al cadavere.

Risalirono su 'l ponte, in silenzio. Talamonte ripeteva:

" È mo'? "

Il giorno si ritirava lentamente dalle acque. Nell'aria veniva la calma. Un'altra volta le vele si afflosciavano e il naviglio rimaneva senza avanzare. Si scorgeva l'isola di Solta.

I marinai, riuniti a poppa, ragionavano del fatto. Un'inquietudine viva occupava tutti li animi: Massacese era pallido e pensieroso. Egli osservò:

" Avéssene da dice che l'avéme fatto murì nu àutre? Avasséme da passà guai? "

Questo timore già tormentava lo spirito di quelli uomini superstiziosi e diffidenti. Essi risposero:

" È lu vere. "

Massacese incalzò:

" 'Mbè? Che faceme? "

Talamonte maggiore disse, semplicemente:

" È morte? Jettàmele a lu mare. Faceme vedé

ca l'avéme pirdute 'n mezz' a lu furtunale.... Certe, n' arrièsce."

Li altri assentirono. Chiamarono Nazareno.

" Oh, tu.... mute come nu pesce."

E gli suggellarono il segreto nell'animo, con un segno minaccioso.

Poi discesero a prendere il cadavere. Già le carni del collo davano odore malsano; le materie della suppurazione gocciolavano, ad ogni scossa.

Massacese disse:

" Mettémele dentr' a nu sacche."

Presero un sacco; ma il cadavere ci entrava per metà. Legarono il sacco alle ginocchia, e le gambe rimasero fuori. Si guardavano d'in torno, istintivamente, facendo l'operazione mortuaria. Non si vedevano vele; il mare aveva un ondeggiamento largo e piano, dopo la burrasca; l'isola di Solta appariva tutt'azzurra, in fondo.

Massacese disse:

" Mettémece pure 'na preta."

Presero una pietra fra la zavorra, e la legarono ai piedi di Gialluca.

Massacese disse:

" Avande! "

Sollevarono il cadavere fuori del bordo e lo lasciarono scivolare nel mare. L'acqua si richiuse gorgogliando ; il corpo discese da prima con una oscillazione lenta ; poi si dileguò.

I marinai tornarono a poppa, ed aspettarono il vento. Fumavano, senza parlare. Massacese ogni tanto faceva un gesto inconsciente, come fanno talora li uomini cogitabondi.

Il vento si levò. Le vele si gonfiarono, dopo avere palpitato un istante. La *Trinità* si mosse nella direzione di Solta. Dopo due ore di buona rotta, passò lo stretto.

La luna illuminava le rive. Il mare aveva quasi una tranquillità lacustre. Dal porto di Spálatro uscivano due navigli, e venivano incontro alla *Trinità*. Le due ciurme cantavano.

Udendo la canzone, Cirù disse :

" Toh ! So' di Piscare."

Vedendo le figure e le cifre delle vele, Ferrante disse :

" So' li trabaccule di Raimonde Callare."

E gittò la voce.

I marinai paesani risposero con grandi clamori. Uno dei navigli era carico di fichi secchi, e l'altro di asinelli.

Come il secondo dei navigli passò a dieci metri dalla *Trinità*, vari saluti corsero. Una voce gridò :

" Oh Giallù ! Addó sta Gialluche ? "

Massacese rispose:

"L'avéme pirdute a mare, 'n mezz' a lu furtunale. Dicétele a la mamme."

Alcune esclamazioni allora sorsero dal trabaccolo delli asinelli; poi li addii.

"Addie! Addie! A Piscare! A Piscare!"

E allontanandosi le ciurme ripresero la canzone, sotto la luna.

LA GUERRA DEL PONTE.

CAPITOLO DI CRONACA PESCARESE.

. . . .

Verso gl'idi d'agosto (per tutte le campagne il grano lavato si asciugava felicemente al sole), Antonio Mengarino, un vecchio agricoltore pieno di probità e di saggezza, stando nel Consiglio del Comune a giudicare sulle cose pubbliche, come udì taluni consiglieri cittadini discorrere a voce bassa del *cholèra* che in qualche provincia d'Italia andavasi ampliando e udì altri proporre ordini a conservazion della salute ed altri esporre timori, si fece innanzi con un'aria tra di incredulità e di curiosità ad ascoltare.

Erano con lui nel Consiglio, agricoltori, Giulio Citrullo della pianura e Achille di Russo dei colli; e il vecchio, mentre ascoltava, volgevasi di tratto in tratto a quei due con cenni delle palpebre e delle labbra come per avvertirli dell'inganno ch'egli credeva si celasse nelle parole dei consiglieri signori e del sindaco.

Finalmente, non più potendo trattenersi, disse, con la sicurtà di un uomo che sa e vede molto:

" 'Mbé, leváme ssti chiacchiere in tra di nu áutre. Le vuleme fa' venì nu poche de culere, u ne le vuleme fa' venì? Dicémecele 'n segrete, mo."

A' queste inaspettate parole, tutti i consiglieri furono dà prima presi dalla meraviglia, e quindi dal riso.

" Vatténne, Mengarì! Che ti mitte a dice, sangue de Crimie!" esclamò don Aiace, il grande assessore, spingendo con la mano una spalla del vecchio. E li altri, scotendo il capo o battendo il pugno in su 'l tavolo sindacale, commentavano la pertinace ignoranza dei cafoni.

" 'Mbé, ma ve pare mo ca nu credeme a ssi chiacchiera quisse?" fece Antonio Mengarino, con un gesto vivo, poichè sentivasi punto dall'ilarità che le sue parole avevano suscitata. Nell'animo di lui e in quello delli altri due agricoltori la diffidenza e la nativa ostilità contro *la signoria* insorgevano. — Dunque essi erano esclusi dai segreti del Consiglio? Dunque ancora erano considerati come cafoni? Ah, brutte cose, per la Majella!... —

" Facéte vu. Nu ce ne jame," concluse il vecchio, acre, coprendosi il capo. E i tre villici uscirono dalla sala, con un passo pieno di dignità, in silenzio.

Come furono fuori del paese, nella campagna opulenta di vigne e di gran ciciliano, Giulio Citrullo, soffermatosi per accender la pipa, sentenziò :

" Ocche bádene a isse! Ca ssta vote sa coma va sgrizzenne li cocce, pe' la Majelle!... I nin vulesse esse lu sinnache."

Intanto nel territorio contadino il timore del morbo imminente sconvolgeva tutti li animi. In torno alli alberi fruttiferi, in torno alle viti, in torno alle cisterne, in torno ai pozzi, li agricoltori vigilavano, sospettosi e minacciosi, con una costanza instancabile. Nella notte colpi di fucile frequenti turbavano il silenzio ; i cani, aizzati, latravano fino all'alba. Le imprecazioni contro i *Governanti* scoppiavano di giorno in giorno con maggior violenza d'ira. Tutte le pacifiche ed auguste fatiche agresti erano intraprese con una sorta d'incuria e d'insofferenza. Sorgevano dai campi le canzoni di ribellione rimate all'improvviso.

Poi, i vecchi rinnovavano i ricordi delle passate mortalità, confermando la credenza nei veleni. Un giorno, nel 54, alcuni vendemmiatori di Fontanella, avendo colto un uomo in cima a un albero di fico e avendolo costretto a discendere, videro che questi nascondeva una fiala piena di un unguento gialliccio. Con minacce essi gli fecero inghiottire tutto l'unguento; e d'un tratto l'uomo (ch' era uno dei Paduani) stramazzò, torcendo le membra su 'l terreno, livido, con li occhi fissi, con il collo teso, con alla bocca una schiuma. A Spoltore, nel 37, Zinicche, un fabbro, uccise in mezzo alla piazza il cancelliere Don Antonio Rapino; e le morti cessarono subitamente, il paese fu salvo.

Poi, a poco a poco, le leggende si formavano e di bocca in bocca variavano, e, se bene recenti, divenivano meravigliose. Una diceva che al Palazzo del Comune erano giunte sette casse di veleno distribuito dai *Governanti* perchè fosse sparso nelle campagne e mescolato nel sale. Le casse erano verdi, cerchiate di ferro, con tre serrature. Il sindaco aveva dovuto pagare settemila ducati per sotterrar le casse e liberare il paese. Un'altra voce recava che al sindaco i *Governanti* davano cinque ducati per ogni morto. La popolazione era troppo grande: toccava ai poveri morire. Il sindaco stava facendo le liste. Ah, si arricchiva, *il figlio di Sciore*, questa volta!

Così il fermento cresceva. Li agricoltori al mercato di Pescara nulla compravano, nè portavano mercanzia in traffico. I fichi dalli alberi, giunti a maturità, cadevano e si corrompevano su 'l suolo. I grappoli rimanevano intatti fra i pampini. I ladroneggi notturni più non seguivano, poichè i ladri temevano di cogliere frutti attossicati. Il sale, l'unica merce presa nelle botteghe della città, era prima offerto ai cani e ai gatti, per esperimento.

Giunse quindi un giorno la novella che a Napoli i cristiani morivano in gran numero. E al nome di Napoli, di quel gran reame lontano dove *Ggiuanne senza palure* un dì trovò fortuna, le immaginazioni si accendevano.

Sopravvennero le vendemmie. Ma, come i mercanti di Lombardia compravano le uve nostrali e le portavano nei paesi del settentrione per trarne vini artifiziosi, la letizia del rinato mosto fu scarsa e poco le gambe dei vendemmiatori si esercitarono a danzare nel tino e poco si esercitarono al canto la bocche femminili.

Ma, quando tutte le opere della raccolta furono terminate e tutti li alberi furono spogliati dei loro frutti, cominciarono i timori e i sospetti a dileguarsi; poichè oramai eran diminuite pe' i *Governanti* le opportunità di spargere il veleno.

Grandi piogge beneficatrici caddero su le campagne. Il terreno ora, nutrito d'acqua, andavasi temperando pe 'l lavoro dell'aratro e per la seminazione, co 'l favore dei dolci soli autunnali; e la luna ne 'l primo quarto influiva su la virtù dei semi.

Una mattina, per tutto il territorio si sparse d'improvviso la voce che a Villareale, presso le querci di Don Settimio, su la riva destra del fiume, tre femmine erano morte dopo aver mangiato in comune una minestra di pasta comprata nella città. L'indignazione irruppe da tutti li animi; e con maggior veemenza, poichè tutti oramai s'erano pacificati in una securtà fiduciosa.

" Ah, va bbone; lu fije de Sciore nen ci ha vulute arnunzià a li ducate.... Ma a nu nen ce po fa' niente mo, pecché frutte nen ce ne sta, e a l'escare nen ci jeme."

" Lu fije de Sciore joca na mala carte."

" A nu ce vo fa' murì? 'Mbè, esse ha sbajate lu tembe, povere Sciurione...."

" Addó le po mette la pruvelette? A la paste, a lu sale.... Ma la paste nu ne la magneme; e lu sale le deme prime a pruvà a li hatte e a li cane."

" Ah, Signure birbune! Ch'aveme fatte nu, puveritte? Mannajïa Crimie, ha da venì chilu journe...."

Così le mormorazioni si levavano da ogni parte, miste ai dileggi e alle contumelie contro li uomini del Comune e contro i *Governanti*.

A Pescara, d'un tratto, tre, quattro, cinque persone del volgo furono prese dal male. Cadeva la sera; e su tutte le case discendeva una grande paura funerea, insieme con l'umidità del fiume. Per le vie la gente si agitava correndo verso il Palazzo comunale; dove il sindaco e i consiglieri e i gendarmi, avvolti in una confusion miserevole, salivano e scendevano le scale parlando tutti insieme ad alta voce, dando contrari ordini, non sapendo che risolvere, dove andare, come provvedere. Per un natural fenomeno, il commovimento dell'animo si propagava al ventre.

Tutti, sentendo dentro le viscere romorii cupi, si mettevano a tremare e a battere i denti; si guardavano in volto l'un l'altro; si allontanavano a rapidi passi; si chiudevano nelle case. Le cene rimasero intatte.

Poi, a tarda ora, quando il primo tumulto del

pánico fu sedato, le guardie cominciarono ad accendere su i canti delle vie fuochi di zolfo e di catrame. Il rossore delle fiamme illustrava i muri e le finestre; e l'inutile odore del bitume spandevasi per la città sbigottita. Da lontano, come la luna era serena, pareva che i calafati verso il mare spalmassero carene allegramente.

Tale fu in Pescara l'entrata dell'Asiatico.

E il male, serpeggiando lungo il fiume, s'insinuò nei borghi della Marina, in quelli adunamenti di casupole basse dove vivono i marinai e alcuni vecchi dediti a piccole industrie.

Li infermi morirono quasi tutti, poichè non volevano prendere i rimedi. Nessuna ragione e nessuna esperienza valse a persuaderli. Anisafine, un gobbo che vendeva ai soldati acqua mista a spirito di ánace, quando vide il bicchiere del medicamento, strinse forte le labbra e cominciò a scuotere il capo in segno di rifiuto. Il dottore prese ad eccitarlo con parole di persuasione; bevve egli pe 'l primo la metà del liquido; e, dopo, quasi tutti li assistenti accostarono la bocca all'orlo del bicchiere. Anisafine seguitava a scuotere il capo.

"Ma vedi," esclamò il dottore, "abbiamo bevuto prima noi...."

Anisafine si mise a ridere per beffa:

"Ah, ah, ah! Ma vu, mo che arreuscite, ve pijate lu contravveleno," disse. E, poco dopo, morì.

Cianchine, un macellaio idiota, fece la stessa cosa. Il dottore, per ultima prova, gli versò a forza tra i denti il medicinale. Cianchine sputò tutto, con ira e con orrore. Poi si mise a scagliar vituperii contro li astanti; tentò due o tre volte di levarsi per fuggire; e morì rabbiosamente, dinanzi a due gendarmi esterrefatti.

Le cucine pubbliche, instituite per concorso spontaneo d'uomini caritatevoli, furono in su'l principio credute dal volgo un laboratorio di tossici. I mendicanti pativano la fame più tosto che mangiare la carne cotta in quelle pentole. Costantino di Corròpoli, il cinico, andava spargendo i dubbi tra la sua tribù. Egli vagava in torno alle cucine, dicendo a voce alta, con un gesto indescrivibile:

"A me non mi ci acchiappe!"

La Catalana di Gissi fu la prima a vincere il timore. Ella, un poco esitante, entrò; mangiò a piccoli bocconi, esaminando in sè stessa l'effetto del cibo; bevve il vino a piccoli sorsi. Poi, sentendosi tutta ristorata e fortificata, sorrise di meraviglia e di piacere. Tutti i mendicanti attendevano ch'ella uscisse. Quando la rividero incolume, si precipitarono per la porta; vollero anch'essi bere e mangiare.

Le cucine sono in un vecchio teatro scoperto, nelle vicinanze di Portanova. Le caldaie bollono nel luogo dell'orchestra, il fumo invade il palco scenico: tra il fumo si vedono al fondo le scene raffiguranti un castel feudale illuminato dal plenilunio. Quivi, su 'l mezzodì si raccoglie in torno a una mensa rustica la tribù dei poveri. Prima che l'ora scocchi, nella platea s'agita un brulichìo multicolore di cenci e si leva un mormorìo di voci roche. Alcune figure nuove appaiono tra le figure già cognite. Io amo una tal Liberata Lotta di Montenerodòmo, che ha una mirabile testa di Minerva ottuagenaria, piena di regalità e di austerità nella fronte, con i capelli tutti tesi in su 'l cranio come un casco aderente. Ella tiene fra le mani un vaso di vetro verde; e resta in disparte, taciturna, aspettando d'essere chiamata.

Ma il grande episodio epico di questa cronaca del *cholèra* è la Guerra del Ponte.

Un'antica discordia dura tra Pescara e Castellammare Adriatico, tra i due comuni che il bel fiume divide.

Le parti nemiche si esercitano assiduamente in offese e in rappresàglie, l'una osteggiando con tutte le forze il fiorire dell'altra. E poichè oggi è prima fonte di prosperità la mercatura, e poichè Pescara ha già molta dovizia d'industrie, i Castellammaresi da tempo mirano a trarre i mercanti su la loro riva con ogni sorta di astuzie e di allettamenti.

Ora, un vecchio ponte di legname cavalca il fiume su grossi battelli tutti incatramati e incatenati e trattenuti da ormeggi. I canapi e le gómene s'intrecciano nell'aria artifiziosamente, scendendo dalle antenne alte dell'argine ai parapetti bassissimi; e dànno imagine di un qualche barbarico attrezzo ossidionale. Le tavole mal connesse scricchiolano al peso dei carri. Al passaggio delle schiere militari, tutta la mostruosa macchina acquatica oscilla e balza da un capo all'altro e risuona come un tamburo.

Sorse un dì da questo ponte la popolar leggenda di san Cetteo liberatore; e il santo annualmente vi si ferma nel mezzo, con gran pompa cattolica, a ricevere le salutazioni che dalle barche ancorate mandano i marinai.

Così, tra la vista di Montecorno e la vista del mare, l'umile costruzione sta quasi come un monumento della patria, ha quasi in sè la santità delle cose antiche e dà alli estranei indizio di genti che ancora vivano in una semplicità primordiale.

Li odii tra i Pescaresi e i Castellammaresi cozzano su quelle tavole che si consumano sotto i laboriosi traffici cotidiani. E, come per di là le industrie cittadine si riversano su la provincia teramana e vi si spandono felicemente, oh con qual gioia la parte avversa taglierebbe i canapi e respingerebbe i sette rei battelli a naufragare!

Sopraggiunta dunque la bella opportunità, il gonfaloniere nemico con molto apparato di forze campestri impedì ai Pescaresi il passaggio nell'ampia strada che dal ponte si dilunga per gran tratto congiungendo innumerevoli paesi.

Era nell'intendimento di colui chiudere la città rivale in una specie d'assedio, toglierle ogni modo di traffico ed interno ed esterno, attrarne al suo mercato i venditori e i compratori che per consuetudine praticavano su la destra riva; e, quindi, dopo avere ivi oppressa in una forzosa inerzia ogni arte di lucro, sorgere trionfatore. Offerse egli ai padroni delle paranze pescaresi venti carlini per ogni cento libbre di pesce, mettendo come patto che tutte le paranze approdassero e scaricassero alla sua riva e che la convenzion del prezzo durasse fino al giorno della Natività di Cristo.

Ora, nella settimana precedente la Natività, il prezzo del pesce suol salire a più che quindici ducati per ogni cento libbre. Manifesta appariva dunque l'insidia.

I padroni rifiutarono ogni offerta, preferendo tenere inoperose le reti.

Lo scaltro nemico fece ad arte spargere voce che una mortalità grande affliggeva Pescara. Si adoperò per via d'amicizia a sollevare tutti li animi della provincia teramana e li animi anche dei Chietini contro la pacifica città dove il morbo già era scomparso.

Respinse con violenza o ritenne prigionieri alcuni onesti viandanti che, usando d'un comun diritto, prendevano la strada provinciale per recarsi altrove. Lasciò che sulla linea di confine un branco di suoi lanzichenecchi stesse dall'alba al tramonto schiamazzando contro chiunque si avvicinava.

La ribellione cominciò allora a fermentare nei Pescaresi, contro li ingiusti arbitrii; poichè sopraggiungeva la miseria e tutta la numerosa classe dei lavoratori languiva nell'inerzia e tutti i mercanti incorrevano in gravissimi danni. Il *cholèra*, scomparso dalla città, accennava a scomparire anche dalla marina dove soltanto alcuni vecchi invalidi erano morti. Tutti i cittadini, fiorenti di salute, amavano riprendere le consuete fatiche.

I tribuni sorsero: Francesco Pomárice, Antonio Sorrentino, Pietro D'Amico. Per le vie la gente si divideva in gruppi, ascoltava la parola tribunizia, applaudiva, proponeva, gittava gridi. Un gran tumulto andavasi preparando fra il popolo. Per eccitazione, taluni raccontavano il fatto eroico del Moretto di Claudia. Il quale, preso dai lanzichenecchi a forza e imprigionato nel lazzeretto ed ivi trattenuto per cinque giorni senz'altro cibo che pane, riuscì a fuggire dalla finestra; passò a nuoto il fiume, e giunse tra i suoi grondante di acqua, alenante, famelico, raggiante di gloria e di gioia.

Il sindaco, nel frattempo, sentendo il mugolío precursore della tempesta, si accinse a parlamentare co 'l Gran Nimico castellammarese. È il sindaco un picciolo dottor di legge cavaliere, tutto untuosamente ricciutello, con omeri sparsi di forfora, con chiari occhietti esercitati alle dolci simulazioni. È il Gran Nimico un degenere nepote del buon Gargantuasso; enorme, sbuffante, tonante, divorante. Il colloquio avvenne in terra neutrale; e presenti vi furono li illustri prefetti di Teramo e di Chieti.

Ma, verso il tramonto, un lanzichenecco, entrato in Pescara per recare un messaggio a un consiglier del Comune, si mise in cantina con atti bravi a bevere; e quindi prese bravamente a girovagare. Come lo videro i tribuni, gli corsero sopra. Tra le grida e le acclamazioni della plebe lo spinsero lungo la riva, sino al lazzeretto. Era il tramonto su le acque luminosissimo; e il bèllico rossore dell'aria inebriava li animi plebei.

Allora dall'opposta riva ecco una torma di Castellammaresi, uscente di tra i salici ed i vimini, darsi con molta veemenza di gesti ad inveire contro l'oltraggio.

Rispondevano i nostri con eguale furia. E il lanzichenecco imprigionato percoteva con tutta la forza dei piedi e delle mani la porta della prigione, gridando:

" Apríteme! Apríteme! "

" Tu adduòrmete a esse, e nen te n' incaricà, " gli gridavano per beffa i popolani. E qualcuno crudelmente aggiungevagli:

" Ah, si sapisse quante se n' hanne muorte a esse dendre! Siente l' uddore? Nen te s' ha cumenzate a smove nu poche la panze? "

" Urrà! Urrà! "

Verso la Bandiera scorgevasi un luccichío di canne di fucile. Il sindachetto veniva a capo di un manipolo militare per liberar dal carcere il lanzichenecco, a fin di non incorrere nelle ire del Gran Nimico.

Subitamente la plebe, irritata, tumultuò; grida altissime si levarono contro quel vil liberatore di Castellammaresi.

Per tutta la via, dal lazzeretto alla città, fu un clamoroso accompagnamento di sibili e di contumelie. Al lume delle torce, la gazzarra durò fin che le voci non furon roche.

Dopo quel primo impeto, la rivolta si andò svolgendo a mano a mano con nuove peripezie. Tutte le botteghe si chiusero. Tutti i cittadini si raccolsero su la strada, ricchi e poveri, in famigliarità, presi da una furiosa smania di parlare, di gridare, di gesticolare, di manifestare in mille diversi modi un unico pensiero.

Ad ogni tratto giungeva un tribuno recando una notizia. I gruppi si scioglievano, si ricomponevano, variavano, secondo le correnti delle opinioni. E, poichè su tutte le teste la libertà del giorno era vitale e i sorsi dell'aria letificavano come sorsi di vino, si ridestò nei Pescaresi la nativa giocondità beffarda; ed essi seguitarono a far ribellione in una maniera gaia ed ironica, così, per il diletto, per il dispetto, per l'amore delle cose nuove.

Li stratagemmi del Gran Nimico si moltiplicavano. Qualunque accordo rimaneva inosservato a causa di abili temporeggiamenti che la debolezza del piccolo sindaco favoriva.

Il mattino d'Ognissanti, verso la settima ora, mentre nelle chiese si celebravano i primi uffici festivi, i tribuni si misero in giro per la città, seguiti da una turba che ad ogni passo accrescevasi e diveniva più clamorosa. Quando l'intero popolo fu raccolto, Antonio Sorrentino arringò. La processione, in ordine, quindi si diresse al Palazzo comunale. Le strade erano ancora azzurre nell'ombra e le case erano coronate dal sole.

In vista del Palazzo un immenso grido scoppiò. Tutte le bocche scagliavano vituperii contro il leguleio; tutti i pugni si levavano in attitudine di minaccia; tra un grido e l'altro, certe lunghe oscillazioni sonore rimanevano nell'aria, come prodotte da uno stromento; e su la confusion delle teste e delle vesti i lembi vermigli delle bandiere sbattevano, come agitati dal largo soffio popolare.

Su 'l comunal balcone non appariva alcuno. Il sole discendeva a poco a poco dal tetto verso la gran meridiana tutta nera di cifre e di linee su cui lo gnomone vibrava l'ombra indicatrice. Dalla Torretta dei D'Annunzio al campanil badiale torme di colombi svolazzavano nell'azzurro superiore.

Le grida si moltiplicarono. Una mano di animosi diede l'assalto alle scale del Palazzo. Il piccolo sindaco, pallido e pavido, si arrese al volere del popolo; lasciò il seggio; rinunziò all'ufficio; discese su la strada, tra i gendarmi, seguito dai consiglieri. Uscì quindi dalla città; si ritrasse su 'l colle di Spoltore.

Le porte del Palazzo furono chiuse. Un'anarchia provvisoria si stabilì nella città. Le milizie, per impedire l'imminente lotta tra i Castellammaresi e i Pescaresi, fecero argine su l'estremità sinistra del ponte. La turba, deposte le bandiere, si avviò alla strada di Chieti; poichè di là era per giungere il Prefetto chiamato in furia da un Commissario reale. I proponimenti parevano feroci.

Ma la mite virtù del sole a poco a poco pacificò le ire. Nell'ampia strada venivano, uscenti dalla chiesa, le femmine del contado tutte in vesti di seta multicolori e coperte di gioielli giganteschi, di filigrane d'argento, di collane d'oro. Lo spettacolo di quelle facce, rubiconde e gioconde come grandi pomi, rasserenava ogni animo. I motti e le risa nacquero spontaneamente; ed il non breve tempo dell'aspettazione parve quasi dilettevole.

Su 'l mezzodì la vettura prefettizia giunse in vista. Il popolo si dispose in semicerchio per chiuderle la via. Antonio Sorrentino arringò, non senza un certo sfoggio d'eloquenza fiorita. Li altri, fra le pause dell'arringa, chiedevano in vari modi giustizia contro li abusi, sollecitudine e validità di provvedimenti nuovi. Due grandi scheletri equini, ancora animati, scotevano di tratto in tratto le sonagliere, mostrando ai ribelli le gencive pallidicce, con una smorfia di derisione. E il delegato di polizia, simile non so a qual vecchio cantator di teatro che ancora portasse per divozione in torno al volto una finta barba di druido, moderava dall'altitudine del serpe l'ardor del tribuno, con cenni gravi della mano.

Come il perorante nella foga saliva a culmini di eloquenza troppo audaci, il Prefetto, sorgendo su 'l predellino, colse il momento per interrompere. Proferì una frase ambigua e timida che le grida del popolo copersero.

" A Pescara! A Pescara! "

La vettura camminò quasi sospinta dall'onda

popolare ed entrò in città; e, poichè il Palazzo era chiuso, si fermò dinanzi alla Delegazione. Dieci nominati a voce dal popolo salirono insieme col Prefetto, per parlamentare. La turba occupò tutta la via. Impazienze qua e là scoppiavano.

La via era angusta. Le case riscaldate dal sole irraggiavano un tepor dilettoso; e non so qual lenta mollezza emanava dal cielo oltremarino, dall'erbe fluttuanti lungo le gronde, dalle rose delle finestre, dalle mura bianche, dalla fama stessa del luogo. Ha il luogo fama d'albergare le più belle popolane pescaresi: vivo e di generazione in generazione nella contrada si va perpetuando una tradizion di beltà. La immensa casa decrepita di Don Fiore Ussorio è un vivaio di bimbi floridi e di fanciulle leggiadre; ed è tutta coperta di piccole logge che sono esuberanti di garofani e che si reggono su rozze mènsole scolpite di mascheroni procaci.

A poco a poco, le impazienze della folla si placavano. I parlari oziosi propagavansi da un capo all'altro; dall'uno all'altro bivio.

Domenico di Matteo, una specie di Rodomonte villereccio, motteggiava ad alta voce sull'asinità e l'avidità dei dottori che facevano morire li infermi per prendere dal Comune una maggior mercede.

Egli narrava certe sue cure mirabili. Una volta egli aveva un gran dolore al petto ed era quasi prossimo all'agonia. Poichè il medico gli proibì di bere acqua, egli ardeva di sete. Una notte, mentre tutti dormivano, si levò piano piano, cercò a tentoni la conca, vi tuffò la testa e rimase lì a bevere come un giumento, fin che la conca non fu vuota. La mattina dopo egli era guarito. Un' altra volta egli ed un suo compare, avendo da lungo tempo la febbre terzana contro cui ogni virtù di chinino pareva inutile, decisero di fare una esperienza. Si trovavano su la riva del fiume, ed alla riva opposta una vigna solatía li allettava con i grappoli. Si spogliarono, si gittarono nelle fredde acque, tagliarono la corrente, toccarono l'altra riva, si saziarono d'uva; poi di nuovo attraversarono. La terzana disparve. Un' altra volta, essendo egli infermo di mal francioso ed avendo speso più di quindici ducati vanamente in opera di medici e di medicine, come vide la madre attendere al bucato, fu colto da un pensiero felice. Tracannò, l'un dopo l'altro, cinque bicchieri di lisciva; e si liberò.

Ma ai balconi, alle finestre, alle logge la bella tribù muliebre si affacciava tumultuariamente. Tutti li uomini dalla via levavano li occhi a quelle apparizioni e restavano con la faccia al sole per guardare ; e tutti, poichè la consueta ora del pasto era già trascorsa, si sentivano la testa un poco vacua e nello stomaco un languore infinito. Brevi dialoghi dalla via alle finestre si intrecciavano. I giovini gittarono motti salaci alle belle. Le belle risposero con gesti schivi, con scuotere di capo ; o si ritrassero, o forte risero. Le fresche risa di quelle bocche si sgranellavano come collane di cristallo, cadendo su li uomini che già il desio incominciava a pungere. Dalle mura il calore s'irradiava più largo e mescevasi al calor dei corpi agglomerati. I riverberi bianchissimi abbarbagliavano. Qualche cosa di snervante e di stupefacente discendeva su quella turba digiuna.

Apparve su una loggia, d'improvviso, la Ciccarina, la bella delle belle, la rosa delle rose, l'amorosa pèsca, colei che tutti han desiato. Per un moto unanime, li sguardi si volsero verso di lei. Ella, nel trionfo, stava semplicemente, sorridendo, come una dogaressa dinanzi al suo popolo. Il sole le illuminava la piena faccia di cui la carne è simile alla polpa di un frutto succulento. I capelli, di quel color castaneo di sotto a cui par trasparisca una fiamma d'oro aranciato, le invadevano la fronte, le tempia, il collo, mal frenati. Un nativo fáscino afrodisiaco le emanava da tutta la persona. Ed ella stava semplicemente, tra due gabbie di merli, sorridendo, non sentendosi offesa dalle brame che lucevano in tutti quelli occhi intenti a lei.

I merli fischiarono. I madrigali rustici batterono l'ali verso la loggia. La Ciccarina si ritrasse, sorridendo. La turba rimase nella via, quasi abbacinata dai riverberi, dalla vista di quella femmina, dalle prime vertigini della fame.

Allora uno dei parlamentari, affacciatosi a una finestra della Delegazione, disse con voce squillante:

" Cittadini, si deciderà la cosa fra tre ore! "

L'EROE.

Già i grandi stendardi di san Gonselvo erano usciti su la piazza ed oscillavano nell'aria pesantemente. Li reggevano in pugno uomini di statura erculea, rossi in volto e con il collo gonfio di forza, che facevano giuochi.

Dopo la vittoria su i Radusani, la gente di Mascalico celebrava la festa di settembre con magnificenza nuova. Un meraviglioso ardore di religione teneva li animi. Tutto il paese sacrificava la recente ricchezza del fromento a gloria del patrono. Su le vie, da una finestra all'altra, le donne avevano tese le coperte nuziali. Li uomini avevano inghirlandato di verzura le porte e infiorato le soglie. Come soffiava il vento, per le vie era un ondeggiamento immenso e abbarbagliante di cui la turba s'inebriava.

Dalla chiesa la processione seguitava a svolgersi e ad allungarsi su la piazza. Dinanzi all'altare, dove san Pantaleone era caduto, otto uomini, i privilegiati, aspettavano il momento di sollevare la statua di san Gonselvo; e si chiamavano: Giovanni Curo, l'Ummálido, Mattalà, Vincenzio Guanno, Rocco di Cénzo, Benedetto Galante, Biagio di Clisci, Giovanni Senzapaura. Essi stavano in silenzio, compresi della dignità del loro ufficio, con la testa un po' confusa. Parevano assai forti; avevano l'occhio ardente dei fanatici; portavano alli orecchi, come le femmine, due cerchi d'oro. Di tanto in tanto si toccavano i bicipiti e i polsi, come per misurarne la vigoria; o tra loro si sorridevano fuggevolmente.

La statua del patrono era enorme, di bronzo vuoto, nerastra, con la testa e con le mani d'argento, pesantissima.

Disse Mattalà:

" Avande ! "

In torno, il popolo tumultuava per vedere. Le vetrate della chiesa romoreggiavano ad ogni colpo di vento. La navata s'empiva di fumo d'incenso e di belzuino. I suoni delli stromenti giungevano ora sì ora no. Una specie di esaltazione cieca prendeva li otto uomini, in mezzo a quella turbolenza religiosa. Essi tesero le braccia, pronti.

Disse Mattalà:

" Una!... Dua!... Trea!..."

Concordemente, li uomini fecero lo sforzo per sollevare la statua di su l'altare. Ma il peso era soverchiante: la statua barcollò a sinistra. Li uomini non avevan potuto ancora bene accomodare le mani in torno alla base per prendere. Si curvavano tentando di resistere. Biagio di Clisci e Giovanni Curo, meno abili, lasciarono andare. La statua piegò tutta da una parte, con violenza. L'Ummàlido gittò un grido.

" Abbada! Abbadà! " vociferavano in torno, vedendo pericolare il patrono. Dalla piazza veniva un frastuono grandissimo che copriva le voci.

L'Ummàlido era caduto in ginocchio; e la sua mano destra era rimasta sotto il bronzo. Così, in ginocchio, egli teneva li occhi fissi alla mano che non poteva liberare, due occhi larghi, pieni di terrore e di dolore; ma non gridava più. Alcune gocce di sangue rigavano l'altare.

I compagni, tutt' insieme, fecero forza un' altra volta per sollevare il peso. L'operazione era difficile. L'Ummàlido, nello spasimo, torceva la bocca. Le femmine spettatrici rabbrividivano.

Finalmente la statua fu sollevata; e l'Ummàlido ritrasse la mano schiacciata e sanguinolenta che non aveva più forma.

" Va a la casa, mo! Va a la casa!" gli gridava la gente, sospingendolo verso la porta della chiesa.

Una femmina si tolse il grembiule e gliel' offerse per fasciatura. L'Ummálido rifiutò. Egli non parlava; guardava un gruppo d'uomini che gesticolavano in torno alla statua e contendevano.

" Tocca a me!"

" No, no! Tocca a me!"

" No! A me!"

Cicco Ponno, Mattia Scafarola e Tommaso di Clisci gareggiavano per sostituire nell'ottavo posto di portatore l'Ummálido.

Costui si avvicinò ai contendenti. Teneva la mano rotta lungo il fianco, e con l'altra mano si apriva il passo.

Disse semplicemente:

" Lu poste è lu mi'."

E porse la spalla sinistra a sorreggere il patrono. Egli soffocava il dolore stringendo i denti, con una volontà feroce.

Mattalà gli chiese:

" Tu che vuo' fa'?"

Egli rispose:

" Quelle che vo' sante Gunzelve."

E, insieme con li altri, si mise a camminare.

La gente lo guardava passare, stupefatta.

Di tanto in tanto, qualcuno, vedendo la ferita che dava sangue e diventava nericcia, gli chiedeva al passaggio:

" L' Ummá, che tieni ? "

Egli non rispondeva. Andava innanzi gravemente, misurando il passo al ritmo delle musiche, con la mente un po' alterata, sotto le vaste coperte che sbattevano al vento, tra la calca che cresceva.

All' angolo d' una via cadde, tutt'a un tratto. Il santo si fermò un istante e barcollò, in mezzo a uno scompiglio momentaneo; poi si rimise in cammino. Mattia Scafarola subentrò nel posto vuoto. Due parenti raccolsero il tramortito e lo portarono nella casa più vicina.

Anna di Cénzo, ch' era una vecchia femmina esperta nel medicare le ferite, guardò il membro informe e sanguinante; e poi scosse la testa.

" Che ce pozze fa' ? "

Ella non poteva far niente con l' arte sua.

L' Ummálido, che aveva ripreso li spiriti, non aprì bocca. Seduto, contemplava la sua ferita, tranquillamente. La mano pendeva, con le ossa stritolate, oramai perduta.

Due o tre vecchi agricoltori vennero a vederla.

Ciascuno, con un gesto o con una parola, espresse lo stesso pensiero.

L'Ummálido chiese:

" Chi ha purtate lu Sante ? "

Gli risposero:

" Mattia Scafarola."

Di nuovo, chiese:

" Mo che si fa ? "

Risposero:

" Lu vespre 'n múseche."

Li agricoltori salutarono. Andarono al vespro. Un grande scampanío veniva dalla chiesa madre.

Uno dei parenti mise a canto al ferito un secchio d'acqua fredda, dicendo:

" Ogne tante mitte la mana a qua. Nu mo veniamo. Jame a sentì lu vespre."

L'Ummálido rimase solo. Lo scampanío cresceva, mutando metro. La luce del giorno cominciava a diminuire. Un ulivo, investito dal vento, batteva i rami contro la finestra bassa.

L'Ummálido, seduto, si mise a bagnare la mano, a poco a poco. Come il sangue e i grumi cadevano, il guasto appariva maggiore.

L'Ummálido pensò:

— È tutt'inutile! È pirdute. Sante Gunzelve, a te le offre. —

Prese un coltello, e uscì. Le vie erano deserte. Tutti i devoti erano nella chiesa. Sopra le case correvano le nuvole violacee del tramonto di settembre, come figure d'animali.

Nella chiesa la moltitudine agglomerata cantava quasi in coro, al suono delli stromenti, per intervalli misurati. Un calore intenso emanava dai corpi umani e dai ceri accesi. La testa d'argento di san Gonselvo scintillava dall'alto come un faro.

L'Ummálido entrò. Fra la stupefazione di tutti, camminò sino all'altare.

Egli disse, con voce chiara, tenendo nella sinistra il coltello:

" Sante Gunzelve, a te le offre."

E si mise a tagliare in torno al polso destro, pianamente, in cospetto del popolo che inorridiva. La mano informe si distaccava a poco a poco, tra il sangue. Penzolò un istante trattenuta dalli ultimi filamenti. Poi cadde nel bacino di rame che raccoglieva le elargizioni di pecunia, ai piedi del patrono.

L'Ummálido allora sollevò il moncherino sanguinoso; e ripetè, con voce chiara:

" Sante Gunzelve, a te le offre."

TURLENDANA EBRO.

Quando egli bevve l'ultimo bicchiere, all'orologio del Comune stavano per iscoccare due ore dopo la mezzanotte.

Disse Biagio Quaglia, con la voce intorbidata dal vino, come i tocchi squillarono nel silenzio della luna chiarissimi:

" Mannaggia! Ce ne vulemo i'? "

Ciávola, quasi disteso sotto la panca, agitando di tratto in tratto le lunghe gambe corritrici, farneticava di cacce clandestine nelle bandite del marchese di Pescara, poichè il sapor selvatico della lepre gli risaliva su per la gola e il vento recava l'odor resinoso dei pini dalla boscaglia marittima.

Disse Biagio Quaglia. percotendo con i piedi il cacciatore biondo, e facendo atto di levarsi:

" 'Jamo, Purié."

E Ciávola con molto sforzo si rizzò dondolandosi, smilzo e lungo come un cane levriere.

" 'Jamo; ca mo fanne lu passo," rispose, levando la mano verso l'alto, quasi in atto di auspicio, poichè forse pensava a una qualche migrazione di uccelli.

Turlendana anche si mosse; e, vedendo dietro di sè la vinattiera Zarricante che aveva fresche le gote e acerbe le poma del petto, volle abbracciarla. Ma Zarricante gli sfuggì di tra le braccia, gridandogli una contumelia.

Su la porta, Turlendana chiese ai due amici un po' di compagnia e di sostegno per un tratto di cammino. Ma Biagio Quaglia e Ciávola, che facevano un bel paio, gli volsero le spalle sghignazzando e si allontanarono sotto la luna.

Allora Turlendana si fermò a guardare la luna che era tonda e rossa come una bolla pontificia. I luoghi in torno tacevano. Le case biancicavano in fila. Un gatto miagolava alla notte di maggio, su i gradini della porta.

L'uomo, avendo nell'ebrietà una singolare inclinazione alla tenerezza, tese la mano pianamente per accarezzare l'animale. Ma l'animale, essendo di natura forastico, diede un balzo e disparve.

Vedendo un cane errante avvicinarsi, l'uomo tentò di versare su quello la piena della sua benevolenza amorevole. Ma il cane passò oltre, senza rispondere al richiamo, e si mise in un canto del trivio a rosicare certe ossa. Il romore dei denti laboriosi udivasi distintamente nel silenzio.

Come dopo poco la porta della cantina si chiuse, Turlendana rimase solo nel gran plenilunio popolato di ombre e di nuvole in viaggio. E la sua mente rimase colpita da quel rapido allontanarsi di tutti li esseri circostanti. Tutti dunque fuggivano? Che aveva egli fatto perchè tutti fuggissero?

Cominciò a muovere i passi incertamente, verso il fiume. Il pensiero di quella fuga universale, a mano a mano ch'egli andava innanzi, gli occupava con maggiore profondità il cervello alterato dai fumi bacchici. Avendo incontrato altri due cani spersi, si fermò presso di loro quasi per esperimentare e li chiamò. Le due bestie ignobili seguitarono a strisciarsi lungo i muri, con la coda fra le gambe; e scantonarono. Poi, quando furono più lontani, si misero a latrare; e subitamente da tutti i punti del paese, dal Bagno, da Sant'Agostino, dall'Arsenale, dalla Pescheria, da tutti i luoghi luridi e oscuri i cani erranti accorsero, come a un suon di battaglia. E il coro ostile di quella tribù di zingari famelici saliva fino alla luna.

Turlendana stupefatto, mentre una specie d'inquietudine gli si svegliava nell'animo vagamente, riprese il cammino con passi più spediti, di tratto in tratto incespicando su le asperità del terreno. Quando giunse al canto dei bottari, dove le ampie botti di Zazzetta formavano cumuli biancastri simili a monumenti, egli sentì un interrotto respirar bestiale. E, poichè il pensiero fisso dell'ostilità delle bestie omai lo teneva, egli si accostò da quella parte, con una ostinazione di ebro, per esperimentare di nuovo.

Dentro una stalla bassa i tre vecchi cavalli di Michelangelo ansavano faticosamente su la mangiatoia. Erano bestie decrepite che avevano logorata la vita trascinando su per la strada di Chieti due volte al giorno la gran carcassa d'una diligenza piena di mercanti e di mercanzie. Sotto i loro peli bruni, qua e là rasati dalle bardature, le coste sporgevano come tante canne secche di una tettoia in rovina; le gambe anteriori piegate non avevano quasi più ginocchia; la schiena era dentata come una sega; e il collo spelato, dove a pena rimaneva qualche vestigio della criniera, si curvava verso terra così che talvolta le froge senza più soffio toccavano quasi le ugne consunte.

Un cancello di legno, malfermo, sbarrava la porta. Turlendana cominciò a fare:

— Ush, ush, ush! Ush, ush, ush! —

I cavalli non si movevano; ma respiravano insieme, umanamente. E le forme dei loro corpi apparivano confuse nell'ombra turchiniccia; e il fetore dei loro aliti si mesceva al fetore dello strame.

— Ush, ush, ush! — seguitava Turlendana, in suono lamentevole, come quando spingeva Barbarà ad abbeverarsi.

I cavalli non si movevano.

— Ush, ush, ush! Ush, ush, ush! —

Uno dei cavalli si volse e venne a mettere la grossa testa deforme su 'l cancello, guardando dalli occhi che rilucevano alla luna come ripieni d'una acqua torbida. Il labbro inferiore gli penzolava simile a un lembo di pelle flaccida, scoprendo la gengiva. Le froge ad ogni soffio ripalpitavano nel tenerume umidiccio del muso, e si schiudevano talvolta con la stessa mollezza d'una bolla d'aria in una massa di lievito che fermenta, e si richiudevano.

Alla vista di quella testa senile, l'ebro si risovvenne. Perchè dunque s'era empito di vino, egli così sobrio per consuetudine? Un momento, in mezzo all'ebrietà obliosa, la forma di Barbarà moribondo gli ricomparve dinanzi, la forma del camello che giaceva su 'l terreno e teneva su la paglia il lungo collo inerte e tossiva come un uomo e si agitava debolmente di tratto in tratto mentre ad ogni moto il ventre gonfio produceva il romore d'un barile a metà pieno d'acqua.

Una gran tenerezza pietosa lo invase; e l'agonia del camello, con quelle scosse improvvise e quelli strani singhiozzi rauchi che facevano sussultare e vibrare sonoramente tutto l'enorme carcame semivivo, e con quelli sforzi affannosi del collo che si sollevava un istante per ricadere su la paglia dando un romor sordo e grave mentre le gambe si movevano quasi in atto di correre, e con quel tremore continuo delli orecchi e quell'immobilità del globo dell'occhio che pareva già spento prima d'ogni altra parte sensibile, l'agonia del camello gli ritornò nella memoria lucidamente in tutta la sua miseria umana. Ed egli, appoggiato al cancello, per un' moto macchinale della bocca seguitava a fare verso il cavallo di Michelangelo:

— Ush, ush, ush! Ush, ush, ush! —

Con la persistenza inconscia delli ebri, con una ebetudine crescente, seguitava, seguitava; ed era una lamentazione monotona, accorante, quasi lugubre come il canto delli uccelli notturni.

— Ush, ush, ush! —

Allora Michelangelo, che dal suo letto udiva,

d'improvviso si affacciò alla finestra soprastante; e in furia si diede a caricar di contumelie e di imprecazioni il disturbatore.

" Fijie di.... vatt'a jettà a la Piscare! Vatténne da ecche! Vatténne, ca mo pijie na varre. Fijie di.... a turmendà li cristiani vuo' venì? 'Mbriache 'vrette! Vatténne! "

Turlendana si rimise a camminare, verso il fiume, barcollando. Al trivio dei fruttaiuoli una torma di cani stava in conciliabolo amoroso. Come l'uomo si appressò, la torma si disperse correndo verso il Bagno. Dal vicolo di Gesidio un'altra torma sbucò e prese la via dei Bastioni. Tutto il paese di Pescara, nel dolce plenilunio primaverile, era pieno di amori e di combattimenti canini. Il mastino di Madrigale, incatenato a guardia d'un bove ucciso, di tratto in tratto faceva sentire la sua voce profonda che dominava tutte le altre voci. Di tratto in tratto, qualche cane sbandato passava di gran corsa, solo, dirigendosi al luogo della mischia. Nelle case, i cani prigionieri ululavano.

Ora, un turbamento più strano prendeva il cervello dell'ebro. Dinanzi a lui, dietro a lui, in tornò a lui, la fuga imaginaria delle cose ricominciava più rapida Egli si avanzava, e tutte le cose si allontanavano: le nuvole, li alberi, le pietre, le rive del fiume, le antenne delle barche, le case. Questa specie di repulsione e di reprobazione universale lo empì di terrore. Si fermò. Un gorgoglio prolungato gli moveva le viscere. Subito, nella mente scomposta, gli balenò un pensiero. — Il lepre! Anche il lepre di Ciàvola non voleva più restare con lui! — Il terrore gli crebbe; un tremito gli prese le gambe e le braccia. Ma, incalzato, discese fra i salici teneri e le alte erbe su la riva.

La luna piena, radiante, spandeva per tutto il cielo una dolce serenità nivale. Li alberi s'inclinavano in attitudini pacifiche alla contemplazione delle acque fuggitive. Quasi un respiro lento e solenne emanava dal sonno del fiume sotto la luna. Le rane cantavano.

Turlèndana stava quasi nascosto tra le piante. Le mani gli tremavano su i ginocchi. D'improvviso, egli sentì sotto di sè muoversi qualche cosa di vivo: una rana! Gittò un grido, si levò, si diede a correre traballando, per mezzo ai salici, in una corsa grottesca ed orrida. Pel disordine de' suoi spiriti, egli era atterrito come da un fatto soprannaturale.

A un avvallamento del terreno cadde, bocconi,

con la faccia su l'erba. Si rialzò a gran fatica, e stette un momento a riguardare in torno li alberi.

Le forme argentee dei pioppi sorgevano immobili nell'aria, taciturne; e parevano inalzarsi fino alla luna, per un prolungamento chimerico delle loro cime. Le rive del fiume si dileguavano indefinite, quasi immateriali, come le imagini dei paesi nei sogni. Su la parte destra li estuari risplendevano d'una bianchezza abbagliante, d'una bianchezza salina, su cui ad intervalli le ombre gittate dalle nuvole migratrici passavano mollemente come veli azzurri. Più lungi, la selva chiudeva l'orizzonte. Il profumo della selva e il profumo del mare si mescolavano.

" Oh Turlendana! ooooh!" gridò una voce, chiarissima.

Turlendana, stupefatto, si volse.

" Oh Turlendanaaaaa!"

E Binchi-Banche apparve, in compagnia di un finanziere, su 'l principio di un sentiero praticato dai marinai tra il folto dei salci.

" Addó vai a 'st' ora? A piagne lu camelo?" chiese Binchi-Banche avvicinandosi.

Turlendana non rispose subito. Si reggeva con le mani le brache, teneva le ginocchia un po' piegate innanzi; e nella faccia aveva una così strana espressione di stupidezza e balbettava così miserevolmente che Binchi-Banche e il finanziere scoppiarono in grasse risa.

"Va, va," disse l'omiciattolo grinzoso, prendendo l'ebro per le spalle e incamminandolo verso la marina.

Turlendana andò innanzi. Binchi-Banche ed il finanziere seguitavano a distanza, ridendo e parlando a voce bassa.

Ora la verdura terminava e incominciavano le sabbie. Si udiva mormorare la maretta alla foce della Pescara.

In una specie di bassura arenosa, tra due dune, Turlendana si incontrò con la carogna di Barbarà non ancora sepolta. Il gran corpo, tutto spellato, era sanguinolento; le masse adipose della schiena anche erano scoperte ed apparivano d'un colore giallognolo; su le gambe e su le cosce la pelle rimaneva con tutti i peli e i dischi callosi; nella bocca si vedevano i due denti enormi, angolosi, ricurvi della mandibola superiore e la lingua bianchiccia; il labbro di sotto era, chi sa perchè, reciso; e il collo somigliava ad un tronco di serpente.

Turlendana, in conspetto di quello strazio, si mise a gridare scotendo la testa. Faceva un verso singolare, che non pareva umano.

— Ahò! Ahò! Ahò! —

Poi, volendo chinarsi su 'l camello, stramazzò; si agitò invano per rialzarsi; e, vinto dal torpore del vino, rimase senza conoscenza.

Binchi-Banche e il finanziere, come lo videro cadere, sopraggiunsero. Lo presero, l'uno da capo e l'altro da piedi; lo sollevarono, e lo adagiarono lungo su 'l corpo di Barbarà, atteggiandolo a un abbracciamento d'amore. Sghignazzavano i due operando.

E così Turlendana giacque co 'l camello, sino all' aurora.

SAN LÀIMO NAVIGATORE.

In un giorno di sole un pescatore discese alla riva del mare con le nasse; e camminò così verso austro, a piedi nudi, su l'arena ove il fiore salino qua e là biancheggiava simile a un cristallo puro e raggiante. Il silenzio era grande nell'ora, e le acque a pena fluttuavano. Come l'uomo giunse al punto in cui un ramo di fiume metteva foce nel mare, si fermò per succingersi, poichè l'alveo qua e là scoperto rendeva facile il guado. Un altro ramo affluiva più lungi; e il paradiso del delta, pingue d'alluvioni, in mezzo prosperava di piante e di animali.

Volarono sopra il capo del guadante molti uccelli ordinati in triangolo, giocondi al cantare, e discesero tra li alberi. Onde l'uomo, allettato da quella melodiosa delizia di richiami, sostò su l'altra sponda; e piacevolmente poi andò premendo la freschezza dell'erbe con le calcagna use alla sabbia torrida, mentre le sue pupille fastidite dal candor salino si riposavano nel verde.

Una dolce deità di pace ora felicitava la selva: da un albero all'altro saglienti si comunicavano i cantici, s'aprivano a piè dei tronchi famiglie di fiori versando aromi, e in alto tra li intervalli stellanti delle fronde fioriva anche il cielo. Tutte le creature in quel rifugio esercitavano liberalmente la vita. Il suono de' passi tranquilli su i muschi meravigliava nell'animo l'uomo; il quale così procedendo per mezzo a quella mansuetudine di amori si sentiva come da una pia unzione di balsamo lenire la fatica delle membra e purificare.

Ma quando giunse egli al centro della selva, un miracolo gli si offerse alli occhi. Giaceva su la natural cuna dell'erbe un infante e sorrideva, teneramente luminoso, in una forma tra di essere umano candidissima e di fiore. Le carni si piegavano in anella rosee ai polsi, ai malleoli, alla nuca; e i piedi terminavano in quelle vaghe arborescenze di cui li antichi artefici ornarono le statue di Dafne cangiata in lauro. Li arbusti aromatici facevano in torno al nato una musica d'orezzo, soave come il murmure delle prime api nella stagione del miele.

Il pescatore, attonito, ristette. D'improvviso un

vecchio con lunghe trecce di barba su 'l petto, con su 'l capo una mitra d'oro, simile in vista a un patriarca, sorse dalla terra.

" Raccogli il fanciullo, e recalo al tuo signore. Tu vivrai lungamente in letizia, e i pesci riempiranno le tue reti."

Disse il vecchio; e subito sparve come un'ombra nel sole.

Il buon pescatore si guardò in torno, stupefatto. Li alberi stormivano, e un branco di caprioli passava tra i frútici.

Egli riempì d'erbe uno de' suoi cesti, e sopra vi adagiò l'infante. Rifece il cammino, a traverso la selva, portando su la testa il peso. E poichè al moto dei passi la culla di vimini ondeggiava, l'infante si addormentò placidamente, lungo la riva del mare.

Ora viveva nel suo gran palagio il signore delle terre marittime, su 'l declivio di un colle. Egli era benigno co' i sudditi, come un padre co' i figliuoli; prossimo al limitare della vecchiezza, egli era pacifico e saggio nel timore di Dio.

Vasti pomari, pieni di tutti li alberi fruttiferi e odoriferi, prosperavano dietro il palagio; mule e cavalli nobili oziavano dinanzi alle greppie cariche di fieni e di biade; l'olio empiva i pozzi nei sotterranei; tanta era la copia del fromento che immensi granai stavano sempre aperti al piacere di ognuno, liberal cibo anche alli uccelli del cielo, e tanta era la copia delle uve che in autunno, nella natività del vino, lunghe file di bestie da soma partivano a traverso i dominii, recando la divizia del liquore letificante.

Nell'interno i cortili marmorei, come li atrii di un re, erano giocondi d'acque vive, di aranci, di statue, di paggi e di cani. Corami preziosi incisi di chimere e di draghi, incrostature di agate e di diaspri, avori di liofanti e di liocorni ricoprivano le pareti delle stanze; le suppellettili materiate di legni, di metalli e di tessuti rari si riflettevano, come in lucidi specchi, ne' pavimenti di musaico polito. Grandi logge sorrette da ordini di colonne in pietra numidica, coperte da tappeti di fiori e da cortinaggi di foglie, si prolungavano in fuga giù pe 'l declivio sino al limite della rada frequente di pesci. Sotto una delle logge erano le mude, governate da buoni maestri: ogni anno Candiotti, Sarmati e Sassoni le provvedevano di cinquecento girifalchi, e poi d'astori bianchi d'Africa, di sagri tartari, di pellegrini d'Irlanda, di tunisenghi germanici, di lanieri provenzani in grande abbondanza.

Nel lato di settentrione spaziava il parco ricchissimo di selvaggina, ove tra li altri animali prolificavano diecimila cervi e sessantamila fagiani.

Uomini esperti in opera di canto e di stromenti armonici dilettavano l'animo del signore e della sua donna, serenavano le veglie, suscitavano gioia nei conviti. Un unguentario componeva profumi. Un monaco, che tra una gente d'Arabia aveva appreso ad usare le virtù dell'erbe, coltivava i semplici; e nei vegetali indigeni in vano cercava da tempo un succo che rompesse la sterilità della matrice.

La donna del signore, infeconda, traeva i giorni assorta in una nativa mestizia. I suoi occhi splendevano come puro elettro. Sotto la tunica si designavano le forme verginali giovenilmente. E quando ella saliva i gradini di porfiro, levata le mani verso l'altare, i capelli disciolti le inondavano la figura estatica, e le davano un'apparenza di deità.

Giunse al palagio l'infante, come un dono celeste. E per tutte le terre si sparse la novella; e tutte le genti soggette accorrevano.

Allora il sire magnifico bandì una luminaria conviviale. In segno di felicità, corsero giù per il colle fiumi di vino biondi e vermigli; si vuotarono vasi di miele fragrante di timo; si assaporarono frutta grosse come una testa d'uomo; mille giovenchi furono colpiti in un giorno, e fumigarono su le brage; furono sgozzati settecento porci enormi come rinoceronti ma di carni più tenere che la coscia d'un agnello; cacciagioni e pescagioni furono prodigate su vastissimi piatti d'oro, e dal ventre dei volatili e dei pesci uscirono gemme, anelli, gioielli, monete insieme con l'uva di Corinto, co' i pistacchi d'Italia, con le noci, con le olive. Su 'l golfo arsero fuochi di legni odoriferi, e faci illuminanti per gran tratto il mare, così che galee veneziane e saettíe di corsali barbareschi da lungi videro il rossore, e novellarono dell'incendio di una città favolosa. Il vapore delle gomme balsamiche salì al cielo in nembi; cantici di religione sonarono nell'aria, più dolci di ogni aroma; e tutte le fronti si cinsero di corone.

L'infante si chiamò Làimo. Adagiato in una cuna mirabile, fatta di una conchiglia rara che due tritoni sorreggevano, egli volgeva in torno li occhi aventi nel riso l'umido splendore argenteo della polpa d'un fiore. Vennero le nutrici, femmine plebee dal seno opimo, vermiglie di salute; ed egli ritrasse dal loro latte la bocca. Soltanto una cerva fulva lo nutricò. Questa mammifera mansueta restava a lungo presso il fanciullo, coricata a piè della cuna; si cibava di fogliami teneri, di funghi, di fromento, e beveva in un vaso di marra linfe pure. Al suo bramito tremulo e dolce, una gioia di movimenti vivaci animava le membra del poppante, e il piccolo anello delle labbra si schiudeva spontaneamente nel riso.

Con una prodigiosa rapidità ascese Làimo dall'infanzia alla puerizia. Egli ebbe la testa di un dioscuro tutta nera di ricci simili a grappoli di giacinti. Nel suo corpo rifulse la bellezza di un giovane Bacco, l'armonioso componimento di una statua fidiaca. Il torso era una viva opera di cesello, poichè le coste si palesavano sotto la forma nascente del torace; il gioco dei bicipiti nelle braccia perfette come quelle dell'Antinoo incideva su le spalle talune lievi cavità mobilissime; le reni si insertavano ai lombi con un'inflessione serpentina di ginnaste; le musculature delle gambe avevano la lunghezza agile di disegno d'un efebo ateniese; ai malleoli si collegavano piedi schietti e nervosi di atleta corridore, terminanti in dita simili a un gruppo di radici tenui; tutta la persona gioiva nell'equilibrio della grazia e della forza, con mollezze di cera ricoprenti fieri congegni di acciaio.

Così l'effigiò, in una lega di metalli nobili, un artefice del quale ignoriamo la patria e il nome.

Làimo non amò cavalli, nè falchi, nè cani. Egli fu esperto nel trar d'arco più che un saettatore parto; e pure giammai freccia d'argento della sua faretra ferì tra li alberi una preda. Ma i grandi combattimenti epici delli squali nel golfo, al tempo delli amori, l'attraevano. E come gli giungeva pe 'l silenzio meridiano il fragore, egli balzava di gioia; e, preso l'arco, pianamente, non visto da alcuno, scendeva giù per una corda di palmizio nel parco e attraversava la selva fino al promontorio.

Due querci, simili a monumenti titanici dell'epoca favolosa, componevano una porta di trionfo alta duecento piedi. Il sole illustrava di candori argentei le scorze centenarie; e di là dalla porta i laberinti della foresta si inabissavano nell'ombra.

Il fanciullo su 'l limitare sostava, rapito nella grandezza e nella dolcezza della solitudine. Poi, come il fragore lontano lo riscoteva, egli, con una agilità di veltro dietro un branco di lepri, insinuavasi tra fusto e fusto, strisciava tra le erbe altissime, saliva scalee fatte di radici, saltava ostacoli di arbusti, piegava sotto i rami pesanti. Il fragore del combattimento si faceva a mano a mano più vicino e più terribile. D'un tratto il mare chiuso in un vasto anfiteatro di granito appariva splendidissimo, e su le acque più di tremila squali battagliavano.

Era un magnifico spettacolo. Dall'alto del promontorio il fanciullo seguiva con l'occhio tutte le vicende della strage illustrata pienamente dalla luce solare.

I pesci, enormi chimere d'acqua salsa, violacei e verdi nel dorso, biancastri nel ventre, armati di scudi ossei e d'un gran dente di narvalo, formavano cumuli mobilissimi emergenti crollanti risollevantisi con una rapidità indescrivibile. Il balenío delle lunghe spade d'avorio, il luccichío dei corpi oleosi, li sprazzi d'iride nelle scaglie delle code, lo spumeggiamento immenso dell'acque, tutto quel cieco furore di ferite, quell'odore acuto di grasso e di sangue eccitavano il fanciullo.

I cadaveri, galleggianti co 'l ventre riverso dentro cui l'avversario avea lasciato l'arma, erano sbattuti dall'onda contro le pareti di granito. Squali, con la mascella rotta e priva del dente, uscivano dal folto della zuffa e dibattendosi nelle scosse ultime della morte cangiavano i colori. Frammenti d'avorio nel cozzo erano lanciati a grandi altezze per l'aria. Avvenivano talvolta meravigliosi intrecciamenti su la vetta dei cumuli. Talvolta

coppie di combattenti si distaccavano dalla falange
e venivano a tenzone singolare, operando prodigi
di ferocia. Larghe chiazze sanguigne si dilatavano
in torno, dissipate poi dai colpi delle pinne e delle
code; e il numero delli uccisi, crescendo rapidamente, avanzava quello dei superstiti.

Allora Làimo, dinanzi alla enormità dell'eccidio, invaso da un fiero impeto tendeva l'arco e
cominciava a saettare. Le frecce acutissime penetravano sino alla cocca nelle carni molli e un
istante vi oscillavano. Ma, poichè li squali non
curando le nuove ferite persistevano nell'accanimento dell'ira, in breve tempo lo sterminio era
completo. La sollevazione delle acque placandosi,
le schiume si dissolvevano: la tenacità della vita
in quei corpi aveva ancora qualche battito supremo
di coda e di pinne, qualche debole sussulto nella
fessura delle branchie. Poi, dall'ondeggiar supino
di tutti i cadaveri si levava un intenso folgorío di
squame, e per li scoscendimenti dell'anfiteatro
lunghi colli nudi d'avoltori si tendevano su 'l
pasto.

Così in Làimo li spiriti pugnaci si destarono;
e un desiderio di avventure per le terre d'oltremare a lui crebbe nell'animo. Egli passava lunghe

ore guardando la marea salire o le vele fuggire in distanza nella luminosità delle grandi acque.

Talvolta seduto ai piedi della signora, in fondo a una loggia, seguiva sopra uno stromento di tre corde le canzoni dei marinari. Molte catene di fiori pendevano giù per li intercolonnii: e dinanzi, nel golfo calmo e tiepido, le testuggini marine dormivano su 'l fiore dell'acqua dando al sole i larghi scudi raggianti come un'ambra pura.

Làimo, d'un tratto, gittava da sè lo stromento e scoppiava in lacrime, perchè avea visto apparire la prora di una galea nel lontano.

Il sire e la sua donna, ignorando la causa di tanta tristezza, per letiziarlo chiamarono alla corte i più famosi buffoni e danzatori della cristianità; bandirono per lui conviti ove i più rari cibi si mangiarono tra suoni d'arpe e cori di fanciulle; gli donarono cavalli coperti di bardature gemmanti e ricchissime armi cesellate da orefici di gran nome; aprirono nel parco una caccia in cui durante tre giorni mille cervi furono uccisi e dugento capri e novanta cinghiali.

Poi, quando Làimo alfine chiese un naviglio, il sire adunò artefici navali d'ogni patria, li provvide di legno di cedro, di lino d'Egitto e di metalli. L'opera fu compiuta in dieci mesi.

Era una galea con cinque ordini di remi. L'antenna maggiore, più diritta e più inflessibile che un pino del monte Ida, cerchiata di argento, coronata d'un gran gallo fiammeggiante come un faro, portava una gran vela quadrata e due vele triangolari. Su la prua, dipinta ad encausto, il corpo magnifico di una nereide torcendosi a seconda della curvatura attingeva con i piedi la carena e in un gesto atteggiato di grazia tendeva all'alto le mani. Su per il bordo stavano scolpiti agili putti bacchici che tutti insieme facevano componimento di una danza. Il cedro immarcescibile risplendeva ovunque tra li intarsi d'avorio e di sandalo; tende di tessuti asiatici ondeggiavano su 'l ponte ombrando letti di piume; e tutta la galea aveva apparenza di un naviglio su cui qualche bel re felice volesse goder l'amore delle sue spose.

Allora trassero molte genti dalle terre circonvicine, pe 'l giorno della prova; e Làimo era in vista luminoso di letizia, e il sire e la sua donna gioivano.

Quando a forza di braccia la galea fu sospinta nel mare, un grido immenso di meraviglia eruppe dalla folla suscitando per tutto il golfo li echi. Il mattino splendeva come in una conca di cristallo e i fondi del mare trasparivano.

Làimo dopo i teneri commiati salì su 'l ponte. Cinquanta remigatori ignudi, stropicciati d'olio di oliva e di polvere gialla, tutti vivi di muscoli, stretti d'una corda la testa a fin che nello sforzo le vene della fronte non scoppiassero, si curvarono su' loro banchi; e la nave guizzò. Le genti dalla riva e dai paliscalmi salutavano. Ma un subito presentimento di sventura corse nell'animo del sire e della sua donna, tra il lungo clamore delle salutazioni.

La galea conquistava le lontananze, con una crescente celerità di remeggio, inseguita dalle torme dei delfini. Era il mare in calma; e i marinari, come sogliono per alleggiamento della lor fatica, a voce pari con la battuta dei remi cantavano. E Làimo, poichè si sentì ventar su 'l volto l'amarezza della salsuggine e ridere nell'animo a quei canti una forte gioia d'imprese, non lentò d'incitar con le voci e col gesto i remigatori. Egli dominava eretto su la sommità della prua: sotto di lui le schiene servili s'incurvavano come archi, i bicipiti delle cento braccia nel guizzo enorme parevano rompere la cute, le fronti si enfiavano di vene violacee, tutte le membra stillavano.

Si mise il vento; fu spiegata la vela quadra

che un istante palpitò malsicura: li uomini, rotti dalla fatica, si accasciarono sotto i banchi all'ombra. E il pilota, ch'era un erculeo vecchio della terra di Natolia, chiomato come un barbaro, scorse tre fuste di corsali appressarsi dalla parte di levante, e disse, piegando i ginocchi davanti al fanciullo:

" Volgiamo il timone al ritorno, mio signore."

Làimo non udì il consiglio. I triangoli di lino di Egitto furono liberati; la galea fece impeto. E come dalla parte di levante le tre fuste venivano in contro a gran forza di remi e si vedevano già fuor de' bordi le bieche figure dei corsali, un subito terrore invase la ciurma. Làimo, cinto da pochi valenti, su l'alto della prua, atteggiato d'ira aspettava che le fuste giungessero a un trar d'arco. Il fischio della prima freccia mise un gran moto di scompiglio tra i predatori: un d'essi precipitò nell'acqua, colpito a mezzo della fronte. Altri, nell'urto dell'investimento, precipitarono.

Allora avvenne una breve zuffa. I corsali di Cifalonia vestivano cotte di maglia, erano agili come gatti pardi, e gittavano urli rauchi vibrando i colpi. Molti caddero per opera di Làimo, prima che le loro mani toccassero la galea; molti si abbrancarono alle corde e conquistarono a palmo a palmo il ponte. Qual vilissimo bestiame, la ciurma dei servi dinanzi a quell'irrompere fuggiva o si prostrava, con gemiti. Così che Làimo, sopraffatto dal numero, senza più arme nel pugno, fu preso e vincolato.

Stettero i corsali lungamente poi a riguardarlo, attoniti in vista; e, sgombrando i cadaveri, di lui sommessi favellavano nel loro idioma.

In breve tempo l'eroe soggiogò li animi di quella gente predace. Un giorno nelle acque di Brandizio egli, salito d'un balzo su una cocca di Genovesi e separato per un colpo di mare dal legno corsaresco, si tenne saldo su 'l ponte nemico combattendo solo contro quaranta armati, uccidendone buon numero in fascio con prodigiose ferite, tenendo in distanza i rimanenti fin che non giunse il soccorso a compir la vittoria. Dopo quella gran prova, le ciurme di Cifalonia con furiose acclamazioni lo elessero duce, e tutta la notte al lume del fuoco greco banchettarono su la nave conquistata e bevvero vino di Cipro tra molti canti bacchici.

Rapidamente la fortuna di Làimo crebbe e fiorì. Tutti i corsali del Mediterraneo e del Mar Nero, attratti dalla sua fama, vennero a ingrossare la flotta. Egli divenne su i mari più potente dei re e delle repubbliche. Una terribile avidità di conflitti e di pericoli lo animava: per iattanza appiccò il fuoco alle galeazze del re di Spagna cariche d'oro e andò a gittar le sue frecce in Malamocco. Le ciurme gli obbedivano con impeti ciechi: per seguire il suo grido passavano a traverso gli incendi, si slanciavano contro selve di picche, si attaccavano con le mascelle ai parapetti delle galee, assaltavano mura sotto flutti d'olio bollente. Egli saccheggiò le isole dell'Arcipelago: predò mandre di bovi e di cavalli, camelli, tessuti, vini, fromenti, tesori di gemme e di metalli; nulla tenendo per sè, tutto prodigando ai seguaci.

Una volta inseguì una nave carica di trecento fanciulle tra le più belle della Grecia e della Georgia, comprate ed educate pe 'l Califfo da un mercante di Bagdad; la raggiunse nelle acque di Scio, e la predò. Poi, nella sera, dinanzi a un promontorio coperto di pini, egli bandì per la sua flotta un convivio. La selva di pini incendiata illuminò e profumò di resina la festa; i corsali, che nelle continue fazioni avevano sofferto castità, fecero allora una furibonda orgia di amore. I bellissimi corpi delle fanciulle passarono di braccia in braccia, tra le risa roche e le diverse favelle, versando il piacere; si bevve il vino dalle stesse bocche delli otri, si bevve nel concavo delli scudi e nei caschi di rame; scoppiarono tra la gioia molte contese mortali; l'alba vide le ultime insanie. E all'alba la nave del mercatante, poichè fu novamente carica delle trecento femmine, portò la non più vergine merce al Califfo di Bagdad.

Un'altra volta Làimo liberò una regina chiusa in una torre a cui le nubi cingevano la sommità. Tenne l'assedio per tre giorni e per tre notti, combattendo Saracini giganteschi armati di scimitarre lunate. Molti legni gli s'infransero contro le scogliere e molti uomini perirono prima che le porte di bronzo cedessero. Egli appiccò quei cani d'infedeli ai merli della torre e ricondusse la bella nel regno, in una città che aveva case con tetti d'oro e templi marmorei levantisi in alto come scale di fiori.

Grandi festeggiamenti furono dati in gloria dell'armata liberatrice e banchetti in cui quei truci corsali mangiarono sotto rami di mirto e di lauro, bevvero in crateri coronati di rose, si asciugarono le mani in chiome di schiave asiatiche, si distesero su tappeti magnifici a piè di fontane che li deliziarono di una pioggia d'acque miste d'aromi. La regina, presa d'amore, allettò Làimo con una lenta mollezza di blandizie: era tutta luminosa ed odorosa naturalmente, le narici rosee le palpitavano ad ogni minimo desío, la bocca le fioriva di porpora, e i capelli le cadevano giù per il collo simili a grappoli d'uve mature.

Ella provò tutti li incanti su 'l forte animo dell'eroe per trattenerlo: cieca, una notte gli offerse la gioia delle sue membra e all'alba rimase ebra tra i guanciali, con la testa pendula fuori della sponda, con li occhi spenti, le braccia morte. Ma poi, quando file di dromedari e di camelli con i lunghi colli carichi di musici e di danzatrici portando doni discesero dalla reggia al mare, le navi dell'eroe già dirigevano la prora per altri lidi.

Così Làimo divenne grande e famoso; e fu celebrato nei canti dei poeti per le corti e nelle leg-. gende dei marinari. Una repubblica d'Italia gli inviò messaggi offrendogli il supremo imperio della flotta col governo di due province. Il Cristianissimo di Francia fece segrete pratiche per assoldarlo, promettendogli alti uffici ed onori. I Selgiucidi gli spedirono ambasciatori recanti su una picca tre code di cavallo e gli offerirono la sultanía di Rum, da Laodicea di Siria al Bosforo di Tracia e dalle fonti dell'Eufrate all'Arcipelago.

Egli oppose superbi rifiuti; andò in cerca di nuove

terre, di nuovi pericoli, di nuovi conflitti. Navigò per mari tutti coperti di fuchi natanti, dove i remi s'impigliavano come in masse di gramigne tenaci. Traversò immensi spazi dove l'aria e l'acqua tacevano in una immobilità di sonno, in un calore umido e luminoso per mezzo a cui torme di uccelli ignoti passavano simili a meteore. Incontrò scogli deserti, lieti di piante vergini, cinti d'una candida corona di corallo. Approdò a una terra abitata da uomini scarni, co 'l ventre prominente, che si coprivano di fango per difendersi dalle punture delli insetti, si tingevano di cinabro i capelli, parlavano una lingua dolce e sonora, e nulla amavano più del ballo e delle canzoni. Vide paesi di cui li uomini, tutti dipinti co 'l frutto del genipo, ornati le labbra e li orecchi d'enormi dischi di legno, agilissimi, ferivano nell'acqua a colpi di frecce i pesci addormentati prima da succhi di radici velenose. Vide isolette piene di una gente infetta d'elefanzía, infingarda, che passava la vita fumando l'oppio, nutrendosi di riso, e prendendo diletto ai combattimenti dei galli e d'altri animali. Risalì correnti di fiumi dove scimmie innumerevoli tra le pacifiche forme delli ippopotami e delli elefanti schiamazzavano.

Tutti li indigeni dinanzi a lui si prostrarono, offerendo in dono canne di bambù colme d'olio di cocco, frutti dell' albero del pane, legno di sandalo, ambra grigia, ignami, cera, banane e canne di zucchero. Alcuni portavano alli orecchi bastoni dipinti, su la pelle avevano incise molte figure di uccelli, e tenevano in mano archi lunghi dodici piedi e scudi di cuoio di bufalo. Altri erano cinti d'un perizoma di scorza, avevano la bocca e i denti neri come l'ebano per l'uso delli aromi, i capelli intrecciati di piume, e percotevano stromenti composti di sei vasi di rame gradanti entro un legno concavo.

Ora, essendo Làimo nelle acque di una terra selvosa, i naturali in gran numero gli vennero in contro sui paliscalmi con suoni e con cantici per offerirgli i doni che si offrono agli dèi e per adorarlo. Vigeva in quella terra la profezia di un antico nume: « Io tornerò un giorno sopra un'isola galleggiante che porterà cocchi, porci e cani. »

Quando Làimo ebbe attinto il lido, il re tra i figli si avanzò verso di lui, gli gittò su le spalle il manto, gli porse un elmo di piume, un ventaglio, e innanzi gli depose pezzi d'oro, diamanti e perle. Tutto il popolo mise alte grida; femmine quasi ignude, dipinte d'ocra vermiglia, recarono piccoli porci, noci e banane. Poi i grandi sacerdoti lentamente uscirono dal folto delli alberi, portando i loro idoli coperti di drappi rossi. Erano questi idoli una sorta di statue di vimini, enormi, con occhi composti da gusci di noce neri, attorniati di madreperle, con mascelle irte di molti denti di cane in due ordini. Mentre le forme orride e nuove ondeggiavano nell'aria tra li inni della religione, una turba di danzatrici irruppe in torno all'eroe, e danzò rapidamente al suono di un flauto, lungo cinque piedi, che cinque uomini insieme sonavano.

Làimo traversò tutta l'isola, in trionfo, come fosse un bel dio, tornante fra i suoi popoli. I re si inchinarono al passaggio, i sacerdoti prostrarono la fronte nella polvere; il seguito delli elefanti e dei cavalli carichi di doni si accrebbe a mano a mano lungo la via, divenne innumerabile, occupò la distesa di centosettanta miglia. Era la dovizia delle terre in torno meravigliosa: le foreste si erigevano ad eccelse altitudini, le urne dei fiori potevano in sè nascondere il corpo di un uomo, i profumi avevano la dolce forza letificante del vino e i colori la vivezza del fuoco.

Su 'l limite di una boscaglia fluviatile le tigri balzando dalle erbe si gittarono al ventre dei cavalieri: Làimo, fulmineo, tese l'arco e con tal rapidità le trafisse che quelle caddero prima d'aver raggiunta la preda, giacquero sulla schiena dibattendosi. Un subito grido di gioia e di stupore corse per le genti; e tutto lungo il cammino, cantando nel loro idioma, ripetevano una parola: — *Mahadewa! Mahadewa!* —

Come il trionfo giunse alle rive del gran fiume, ove mille templi facevano un immenso adunamento di colonne e di statue, al novello dio i sacerdoti mostrarono una scala di porfido sagliente per una reggia, costruita di mattoni e di calce.

Era un edifizio quadrangolare, composto di tre piani con intervalli adorni di rilievi di pietra. I terrazzi, aventi una lunghezza di centocinquanta piedi, sostenuti da ventidue pilastri, portavano sculture di corpi umani, di tigri, di elefanti e di buoi. Ad ogni lato dell'edifizio stava confitta nel suolo una larga pietra in forma di testuggine: e alla sommità, in torno a un serbatoio di acque, si torcevano quattro tubi di bronzo in forma di serpi. Scale di porfido si slanciavano rapide a riunire le moli, discendevano, salivano, tra mille proboscidi zampillanti; le sale ricevevano il giorno dall'oro delle pareti; i giardini avevano fiori vermigli, larghi in giro più di otto piedi, che pesavano quindici libbre, e frutti di cui la polpa succulenta poteva far sazi tre schiavi.

Làimo visse colà, in riposo, cibandosi di un aroma restaurante, ungendosi di olii odoriferi, vestendosi di morbidi tessuti vegetali, e ad ogni tramonto di sole inebriando con la presenza del suo corpo radioso una gente estatica nei mille templi. A lui cantavano i sacerdoti: — Noi t'invochiamo, perchè tu sei il Signore degli dèi e delli uomini ! —

Fanciulle di tredici anni, che avevano la pelle diafana e gialla come l'ambra e lunghe sino ai calcagni le chiome, erano a lui offerte dai padri; ed egli molto si dilettava dell'amore. Bufali eccitati con ortiche venefiche e tigri furiose combattevano dinanzi a lui, dentro gabbie di bambù ampie come circhi. Anche uomini contro uomini dinanzi a lui combattevano con alte grida e con fragore di stromenti percossi. Egli così deificato viveva nell'oblio di tutte le melancolie umane.

Ma un dì, mentre egli gioiva in diletti d'amore, discese sopra il suo capo la colomba del cielo; e un profondo fremito gli ricercò le viscere. Parvegli allora di destarsi dopo un lungo sogno: i suoi occhi si empirono di dolore, nelle sue forme perfette discese una scarna vecchiezza. Le fanciulle attonite lo riguardavano trascolorando, si coprivano le nudità con i capelli, poichè un'improvvisa vergogna le coglieva dinanzi a lui.

Come il tramonto del sole era vicino, sotto la reggia un immenso popolo tumultuando si fece ad invocare il dio: — *Mahadewa! Mahadewa!* —

Il sole, simile a un gran timpano polito, gittava scintille su le vestimenta dei sacerdoti, invermigliava le statue e le colonne, passando a traverso i pilastri dei terrazzi incendiava tutto l'edifizio.

— *Mahadewa!* —

Apparve finalmente Làimo. Egli era trasfigurato. Un manto di scorza tessuta lo ricopriva, e si vedevano le corde dei nervi nei solchi delle sue braccia. Come egli tese le mani verso la folla, una mite aura di pace aliò da quel gesto su tutte le fronti. Li invocanti stupefatti si prosternarono; e nel silenzio si udivano le fontane scrosciare sopra le scale di porfido.

" O popoli del fiume," gridò Làimo nel vivo idioma di quella terra. " Ascoltate la mia voce, poichè io vi reco una nuova legge."

Un sussurro corse per tutte le genti, e nei dorsi fu come un sommovimento di porci. I sacerdoti sollevarono il capo.

" I vostri idoli sono argento ed oro, opera di mani d'uomini; hanno bocca, e non parlano; hanno occhi, e non veggono; hanno orecchi, e non odono; ed anche non hanno fiato alcuno nella loro bocca. Simili ad essi sieno quelli che li fanno, chiunque in essi si confida...."

" No, no, egli non è il nostro dio!" urlarono i sacerdoti al popolo, interrompendo il profeta di Gesù. E un gran tumulto agitò la folla: taluni balzarono in piedi, altri rimasero prosternati. La voce di Làimo crebbe, cadde dall'alto co 'l fragore del tuono, e li echi dei templi sonori la ripercossero.

" Ascoltate la parola del vero Dio, uomini schernitori che signoreggiate questo popolo, razza di serpi, otri gonfiati, tamburi rimbombanti! Egli scenderà su voi simile ad un flagello, dilanierà le vostre carni, spargerà il vostro sangue su le pietre, spezzerà le vostre ossa come vasi d'argilla, come gusci di cocchi.

" Li artefici delle sculture son tutti quanti vanità, e i loro idoli non giovano nulla; ed essi son testimoni a sè stessi che quelli non veggono e non conoscono. Essi tagliano un tronco, ne prendono una parte, e se ne scaldano, ed anche ne accendono fuoco per cuocere il cibo; ed anche ne fanno un dio, e l'adorano; ne fanno una scultura, e le s'inchinano, e le volgono orazione, e dicono: — Liberami, perchè tu sei il mio dio. — Essi non hanno conoscimento alcuno: e i loro occhi sono incrostati per non vedere; e i loro cuori per non intendere...."

" Taci! taci! " imprecarono i sacerdoti, con gesti d'ira, minacciosi nella faccia. Li idolatri ascoltavano; altri da lungi accorrevano: ad ogni tratto un clamor cupo si levava dalla turba, come un ribollimento di flutti nel mare.

Il profeta continuò. Egli diceva di un Dio vivente, di un Dio grande, giusto ed eterno.

" La terra trema per la sua ira e le genti non possono sostenere il suo cruccio. Egli spande la sua ira sopra le genti che non lo conoscono, e sopra le nazioni che non invocano il suo nome. Ecco, il male passerà da un'isola all'altra, e un gran turbine si leverà dal fondo del mare; e in quel giorno li uccisi non saranno raccolti, nè seppelliti: saranno per letame sopra la faccia della terra."

" Taci! taci! " gridavano li idolatri, tendendo le mani, atterriti dalla profezia.

Ma la voce di Làimo divenne d'un tratto dolce come il suono d'uno stromento di corde, distesa come un canto di religione. Egli diceva d'una felicità senza fine, d'una giustizia imperante su tutte le genti, d'una grande letizia d'amore nel giardino dei cieli.

" Scenderà il Dio, come pioggia sui campi di

riso riarsi; farà ragione ai figliuoli del misero, ai poveri afflitti, e fiaccherà l'oppressore. Il giusto fiorirà; e vi sarà abbondanza di pace, fin che non vi sia più luna. Le correnti del fiume trarranno polvere d'oro; ruscelli d'acque vivificanti scorreranno per l'erbe; ciascun albero darà molte libbre di gomma odorifera e frutti; ciascun seme produrrà ricchezze; e le tigri saranno mansuete, i rettili non avranno più tossico, li elefanti e i bufali sosterranno le fatiche della coltivazione. Il Dio signoreggerà da un mare all'altro, e dal fiume fino alle estremità della terra. I re delle isole gli pagheranno tributo, tutte le nazioni gli daranno inni e incensi di belzuino; poichè egli libererà il bisognoso che grida, e il povero afflitto e colui che non ha alcuno aiutatore; egli riscoterà la vita delli schiavi da frode e da violenza, e il sangue loro sarà prezioso davanti a lui...."

Così parlava il profeta, quasi cantando.

Le turbe delli idolatri, soggiogate dal fascino della voce, tacevano, con le fronti chine; e come la pacificazione della luna scendeva su le foreste, si spargeva per quelli animi un balsamo, una calma piena di freschezza e di profumi.

Ora discese Làimo alla riva; e le genti lo seguitarono. Ed egli camminava innanzi ammaestrando, e diceva di Gesù, del Dio novello che nacque da una vergine, e che accomunò li uomini in una legge d'amore.

" Egli è un Dio semplice e dolce: la sua faccia risplende come il sole, e i suoi vestimenti sono candidi come la luce. E tutto ciò che a lui verrà chiesto con preghiere, sarà fatto."

" Orsù," gridò uno dei sacerdoti, " chiedi che questa lancia dia fiori."

Prese Làimo, con un mite sorriso, la lancia dalle mani dell'uomo giallo, e la confisse dinanzi a sè nel terreno. Subitamente dal ferro sbocciarono fiori, per prodigio, e tutte le nari aspirarono l'effluvio. Confusi, li idolatri riguardavano. Uno di loro gridò:

" Egli è protetto dai demoni! Egli ci farà morire!"

Altri incalzarono:

" Parla, parla; giustifica il tuo potere!"

Un tumulto improvviso agitò di nuovo la turba. I lontani, che non aveano veduto il prodigio, fecero irruenza con grandi clamori; e i sacerdoti insinuandosi tra corpo e corpo andavano istigando le ire, ripetevano a gran voce:

" Egli è protetto dai demoni! Sia gittato nel fiume!"

" Parla! parla!"

Il profeta tentò salire su uno delli idoli di pietra, per dominare la tempesta. Ma la profanazione audace inasprì li idolatri. Uno d'essi trasse a terra il profeta; altri si gittarono su di lui percotendolo; altri gridarono:

"Al fiume! al fiume! Sia dato in pasto ai gaviali!"

Làimo, lanciato nelle acque, riapparve incolume a mezzo della correntìa; e le frecce cadevano innocue in torno a lui, come ramoscelli di belzuino.

Ed egli così all'albeggiare giunse alla foce; e sopra un tronco tutto ancora lieto di fogliame navigò pe 'l mare, fino ad un'isola dove i naturali erano uomini pieni di tumori e di gozzi, coperti di pelle squamosa, infetti d'una serpigine biancastra e d'una sorta d'elefanzìa. Questa gente povera e pacifica non faceva uso del fuoco; e per lo più si nutriva di miele selvatico, di gomme, e dei nidi di certe rondini indigene che prolificavano nelle caverne.

Fu accolto Làimo con segni di gioia, e gli furono offerte patate dolci su foglie di palmizio. Ed egli, poi che per dono del Signore ebbe conoscenza di quell'idioma, parlava alli uomini e alle donne, come un apostolo, e pazientemente li ammaestrava in torno alle dottrine del Galileo. Molti infermi egli guarì per virtù di erbe e di fede; e a poco a poco andò liberando l'isola dal flagello della lebbra, purificò le scaturigini delle acque, diede insegnamenti su l'accensione del fuoco, su la coltivazione delle terre e su l'arte di edificare le case. Visse in grande umiltà e in grande sofferenza, espiando le antiche insanie, tormentato dai ricordi che per tutto gli facevano udire lamenti di feriti e di moribondi, vedere macchie di sangue su 'l suolo e ne 'l cielo.

Dopo lunga serie d'anni, quando i popoli dell'isola prosperavano nel lavoro e nel buon culto di Jesus, Làimo, che fuggiva la vita e che nulla alla vita omai chiedeva, fu preso d'un tratto da un infinito desiderio della patria. E poichè il buon Dio per segni manifestò d'esaudire la preghiera, egli salì su un tronco di banano ancora carico di frutti, e si affidò alle onde.

Dinanzi al debole sostegno si apriva il mare in calma; una torma di rondinelle indicava la via. E il vecchio santo veniva predicando ai pesci che tutti tenevano i capi fuori dell'acqua, e tutti in grandissima pace e mansuetudine e ordine lo seguivano. Diceva egli del Diluvio, e di Giona Profeta, e d'altri singolari misteri.

Come dopo cinquanta giorni apparve la patria, vide Làimo con molto dolore una deserta aridità di arene su i luoghi anticamente ubertosi. Le rondini lo guidarono al paradiso del delta, ancora felice di piante e di animali.

Colà, su 'l fiore dell'erbe, egli si mise in ginocchio, per meditare, con le braccia levate al cielo e le palme supine; e tenendo quella divota attitudine, visse in un dolce rapimento d'estasi. Il tempo gli consumava su le ossa le carni; e le edere verdi gli si attorcigliavano per i fianchi, per il petto, per le braccia; lentamente i caprifogli lo abbracciavano, gli fiorivano in torno al collo, in torno ai polsi, in torno alle caviglie sottili. I capelli di lui bianchi cadevano; li occhi prendevano una durezza di pietra; nelli orecchi i ragni in pace tessevano la tela, e nella palma delle mani due rondinelle avevano fatto il nido.

Molte primavere così trascorsero; e il santo ancora viveva in estasi, poichè li uccelli pietosi scendevano dai rami a porgli le bacche selvagge nel cavo della bocca inaridita. Poi finalmente un giorno, su 'l vespero, l'anima volò al cielo tra i cantici delli angeli e il corpo si disfece in polvere come un'urna di creta.

FINE.

INDICE.

San Pantaleone .... Pag.	1
Annali d'Anna	21
L'idillio della vedova	96
La Siesta	110
La morte di Sancio Panza	140
Il commiato	152
La Contessa d'Amalfi	162
Turlendana ritorna	207
La fine di Candia	223
I marenghi	241
Mungià	251
La fattura	264
Il martirio di Gialluca	290
La Guerra del Ponte. Capitolo di cronaca pescarese	309
L'Eroe	332
Turlendana ebro	339
San Làimo navigatore	350

www.ingramcontent.com/pod-product-compliance
Lightning Source LLC
Chambersburg PA
CBHW030357230426
43664CB00007BB/638